ライセンスビジネスの戦略と実務

キャラクター&ブランド活用マネジメント

第3版

草間文彦 *Fumihiko Kusama* ――――〔著〕

CHARACTER AND BRAND MANAGEMENT

東京 白桃書房 神田

第3版刊行によせて

早いもので、本書の発刊から既に5年が過ぎました。この間に、日本でも商標権と著作権（主にブランドとキャラクター）のライセンスビジネスが脚光を浴び始め、新聞、テレビなどのマスコミ関係にも広く取り上げられるようになったこともあり、本書も2017年に第2版を発刊致しました。

世界的に見ても、このビジネスは拡大の歩調を急激に早めています。私が以前日本支部の代表を務めていたLIMA（国際ライセンシング産業マーチャンダイザーズ協会）の会員社数は、ここ6年の間に全世界で1割以上増えて1200社になり、組織名も2019年に“LICENSING INTERNATIONAL（ライセンシングインターナショナル）に変更しました。本書でも、この版より表記を全面的に改めております。LICENSING INTERNATIONALでは、2014年度から「ライセンス商品の売上げ」の調査方法をより確実性の高いものに変更していますが、その結果、米国だけを見てもこの5年間で“コーポレート＆トレードマーク”や“スポーツ”の分野を中心に市場は大きく伸び、トータルでは2013年の1150億ドル（およそ12兆7000億円）から2018年の1542億ドル（16兆9600億円）へと3割以上の伸びを示すに至っています。

そこで今回、これらの変化を受け、最新の業界状況が反映された各種のデータと、情報、そしてそれらに対する著者の考察を加えて、本書の第3版を発刊する運びとなりました。もちろん、各国のトレードショーの写真なども、できる限り新しいものに差し替えてあります。本書が皆様のビジネスチャンスを拡大することをアシストし、また同時に、この新しいビジネスを勉強しようとする人々の助けになることを心から願っています。

2020年3月1日

著　　者

まえがき

ここ10年の間、とにかくオペラを良く見ています。いや、聴いているというのが正しいでしょう。最初はとにかく有名な作品をやみくもに聴いていましたが、ここ5年くらいは、イタリアの19世紀の作曲家“ヴェルディ”にどっぷりつかっています。ヴェルディのこと、オペラのことを知れば知るほど、著作権とライセンスビジネスとの関連性を強く感じます。ですので、次の本は「オペラと著作権」というタイトルを考えていたのですが、前書が2年前、予想外に早く完売となり、僕自身の大学院での講義の教科書にも困る始末。そのため、キャラクターやブランドのライセンスビジネスについて、その発生から歴史、法務から戦略立案までを、体系的にまとめた本を新しく書く必要が生じたのです。それでも、TPP（環太平洋戦略的経済連携協定）交渉の成り行きがどうなるかとか、商標法が変わるかとか、いろいろと「書けない」理由が出て来たのをよいことに執筆は半年ほど遅れてしまいました。今回も300頁近くの本になってしまいましたが、「戦略」とタイトルにあるように、ビジネスの実現にすぐに役立つよう最新の具体例やデータを書き加えています。いろいろな書式の雛型も掲載しました。ただ、ライセンス契約書については「フェアな契約書」など存在しないので、添付するとしても未完成な契約書の雛型しかなく、それを専門家（弁護士、コンサルタントなど）のアドバイスなくして使用することは危険なので、敢えて添付はしておりません。契約書を作成されたい方は、ライセンスに詳しい弁護士や専門家にご相談頂くのがよいかと思います。

本書の中には、ライセンスビジネスのすべてをコーディネートし、マネージする職業として「ライセンスディレクター」という言葉が出てきますが、私は、まさしくこの職業に皆様を導く目的をもって本書を書いたつもりです。本書を読まれた方の中から、この職業を目指す方が出てきて頂ければ、著者として、これほど嬉しいことはありません。

本書の刊行に当たっては、多くの方々から励ましや助言を頂きました。私がその日本支部を10年にわたって運営してきた、ライセンス業界の世界最大のNPO団体“LIMA”（国際ライセンシング産業マーチャンダイザーズ協会）のプレジデントの、Charles Riotto氏、そしてそのLIMAを日本にもって来ることを唱え、LIMAジャパンの初代代表を務められたキャラクター・データバンクの陸川和男氏、教職につくに当たって手取足取り教えを頂いた東京理科大学大学院イノベーション研究科教授の藤野仁三氏、鈴木公明氏には、本書の企画の段階から、有益なアドバイスを賜りました。また、本書執筆にあたり、ヴァスコ・ダ・ガマ法律会計事務所 弁護士 加藤君人氏、音楽評論家の加藤浩子氏、LIMAジャパンの谷口香織氏、ZenWorksのRoger Berman氏などの方々には、大変貴重なご助言を頂きました。そして、私自身からこの本の出版のお願いをしながら執筆が半年も遅れてしまいましたのに、いつも私をモチベートして頂きながら、編集を担当して頂いた白桃書房の平千枝子さんに心からの感謝を捧げたいと思います。

最後にこの本を、2010年に日本人として初めてLIMAのボードメンバーに選出され、同じ目標に向かって一緒に仕事をしてきたさなか、志半ばにして交通事故で2012年に亡くなった友人の砂守孝多郎さんに捧げます。

2015年2月1日

草間文彦

目 次

Chapter 15

Chapter 16

Chapter 17

Chapter

1 ライセンスビジネスとは何か

1―知的財産権の種別

「知的財産権」あるいはそれを略した「知財権」という言葉を、新聞やテレビのニュースで目にしない日はないほど、今の世の中はこの権利に注目をしているようです。

発端となったのは、政府が2005年に「知的財産推進計画」を発表するとともに、スローガンとして「知財立国」を掲げて知的財産権に対して力を入れたことにさかのぼると思います。とくに同年に「知的財産高等裁判所」、一般には「知財高裁」と称される知財権全般に関する紛争を裁く法的機関が設置されてから、それまでは「知的財産権」は、新聞の一面の下の論説に小さく載ることがたまにあるだけだったのが、これ以降トップを飾ることが多くなり、また、社会面でも多く扱われるようになってきました。

しかし、この知的財産高等裁判所で扱われている案件の多くは「技術型知的財産権」と称される「特許権」や「実用新案権」なのです。たとえば特許権裁判で有名となった「発光ダイオードの特許の所有権は誰に帰するか？」とか、「半導体集積回路の回路配置利用権の所在」とか、「技術プログラムの著作物についての著作者の権利の帰属」など、いわば理工科系の「知財権」の事件のケースが圧倒的に多いというのが現状です。もちろんそれらは「知財立国」である日本を背負って立つ立派な知財権の分野ではあることに間違いはないのですが、私たちが一般消費者として日々接する機会の多い「知財権」は、むしろキャラクターやブランド、映画、小説、音楽、アートなどだろうと思います。これらの著作権の輸出振興のために、経済産業省は2010年に省内に「クール・ジャパン室」を設置して民間企業を後押ししているのはご存じの通りです。

2—知財権の種類と本書で取り上げる「ライセンスビジネス」とは

この本の中で私が取り上げている「ライセンスビジネス」の範囲を図表11-1にまず示しておきましょう（図表1-1中の■枠内）。

2-1 著作権

この著作権は、知財権の中では、特許権と並んで皆さんが一番よく耳にする言葉だと思いますが、これは、人間が自らその意思をもって表現をした思想や感情を創作、表現した作品の権利を示します。つまり、絵画、小説、詩、音楽、建築、映画、写真などの表現形式とその作品および作者に与えられる権利です。英語では“copyright”（コピーライト）といいますが、これは15世紀にドイツでグーテンベルクが

図表1-1　知財権と法律・条約

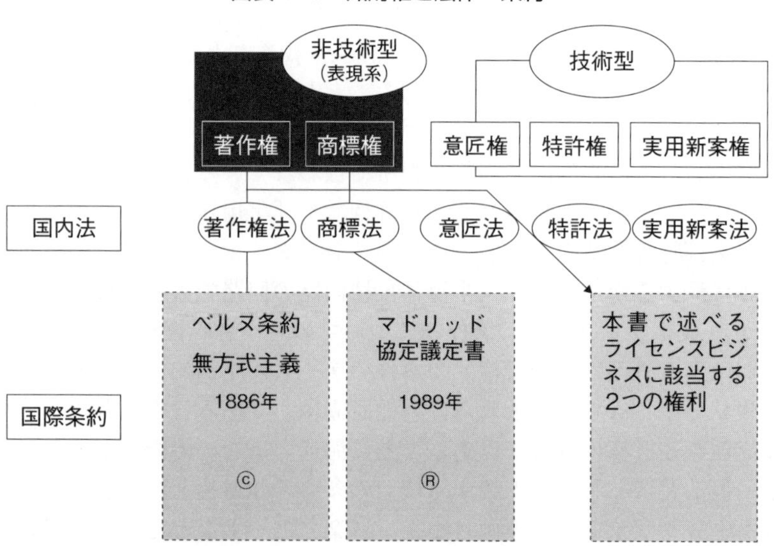

画期的な活版印刷機を発明し、初めて紙に書かれたものが印刷されて大量生産することができるようになった時に生まれた権利〔コピー（複写）する権利＝コピーライト〕であるといわれています。

著作権は日本国内では著作権法、また国際条約では1886年にスイスのベルンで調印成立したベルヌ条約などによって保護されています。著作権は、知財権のうち、ただひとつだけ官庁などに登録することなく、その権利が保護されます。つまり、その著作物が創造された時点あるいは、発表された時点（展覧会、雑誌での発表など）で権利が確立するのです。これを「無方式主義」といいます。しかし、私は、"無方式"というのはどうもその権利に対する責任を負う言葉としては、ふさわしくないような気もします。本来、英語では "the principle that copyright protection is granted automatically"、すなわち「自動的に与えられる著作権保護の原則」というもので、「発生同時保護権」などの呼び方のほうがよかったのではと思います。いずれにしろ、この著作権は「許諾権」と「報酬請求権」の性格をもちます。つまりライセンスビジネスを通じて、他者がその著作権を利用できるかどうかは、権利者に絶対的な決定権があります。権利者が「使われるのは嫌だ」と言えば、その理由がよほど不当なものでない限り、話はおしまいになります。そして、利用を認めた場合には、権利者はその報酬を受け取ることを要求できる権利ももっていることになります。

2-2　商標権

これに対して商標権は許諾権ではありますが、報酬請求権ではありません。では、その使用を他者に認めた場合には、その対価となる報酬を請求できないのかと言うとそういう訳ではありません。権利者は、その商標の存在（通常は登録商標です）を交渉力として、使用を求めるものに一定の金額をその商標の使用許諾の対価として受領する契約を結ぶことができるのです。

商品の商標は、長い間、名前、図形、記号、立体的形状などに限られており、これらをトレードマークと称することもあります。また、役務と呼ばれるサービスの標識を「サービスマーク」と呼ぶこともあります。著作権と違って商標権は、特許庁などの公的機関に登録することが、その保護要件となっている国が多く、日本もそのひとつです。商標権は日本国内では商標法、国際法では1989年に採択された「マドリッド協定議定書」により保護されています。長いこと日本では、商標の保護対象範囲が狭かったのですが、2014年3月の閣議で下記のように商標法の改定について決定されました。

保護対象の拡充：他国では既に広く保護対象となっている色彩や音といった商標を我が国における保護対象に追加します。

これは画期的な変更であり、この決定に沿って商標法は改定され、輪郭のない色彩からなる商標、ホログラム、2小節程度の音楽（ジングル）などが「登録できる商標」と規定されました。

2-3　ライセンスビジネスの成果物

本書でカバーするライセンスビジネスから生まれてくる成果物、つまり商品の例は、図表1-2に示してあるように、主に表現系の知的財産権である著作権、ならびに商標権の二次使用の許諾により生じるものであると規定します。ですから楽曲の音源をCDにしたり、サーバーからダウンロードすることや、作家の著作を書籍にするというような「権利の一次使用」については、本書のカバーする範囲ではありません。また、書店の棚に置かれている「ライセンス」というタイトルのついた本の9割以上は、特許権や実用新案など「技術系の知財権」の使用に関するものですが、本書はこれらのビジネスにも全く触れておりません。

しかし、まえがきにも書きましたように、本書で述べる「著作権と商標権のライセンスビジネス」は、最近社会でも大きな注目を集めるようになってきています。日本では、このビジネスのことを「商品化権ビジネス」と呼ぶことがあり、ライセンス契約書についても「商品化権契約書」と称するケースもよく見受けます。しかし、「商品化権」という権利は『六法全書』にある権利ではなくライセンス業界の造語です。また、「ライセンスビジネス」には商品化だけではなく、広告プロモーションなどのサービス業務も許諾対象になりますので、「商品化権ビジネス」という呼称は今はだんだんと使われなくなってきて

図表 1-2　商品化権の一次使用と二次使用の例

知財権の内容	商品化権の種類	
著作権	一次使用	二次使用例（ライセンス）
キャラクター	アニメ映画の制作	キャラクターグッズの生産
映画	DVD の制作	映画主人公を利用した食品プロモーション
絵画	版画の作製	ポスターの作製
絵本	絵本の出版	DVD の制作、グッズの生産
音楽の楽曲	CD の生産	CD ジャケットやミュージシャンの写真入りＴシャツの生産
商標権		
自動車名	自動車の生産	自動車名を記した自転車の生産
スポーツチーム	試合の開催	ユニフォームのレプリカの生産
デザイナーブランド	洋服の生産	デザイナー名での時計宝飾の生産
食料品、飲料	食料品、飲料自体の生産	食料品、飲料名を記したアパレル商品、おもちゃの生産

います。

2-4　Ⓒや®はなぜ必要なのか？

私は、よくⒸや®の表示の必要性についての質問を受けます。『六法全書』を広げてみて、著作権法、商標法のどちらにもⒸや®のことは載っていないのに、市場で見る商品の多くにはそれらが付いているので、どのような根拠に基づいているのかという疑問が生じてくるのです。Ⓒは先に述べたように、英語でコピーライトの頭文字を表します。日本はベルヌ条約に加盟しており、この条約においても、また国内の著作権法でも、著作権の取得には「申請」や「登録」の手続きは不要で、その権利は著作物の創作と同時に無方式で自動的に発生し、著作の創作者に権利が付与されます。これを無方式主義と言います。しかし、著作権の大国である米国は、1989年までベルヌ条約に加入しておらず、著作権に関しても登録制を採用していました。このため、登録された著作権にはその旨を表示することが著作権者の権利として与えられ、この表現として©が使われていたのです。具体的には© Kusama Company 2020-2023というような表現です。これは、「株式会社クサマ」が著作権をもっているということと、それをライセンス契約のもと、2020年から2023年にわたって他者に貸与しているということを表示しています。このことにより、その商品を手に取った消費者は、本来そこにある絵やキャラクターの著作権が誰に帰属するかということが理解できるわけで、ある意味では、食品の生産者表示と賞味期限が記載されていることに似ているともいえます。

無方式主義というのは、著作者には大変に便利で、余計な手間やコストのかからないものですが、消費者から見た場合は、1989年以前の米国の著作権登録にもとづく©表示というのは、親切で分かりやすく、また、著作者の権利の主張にもなるので、今も米国では広く使われています。そして米国は、世界のライセンスビジネスの60%のシェアを占めているために、他の国々に対する影響力は非常に強く、このために、もともとベルヌ条約に加入していて©表記の必要がない日本や欧州の国々でも、米国にならってこの表記を使うことが慣例化しているというのが実態なのです。

また、®表示についても同様の状況が存在します。商標については、マドリッド協定議定書のもとに、登録がその商標の一定地域での独占使用については必須となっていますが、登録された商標について、その事実を表示しなくてはいけないという義務はありません。しかし、米国では長い間、"trademark registered" や "registered trademark" という表現、また、それを短縮した®の表示で、その商標を連邦法上登録してあることを明示することが慣例化しています。これが全世界でも同様に慣例となっているのです。

©や®の表示は、このように日本では法律で義務づけられておらず、権利の公的な保護要件としても認められていませんが、慣例または商習慣としては日本を含む主要な国々ではほぼ100%近い実施率となっており、弁護士や弁理士など法務のプロフェッショナルも、著作権と商標権が存在する商品に関しては、©、®の表示をすることを勧めています。いわば、著作権と商標権の権利表記のデファクトスタンダードと言えるでしょう。

Chapter

2 ライセンスビジネスの誕生

1—近代ライセンスビジネスの発生は「オペラ」

近代的な著作権法は1886年のベルヌ条約で成立したわけですが、「コピーライト」の語源にもなったグーテンベルクの活版印刷機の発明からベルヌ条約の制定まで、なぜ4世紀もの時間が必要だったのでしょうか？　書籍の印刷の権利を除くと、絵画や、音楽などでは、素晴らしい芸術作品が多く生まれているのにもかかわらず、それを書籍における印刷機のように、「再現」する利器がなかったために、著作権の本格的な条約を制定する絶対的な必要性がなかったように思われます。

しかし、16世紀の終わりに「文章」、「小説」、「音楽」、「演技」、「美術」などがひとつになった総合芸術形態である、オペラがイタリアで発生しました。17－18世紀になると、このオペラの流れは北ヨーロッパにも広がり、モーツァルト、ウェーバー、ロッシーニなどによるオペラの名作を経て、イタリアのヴェルディ、ドイツのワーグナーの二大巨匠の黄金時代に入りました。この時期、ヴェルディは、シェークスピアやヴィクトル・ユゴーの作品の多くをオペラ化しました。その製作の中心になったのは、劇場、そして劇場支配人（総合プロデューサーとして、“インプレサリオ”と呼ばれることもありました）であって、彼らは自由に原作を選び、他の作家にその原作を脚本化させました。そして、その脚本をもとに作曲家に楽曲の作成を依頼し、それらが出来上がったあとにすべての権利を買い取り、楽譜の出版権を売って儲け（当時の楽譜は大変高価でした）、オペラ上演の興行収入で充分に賭けた後に、演奏者、歌手に給料を払い、残った利益はひとり占めしていたのです。他の歌劇場がそのオペラを公演したいといえば、公演料の一部（いわばライセンス料）も、初演劇場に入ってきました。作曲家や脚本家は、楽譜を書く前に劇場支配人と作曲料を交渉し、それが決定した後はいくらオペラが成功してもロイヤルティのような追加のフィーは一切入らなかったのです。

原作者の場合は、もっとないがしろな状態で、勝手に自分の文章を脚本に書き換えられてオペラにされても一文も入らないというのが普通でした。ヴェルディは、ユゴーの書いた戯曲「王は愉しむ」をもとに、オペラ「リゴレット」を作曲、フランチェスコ・ピアーヴェが脚本を書いて1851年に初演され大成功を得ました。すでにフランスでは大作家の地位を築いていたユゴーはこれに対して、著作権料の支払いを求めましたが、一切応じられなかったので地元のパリで訴訟を起こしました。しかし、これにも敗訴してしまったのです。怒りの収まらないユゴーに、1855年のある日、パリのイタリア座でフランスで初めて公演される、その曰く因縁のオペラ、「リゴレット」の招待状が届きました。ユゴーはおそらく不愉快だったろうと想像されますが、そのオペラを観劇したところ、4人の主要登場人物が同時にそれぞれの違う想いを唄う四重唱（「リゴレットの四重唱」として有名）を聞いて、「文章では決してこのような素晴らしい表現はできない」とヴェルディの才能を讃えました。

以後、ユゴーは、著作権の条約の草案の作成に全精力を注ぎ、1885年にそれが完成すると同時に亡くなりました。そして彼の死後の1886年、彼の草案はほぼそのままベルヌ条約として実を結ぶことになったのです。当初のベルヌ条約の加盟国はわずか10カ国でしたが、世界で初めての著作権の国際条約として、今では（2013年現在）163カ国が加盟しています。当初の条約には音楽の権利は盛り込まれませんでした。これについては、ユゴーがオペラに彼の著作権を侵されたことの仕返しだと言う見方もあるようですが、実際には議長国となったスイスの当時の国家的産業がオルゴール機器の生産であり、これに対する著作権料を逃れるための政治的な工作が功を奏したものというのが妥当な見方というところでしょう。ベルヌ条約は、徐々にその保

図表 2-1　オペラの著作権保護の構図

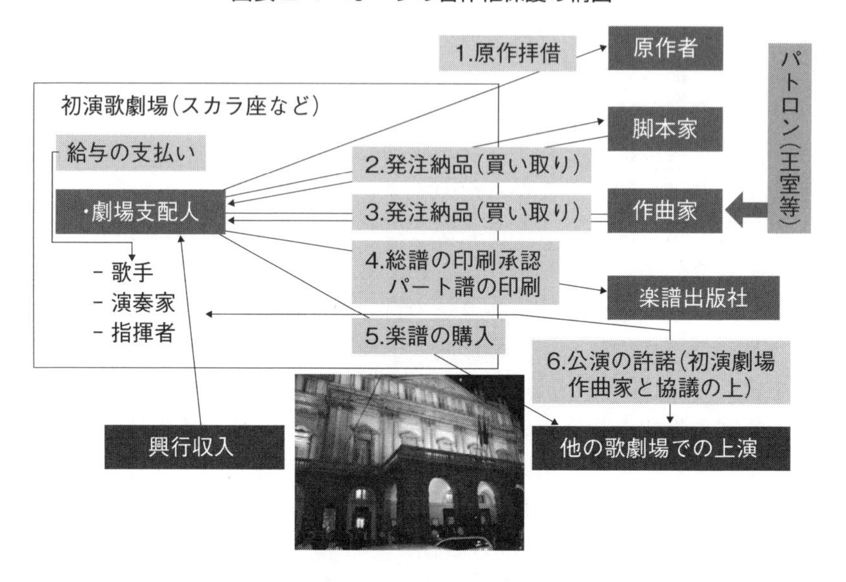

護する権利の種類や期間が拡大して今に至っていますが、その成立以降は、オペラは図表 2-1 のように、ライセンス産業の構図を呈するようになったのです。原作者にも作曲家にも“ロイヤルティ”が入ることになり、ベルヌ条約以前のオペラの大作曲家、ドニゼッティ（1797-1848）が 70 以上の楽曲を作曲したにもかかわらず、貧しさの中で病に死したのに対し、プッチーニ（1858-1924）は、たった 10 作のオペラで、莫大な著作権料を手にし、今に至るまで、「プッチーニ財団」が存在するほどの経済的な成功を収めているのです。

2―そして、「現代ライセンスビジネス」へ

オペラを近代ライセンスの発生とみるならば、現在広範にビジネスとして成り立っている、キャラクターやブランドなどの「ライセンスビジネス」はいつ確立したのでしょうか？

それは、1953 年のウォルト・ディズニーによるミッキーマウスのおもちゃへのライセンスにあるといえます。1920 年から 1930 年にか

けて映画のキャラクターとしてデビューしたミッキーマウスやドナルドダックは、テレビ放送開始以前にすでに大変な人気を博していました。そのプロパティとしての価値は、1955年にロサンゼルス郊外アナハイムに開園したディズニーランドと、同時にテレビでスタートした番組“ディズニーランド”によって、一躍大スターなみに高まりました。ディズニーがこれを見越して、契約書をきちんと取り交わす形の現代型のライセンスビジネスをスタートしていたのは、まさしく先見の明といえるでしょう。

では、日本でのライセンスビジネスはいつ発生したのでしょうか？これに対する明確な答えはないのですが、日本のライセンスの黎明期は、おもちゃ、とくにメンコに印刷された漫画雑誌の人気キャラクターが目立ち始めた1950年代ではないかと思われます。1954年から『少年画報』に連載が開始された「赤胴鈴之助」あたりが日本で初めてのライセンスプロパティではないかと考えられます。

Chapter

3 ライセンスビジネス基礎知識と用語解説

1―ライセンスビジネスの実態

現代の「ライセンスビジネス」を構成しているのは次の２つの要素だと言えましょう。

① 法的に確実な根拠のある著作権、商標権の保有者が第三者に対して、その二次使用を許諾する用意がある。

② 保有者と使用者の間に法的にクリアな契約書が交わされ、それに基づいて使用者から定められた権利の使用料（ロイヤルティ）が保有者に支払われる。

つまり、現代の「ライセンスビジネス」は、知的財産権が形を変えて他の商品に転化され、最終的には金銭的な利益になっていくことなのです。ライセンスビジネスにおいては、商品化のもとになる特定の「知財権」をプロパティといいます。プロパティとは「財産」という意味で、二次的商品使用で副収入を得る財産、という意味合いが込められています。ミッキーマウスもポケモンも、コカ・コーラも、フェラーリもアンディ・ウォーホルも、ケロッグも、カルバン・クラインもすべて、ライセンスビジネスの世界では「プロパティ」と呼ばれます。

同様にプロパティを所有する者を「ライセンサー」と呼び、それを契約のもとに使用して商品を生産販売する者を「ライセンシー」と呼びます。この言葉を極端に略して「サー」と「シー」と呼ぶことも多々あります。そして、その間に入って契約の成立とそれ以降のビジネスのスムーズな運営をアシストする第三者が「ライセンスエージェント」と呼ばれる仲介業で、この辺の構造は不動産業に似ていないこともありません。マンションなどの賃貸契約で言えば、大家に当たるのがライセンサーで、賃借人がライセンシー、不動産仲介業がライセンスエージェントとなるのですが、不動産業界と違ってライセンス業界には、国家試験によるライセンスビジネスに特化した公的な資格が存在しません。したがって、プロパティの選定、権利の存在の確認や、契約の締結などは、どうしても業界に長くいる人に有利になりがちで、新規参入者は理論武装の面、情報の面できちんと勉強をして充分な準備をしてからビジネスに取りかからないと、不利になるという傾向があります。

この点が長年、ライセンス業界への新規参入者の障壁になってきましたが、昨今では、ライセンスに関する数々のセミナーも開催され、とくに重要な法務的なアドバイスも弁護士や弁理士、コンサルタントから手軽に受けられるようになっています。知財権のうち著作権や商標権を主たる仕事とする弁護士や弁理士が増えたことも良いサービスの提供につながってきています。後で述べますが、こういった情報の収集面や、プロフェッショナルなサービスを導入するという点では、米国のライセンス業界は一歩も二歩も進んでおり、ニューヨークに本部を置く世界最大のライセンス業界NPO団体LIMA（International Licensing Industry Merchandisers' Association/国際ライセンシング産業マーチャンダイザーズ協会）が、2002年に日本に支部を発足し、その後LICENSING INTERNATIONALと組織名が変わったことに伴い今では、その日本法人として「一般社団法人日本ライセンシング・ビジネス協会／LICENSING INTERNATIONAL JAPAN」に発展し、その会員企業も100社をこえるようになってきていることを見ると、日本のライセンス業界のドアも大きく開かれてきたと感じます。

2―ライセンスビジネスの用語解説

さて、ここからすでに使用しているいくつかの言葉も含めて、ライセンスビジネス業界ならではの用語について説明をしていきます。

2-1　契約書上に出てくる用語

●――ライセンサー（サー）

プロパティを所有している者のこと。著作権であれば、その権利を所有していること、また商標や意匠であれば、登録されたそれらの権利を独占的に所有していることが証明されなければなりません。通常ライセンサーとして多い業態は、映画製作者、テレビ局、ゲーム制作者、出版社、スポーツ団体やチーム、芸術家またはその団体、自動車、飲料、食品などの最終消費者用商品のメーカー、学校、NPOなどです。あなたが、ライセンシーとして商談をしている際に、相手のライセンサーに「その商標を登録されているという証拠になる登録証のコピーを見せて頂けますか？」と聞いて、しどろもどろの答えが返ってきたり、さまざまな理由をつけてその証拠となる書類を見せてくれない場合は、その相手は信頼できるライセンサーとは言い難いといえます。逆にいえば「信頼できるライセンサー」の最初のポイントはそこにあるともいえます。

●――ライセンシー（シー）

プロパティを利用して商品化を行う者です。通常の業態は、メーカー、流通業などです。ライセンシーは、契約上は、あくまで「商品化の権利を欲する者」で、魅力的な商品の開発力、および契約にもとづいて、生産や販売の報告をきちんとライセンサーに提出すること、そして、販売する国での、最高の公的基準を満たす品質をもつ製品を生産する能力を有することが求められます。あなたがライセンサーであると仮定して、ライセンシー候補と商談している際に、相手に「販売のレポートの証拠となる社内の伝票やコンピューターのアウトプットを提出して頂けますか？」と訊ねて、明確な答えをもらえないようであれば、そのライセンシーと契約するのはひとまず時間をおいて考えた方がよいといえます。与えられた権利に対して、正当な対価を支払い、それを証明するという姿勢は、ライセンシーに最も求められる基本的なものだからです。

●――ライセンスエージェント（エージェント）

ライセンサーのもつ権利を、契約により管理または借り受け、ライセンサーの代わりに営業から契約の締結、契約の履行までを行う者です。部屋の貸し借りの間に入る「不動産屋」のようなものとさきほど述べましたが、プロパティの管理をきちんとライセンサーから許諾されていることが最大の原則になります。しかし、エージェントとライセンサーとの契約（エージェント契約）は多くの場合、秘密保持契約で、簡単にはライセンシーに見せることができない場合が多いのです。あなたがライセンシーである場合、単純にエージェントを信頼する前に、そのエージェントの評判や実績を調べる必要があります。「そのプロパティを管理しているという証拠になる契約書のコピーを見せて頂けますか？」と訊ねて、もし契約書を見せてもらえれば、安心といえますが、ライセンスエージェントが「それは機密書類なので見せられません」といったとしても、それを理由に怪しいとはいえない場合もあります。むしろ、簡単に見せてしまったとしたら、そのことがエージェントとライセンサーとの契約に違反する可能性もあり、エージェントの信頼性に疑いをもつべきかもしれません。ですから、エージェントの提示するプロパティの根拠の合理性を確認するには、何らかの他の方法を取る必要があります。例えば、あるプロパティについてエージェントと商談している場合には、そのプロパティの大元のライセンサーに、どこが正規のエージェントであるのかを訊ねて、あなたが今商談しているエージェントが示されれば、それは正当なエージェントだということが分かります。また、数々出版されている、ライセンス関係の年鑑や雑誌などの資料で確認をとる方法もあります。

●――商品化権

商品やサービス、広告などにプロパティを使用する権利をいいます。この権利も『六法全書』を探してみてもどこにも見つかりません。しかし、WIPO（世界知的所有権機関）は “character merchandising” という権利を認めており、これは「商品化権」に非常に近い意味をもっています。「商品化権」は、ライセンサーまたはライセンスエージェントが契約によってライセンシーに与える原則的な権利としてライセンス業界では認められています。通常のライセンス契約書には、冒頭に次のような文章で、まず「商品化権」が登場します。「ライセンシーは、自らが製造販売をする商品に甲の所有する商品化権を使用して、その商品の販売を促進することを欲し、商品化権使用許諾申請を行った者である」。ライセンス契約とは、日本語で言えば、「商品化権許諾契約」に言い換えることもできます。

●――サブライセンス（再許諾）

ライセンシーが、あるプロパティに関し、ライセンサーから許諾を得た上で、さらに別のライセンシーにそのプロパティの使用を再許諾して、商品の生産や販売を行うことをいいます。この方法によって、ライセンシーとサブライセンス契約を結んだ者を「サブライセンシー」といいます。しかし、通常のライセンス契約には、ライセンシーは付与された商品化権を再許諾することを許されていないのが普通ですが、ライセンサーとライセンシーの利益が一致する場合にはサブライセンスの権利が与えられます。すなわちライセンサーは1社のコンタクトで大きな範囲の商品展開ができ、ライセンシーは自身が生産できない商品を比較的簡易な契約手続きによって他者に生産を委託し、販売することができるという利益の一致です。

●――マスターライセンシー

ライセンサーとのライセンス契約の中で、かなり広範囲の商品群にわたって、あるいはすべての商品群での商品化の権利を一括して許諾されているライセンシーのことをいいます。多くの場合は、サブライセンスが認められ、自身でライセンシーとして商品化権を利用して商品の生産販売を行うとともに、サブライセンシーにも多くの商品カテゴリーでの商品の生産販売をさせることができます。エージェントと立場が似ているように見えますが、自身が商品を生産販売できたり、サブライセンシーとの契約にライセンサーの署名を必要としないなど、ケースバイケースではありますが、エージェントよりも大きな権利を得ることができ、また、上記のサブライセンスよりも、独占的な立場と、高い利益率を取ることができます。ただし、これだけのメリットを契約上で得るために、何らかのミニマムロイヤルティやアドバンスロイヤルティ（後述）を課せられることも多々あります。

●――ロイヤルティ

商品化に伴いライセンシーがプロパティの使用の対価としてライセンサーに支払う使用料のことをいいます。日本語では、まれに「印税」と呼ばれることもあります。多くは生産または販売に比例して金額が決まります。ロイヤルティには、その支払いの基準から次のようなものがあります。

●——ミニマム・ギャランティード・ロイヤルティ

単に「ミニマム」、あるいは略して「MGR」とも呼ばれます。これは、契約書に、ライセンシーの支払い義務として金額を明確にして記載される「最低保証ロイヤルティ」のことです。通常、ライセンシーがライセンサーに対して、契約書の締結以前に、そのプロパティのライセンス商品の売上げプランを提出し、ライセンサーとライセンシーが協議の上、50%から70%程度に相当するロイヤルティ金額を、「売上げを達成しなくとも」ライセンシーがライセンサーに支払う義務のある金額、「MGR」として契約化します。ほとんどの場合、契約の年度ごとに金額を設定します。

●——アドバンス・ロイヤルティ

単に「アドバンス」または「アドバンス・ペイメント」とも呼ばれます。上記の「ミニマム・ギャランティード・ロイヤルティ」のうち、ライセンシーがライセンサー（ライセンスエージェント経由も含む）に先払いするロイヤルティを意味します。通常、ミニマムの金額が100万円以下程度の少額の場合は、「契約時に全額支払う」と契約化されることが多く、それ以上の場合は契約時と、年度の半ばなどと複数回に分けて支払う方式をとります。

●——ランニング・ロイヤルティ

売上げまたは生産に比例して発生するロイヤルティ全般のことをいいますが、上記のアドバンス・ロイヤルティやミニマム・ロイヤルティが契約上に記載されている場合は、それを超えた金額のロイヤルティをこのように呼びます。また、そのことをもっと明確にするために、「オーバー・ロイヤルティ」と呼ぶこともあります。

●——アプルーバル（承認）

ライセンス契約の締結後、ライセンシーが商品化しようとする商品について、ライセンサーがデザイン、品質、商品構成などについて、チェックおよび監修とともに承認を行うことをいいます。通常のライセンス契約では、デザイン画、プロトタイプサンプル（生産前のサンプル)、品質テストレポート、最終商品サンプルの各段階でのライセンサーによるアプルーバルがライセンシーの商品化には必要となります。これらの承認がどの程度厳しいか、サンプルは何個提出するのか、返事はどのくらいの期間で来るのかなどが、実作業を行う上では、ライセンシーにとっては重要なポイントになります。契約締結時には、金額や商品カテゴリーなどが最重要のチェック項目になるために、このアプルーバルに関する項目をよく見ないで署名をしてしまったという話を度々聞きますが、実は非常に重要な契約条件のひとつです。

●――エクスクルーシブ／ノン・エクスクルーシブ（独占 / 非独占）

エージェントまたはライセンシー、マスターライセンシーが、付与された権利が独占的なものの場合は、これをエクスクルーシブな権利と呼び、そうでない場合はノン・エクスクルーシブな権利と称します。「独占的」というのは、契約に記載されている商品群や地域で、ライセンサーが他社と契約をしないことを意味します。

この2つの形態には、実質的な利益上で大きな違いがあります。例えばエクスクルーシブなマスターライセンシーとは、許諾されている商品カテゴリーを扱える唯一のライセンシーとなり、サブライセンシーになりたい会社はこのマスターライセンシーと契約をするしかプロパティを商品化する方法はないのですが、同じマスターライセンシーでもノン・エクスクルーシブであると、他にも同様のマスターライセンシーが存在する可能性があり、マスターライセンシーの、マスターの意味である「支配的な」という強みが薄れてしまいます。ロイヤルティもエクスクルーシブな契約であれば、多少高くてもそれだけの価値がありますが、ノン・エクスクルーシブでは、多くのライセンシーのひとつになる可能性を排除できず、高いロイヤルティを支払う価値があるかは充分に検討しなくてはなりません。

●――生産物賠償責任保険

一般にPL保険（product liabilty insurance）として、世間広範に知られているものが代表的な保険の一種です。ライセンシーが産販売した商品が、身体障害または財物損壊を与えた場合、この補償費用をカバーするものですが、昨今は、より多くの補償機能を備えたCGL保険（comprehensive general liability insurance）なども一般的になってきています。詳しくは後述します。

●——オーディット（監査）

ライセンサーが契約をしているライセンシーが、その契約上の条例を遵守しているかを、それらの証拠に基づいて評価を行い、評価結果を査証することをいいます。ほとんどのライセンス関係の契約書には、ライセンサーがライセンシー、またはエージェントをオーディットできる条項が入っています。主に監査されるのは、ロイヤルティの支払いの正当性です。

●——証紙

上記のオーディットを補完、または代替する目的で、ライセンサーがライセンシーに対しその販売する商品が契約上承認されたものであることを示すために商品自体に添付する印紙上のシールのことをいいます。しかし、悪意のあるライセンシーは、この印紙自体を偽造することもあり、これを防ぐためにライセンサーは証紙をホログラム（レーザーを使って記録した立体画像）化したり、偽造の難しいものにしたりしてきました。このことが証紙自体の単価を上げてしまったために、今はこの証紙添付を契約で定めるライセンサーは減りつつあります。

●——準拠法

その契約書が、よりどころとしている法律のことをいいます。通常、「日本法」とか「米国カリフォルニア州法」などと記載されます。

●——セルオフ期間

ライセンス契約が終了した後も、ライセンシーは在庫商品を一定期間販売することが契約上許される場合が多く、この期間のことを称します。

2-2　ライセンス実務で使われる用語

●——ライセンスアウト

ライセンサーやライセンスエージェントが、自社が保有または管理するプロパティを、他社をライセンシーとして契約し、その会社にライセンス商品を生産販売させる行為をいいます。マスターライセンシーの場合は「自社で直接生産販売するか、ライセンスアウトするかの選択がある」のように使われます。

●――バイセル

サブライセンスが契約上できないライセンシーが、第三者の製造販売業者に、自身の契約範囲にある商品を事実上サブライセンスと同じ形式で生産販売させる方法をいいます。ライセンシーは第三者より、伝票上商品を一旦購入し、サブライセンス分のロイヤルティを乗せて同者に再販します。日本では長いこと、ライセンサーもこれを黙認することが多かったのですが、現在は、税制上でライセンシーの架空売上げ、または課税逃れと見られることも多くなり、また、賠償責任の発生する事故が起きた場合の責任がどこにあるかがはっきりしないこともあいまって、ライセンサーはしだいに「バイセルはこれを禁じる」という内容をライセンス契約に盛り込むようになってきています。

●――クローズアウト

在庫商品で適正な価格で売ることが困難になった商品を、安い卸売価格に変更して販売する方法をいいます。

●―― D.T.R.

「ダイレクト・トゥ・リテール」とも呼ばれるライセンスのマーケティング手法です。ライセンサーがライセンシーを飛び越して、直接リテールにコンタクトし、ライセンス契約を結んだりリテールでの商品展開プランを決めていくやり方で、1990 年代の半ばに米国でワーナー・ブラザースやディズニーなどの大手映画会社のライセンス部門が、この手法を始めました。ライセンシーを介するよりも速いスピードでビジネスの展開を行うことが可能で、リテールがライセンシーになることによって、ロイヤルティ金額はライセンサーにとっては、より高く、リテールにとっては低く設定できるメリットがあります。しかし、卸売問屋などが複雑に存在する日本では、この方法はまだ一般化の途上にあるといえます。

●―― LICENSING INTERNATIONAL

LICENSING INTERNATIONAL は、世界で最大のライセンス業界団体で、およそ 1200 社のライセンサー、ライセンスエージェント、ライセンシー、また弁護士やコンサルタントなどのサポート企業から構成されます。本部は米国ニューヨークにあり、支部は、日本（東

写真 3-1　ライセンスショーでの LIMA ブース（2016 年）

京）、英国（ロンドン）、ドイツ（ミュンヘン）、オーストラリア（メルボルン）、メキシコ（メキシコシティ）、香港にあり、それぞれが会員へのサービスと、大規模なライセンストレードショーを行っています。

●――キラーコンテンツ

主にキャラクタープロパティの中で、他を寄せ付けない人気と需要の高さをもつ強いプロパティをいいます。ミッキーマウス、くまのプーさん、あるいは 1990 年代のポケモンなどが相当するといえましょう。

Chapter 4 ライセンスビジネスの魅力とメリット

一口に「ライセンスビジネスの魅力」は何かといっても、この業界の中でどの立場に立っているか、ビジネスの目的をどこに置いているかによって大きく答えは違ってくると思います。大きくいえば、あなたがライセンサーかライセンスエージェントか、ライセンシーかの3つの主要的な立場のどこにいるかによって、その魅力は多少なりとも変わってきます。

1―新規参入の障壁が低い

これは、上記の3つの立場のどれにもあてはまります。Chapter 2でも述べましたが、現代のライセンスビジネスの歴史はまだ70年足らず、食品や自動車、電機などの産業に比べると非常に新しい業界で、業界団体も門戸を新規参入者に大きく広げています。ライセンシーに限っては、製造販売業を初めてスタートする際には、それなりの大きな資金が必要になりますが、こと「ライセンス」のビジネスに入るためには、設備投資などに比べればずっと小さい投資で済みます。ライセンサーには、プロパティを保有する資金、エージェントにはこれを管理する法的な知識が必要になりますが、最近は、ライセンスビジネスに関する多くのセミナーも開催されておりますし、私が研究室をもっていた東京理科大学大学院では、ライセンスビジネスの講座やゼミも行っていますので、専門家になる道は大きく広がっています。また、司法書士とか不動産鑑定士、あるいは弁理士というような国家資格がいらないので、それなりに勉強をして経験を積むことによって、自身の意思、または会社のような組織の意向で、この業界に参入することは容易であるといえます。

とはいえ、このビジネスを遂行するのに役に立つであろう資格が全くないというわけではなく、民間の組織により、次のような資格が設定されています。

▶ LICENSING INTERNATIONAL 認定 CLS プログラム（Certificate of Licensing Studies）：米国、ニューヨークに本部を置く LICENSING INTERNATIONAL が、1 年間の英語の授業約 24 時間と試験を課して認定する、ライセンスの専門家の資格。
（https://licensinginternational.org/、http://www.licensing.or.jp/）

また、直接ライセンスビジネスに関わる資格ではありませんが、知的財産権を扱う資格としては次のものがあります。

▶知的財産管理技能検定：知的財産教育協会が国家資格制度である技能検定制度の職種のひとつ、「知的財産管理」職種にかかる検定として 2008 年より実施を開始しました。
（http://www.kentei-info-jp-edu.org/）

このように、参入障壁が低いのがライセンスビジネスの魅力のひとつではありますが、一旦ビジネスに参入すると、契約を売り買いする商売ですから広範にわたって法的、マーケティング的な知識が要求されます。そして、マネジメントクラスの交渉力も必要になります。決して、障壁が低いからといって安易に参入すべきではないことは、声を大にしていっておきましょう。

2—低いリスクで大きなリターンが得られる可能性

このように書くと、まるで「濡れ手で粟」のように聞こえますが、そんなうまい話があるわけではありません。そして、この「可能性」はライセンシーよりはライセンサー、ライセンスエージェントにあるといえましょう。なぜならばこの二者の行うライセンスビジネスには設備投資、商品在庫が不要のために、ビジネスをスタートする時のコストは非常に低いのです。もちろん、知財権を扱うのですから、ある程度機密性が保持できるきちんとしたオフィスや、弁護士や弁理士との顧問契約のような法務的な環境費が必要です。また、プロパティの宣伝費用もかけなければなりません。そして、あなたが商標のライセンサーとして初めてスタートするのであれば、商標の登録費用も必要になるでしょう。それでも小売店を始める、あるいは製造業を始めるよりはずっとコストは低いと思います。まして、すでに本業で商品の製造販売をしている会社が、自身のもつ商標（会社名、ブランド名、商品名）をライセンスする場合は、担当者を置く以外のコストは最小に抑えられます。一方、良いライセンシー、サブライセンシーと契約ができて、良い商品を適正な価格で発売することができ、何よりも市場トレンドに乗り、そのニーズをとらえられれば、ロイヤルティという大きな見返りが入ってきます。

技術型知財権のライセンスビジネスのロイヤルティの膨大な金額（例えば、中松義郎氏のフロッピーディスクや、中村修二氏の青色発光ダイオード）には規模的にもかないませんが、著作権、商標権のライセンスビジネスはそのコストの低さを考慮すると、非常に効率的に収入を得る可能性があるビジネスです。また、商標権は、5つの知財権の中で、ただひとつ、永久に保持し続けられる（適正に使用していること、登録を更新していることが条件ですが）権利なのです。

3—メインのビジネスを助ける

ライセンスビジネスはプロパティの二次的商品化といいましたが、これは元になっているプロパティから見ると、ライセンス商品は孫のようなものだと言い換えられるでしょう。往々にしてこの孫は祖父母孝行であって、次のような形でメインのビジネスを大きく助けます。これは、プロパティという核をもつライセンサーと、商品をもっているライセンシーに寄与するメリットです。

3-1　メインビジネスの収益性をアシストする

映画などでよく見られることですが、映画の興行成績がふるわなかった場合でも、DVDやブルーレイディスクがよく売れてセールスをアップする、または、地上波やケーブルテレビで再放送が何度も行

図表 4-1　メインビジネスの収益性をアシストする構造

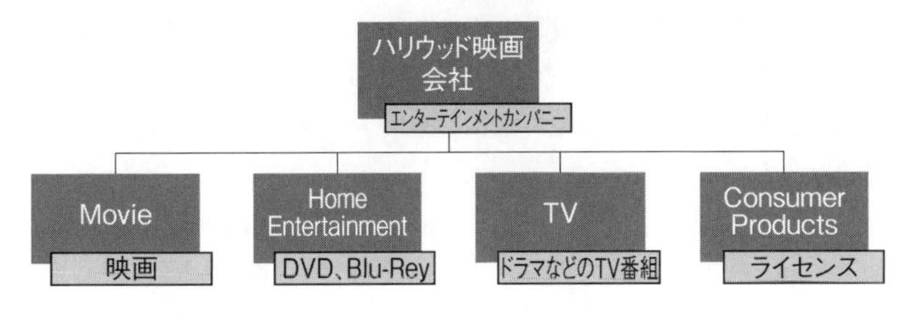

われてその使用料が入る。そして、ライセンス商品が市場で売れれば、このロイヤルティも、トータルとしては、その映画の収益ということになるのです。実際に、最近の映画、とくにハリウッドでは、最初からライセンス商品を出すことを考えて映画自体が製作されています。このことは、米国の映画会社が必ずその内部に4つの独立した組織、つまり映画、テレビ、DVD（ホームエンターテインメントとも呼ばれます)、ライセンス（CP、コンシューマープロダクツとも呼ばれます）をもっていることからもわかります。

3-2　企業にとってのコストのかからない広告効果

前に述べたように、すでに本業で商品の製造販売をしている会社が、自身のもつ商標（会社名、ブランド名、商品名）で行う場合に、この効果が最大限に発揮されます。とくに自動車、飲料、食品などは、もともと大量の広告を打つという性格をもった商品ですが、ライセンス商品が市場に出ることで、いろいろな売り場においても自身の商標を露出することができ、これは大きな宣伝効果につながります。このようなライセンス手法、いわゆる「コーポレートライセンス」が昨今、脚光を浴びているのは、厳しい経済環境下で、限られた予算で広告効果を拡大するのに、このようなライセンスビジネスが効果的であるからだと思われます。

4―人にモチベーションを与えるビジネス

ライセンスビジネスを行っている人たちは、ライセンサー、ライセンスエージェント、ライセンシーの3つのどの立場であっても、また、その経営者であろうと、一担当者であろうと、仕事に対するモチベーションが非常に高いと感じることが多いのです。これはおそらくは、次に挙げるようなポイントが大きくその人たちに働きかけているからだと思います。

ライセンスビジネスを行う担当者には公的資格は不要ですが、法務をはじめ、広範囲にわたる知識が必要であり、相応の勉強をしなければなりません。知識をつければつけるほど、ビジネスを自分でコントロールできるのです。そして、その知識は今やリテールやインターネットから豊富に得られるのです。例えば、ライセンサーの担当者でありながら、売り場での商品の陳列方法や、宣伝販促、競合他社の動向を知っていれば、ライセンシーの申請するビジネスプランに対して丁々発止と突っ込みを入れられるでしょう。そして、それをもって相手を圧倒せずに友好的で尊敬の念を抱かれる関係を作ることが可能です。逆にいえば、仕事をしている時間とその空間以外で、一切ライセンスビジネスのことと自分の周りにある事象を結びつけることができない、したくないという人は、その時点でドロップアウトしてしまうことも多々あります。

ライセンスビジネスの日々の仕事では、コンタクトする相手が多く、その範囲も単にメーカーの生産担当者や営業担当者だけではなく、大企業の役員クラスから法務関係者、弁護士、弁理士、司法書士など、また流通関係や生産現場、品質検査という川下、川上の人間など大変広い範囲にわたります。このように、コンタクトポイントが多岐にわたり、しかも数が多いということは、担当者は常に忙しいということになるわけですが、反面、仕事が単調にならず、いつも新しい刺激と勉強のチャンスにあふれているということになります。転職の際にも非常に有利だということは、実際に人生で6回転職して、現在も、教職と実業を兼務している私が保証できます。

そして個人に任される責任範囲が広く、かつはっきりとしていることも、担当者のモチベーションを高める一因でしょう。そもそも、ライセンスビジネスで最初に行う商談は、契約の締結であり、この成就には契約自体の合理性が必須であることはもちろんですが、それを交渉する人間の信頼性が重要な成功への鍵となります。その担当者がしょっちゅう代わって、商談相手のクオリティが変わってしまうのでは、契約の締結だけでなく、実際の契約履行の段階に入ってビジネスがつまずいてしまう可能性もあります。この意味で、担当者自らの責任は重く、また決済範囲は広くなります。だからといって、ライセンサーやエージェントの担当者には在庫や設備投資の責任はないのですから、知識と、熟慮、適切な判断ができれば、結果がついてくるということが見えるのです。これは大変やりがいのある仕事ではないでしょうか？

4

5—企業にとっての外部へのメッセージ効果

この外部への効果は、ライセンサー、ライセンスエージェント、ライセンシーの３者ともども享受できます。今日では、一定以上の規模の会社であれば、必ず、法務部の中や、あるいは別の独立部署として、知的財産を扱う部課が置かれています。その部署名は、「知的財産統括室」、「知財管理部」、「ライツ管理部」、「知的財産権管轄部」などさまざまですが、実際の仕事として、ライセンスビジネスを行っている部署はまだそんなに多くはありません。企業がもっている商標権や意匠権の更新や新たな申請登録などの管理業務だけを行っている部署が多いのです。コストイーターとは呼びたくありませんが、収益を生み出していない場合が多いということです。しかし、これらの部署がひとたびライセンス業務を開始すれば、それは「発信のビジネス、創造のビジネス」となり、知的財産を守っているという印象からそれを有効活用していくという印象になって、外部に対しては好印象を与えるでしょう。また、何よりロイヤルティという新たな利益を生み出すことなります。

Chapter

5 ライセンス市場

1—ライセンスビジネスの市場規模

世界のライセンス市場は、小売価格ベースで約30.1兆円と巨大な市場と推定されます（2018年LICENSING INTERNATIONALの調査などから推定）。その売上げから発生するロイヤルティは約1兆6000億円になります。日本の市場は、そのうち約8%、小売価格で約2.5兆円、ロイヤルティベースで約1200億円程度になるでしょう。30.1兆円の世界のライセンス市場のうち、米国は17兆円と55%という巨大なシェアを占めています。過去の動向をみると、リーマンショックの影響で市場は10%ほど縮小し、そしてまた2011年から増加に転じています。とはいえ、ライセンス産業が米国をはじめ世界で

図表5-1　世界の地域別に見たライセンス市場

地域	小売価格	ロイヤルティ	LICENSING INTERNATIONAL 加入ライセンス関係企業数
米国	17兆円	9200億円	550社
日本	2.5兆円	1200億円	100社
英国	2兆円	1000億円	150社
EU（英国を除く）	4.1億円	2000億円	230社
その他	4.5兆円	2200億円	170社
世界計	30.1兆円	1兆5600億円	1200社

（注）数字はLICENSING INTERNATIONAL資料および筆者推定（¥110/$、¥140/£、¥120/€で換算）。

比較的安定して景気に大きく左右されない理由の第一は、業界自体がいろいろなマーケティング手法を常に新しく開発し、新しいプロパティが増えてきて、ライセンスビジネスのチャンスが増え続けていることが挙げられるでしょう。しかし、意外なもうひとつの重要な側面もあると思います。

それは、偽物市場、あるいはグレイマーケットと呼ばれる真贋のきわどい商品の市場変化です。ライセンス商品に限らず、偽物商品は、中国をはじめとするアジアの国々、ロシア、東欧、中南米などの主に発展途上国にとくに多く存在することはよく知られています。これらの国々では、日本が50年くらい前までそうだったように、まだ知的財産権の確立、保護が徹底する社会環境が出来上がっていません。そのため、偽物商品を摘発する側と、それらを生産販売する側は常にイタチごっこを続けています。ただ、次第に摘発の効果と社会的な成熟度が増すことにより偽物は減り、偽物の需要は本物に吸収されていくのです。もっと簡単に言えば、昨日まで偽物を作っていたメーカーが、ある日を境に、きちんとロイヤルティを支払って、契約にもとづくライセンス商品を生産販売するライセンシーになるケースが徐々に増えているのです。このことにより、偽物商品の売上げが正規のライセンス市場に移動して、その市場規模を拡大するひとつのパワーになっているのです。世界の偽物とグレイ商品のマーケットがどのくらいあるのかは推し量ることもできませんが、これがすべて真正品になった場合、ライセンス市場は今の倍になる可能性もないとはいえません。

2―世界のライセンス市場の特徴

次に、世界のマーケットの特徴を挙げてみましょう。

2-1 米国

現代のライセンスビジネスの発祥の地ということもあり、世界のライセンス売上げ全体の55%を超えるという大きなシェアを占めています。ライセンスプロパティのカテゴリーと数が多いことは最も顕著な特徴です。また、ロイヤルティの料率が他国よりも比較的高いこと

(小売価格の5%を超える)、法的なインフラが整っていることも、特記すべきでしょう。ライセンスビジネスを行う環境は本当によく整っており、毎年5月にラスベガス行われるライセンスショー(LICENSING INTERNATIONAL主催)は、出展者数約500社、ビジネスの来場者だけで2万人を超える世界最大の規模のもので、20年以上の歴史をもっています。ライセンスビジネスに長く携わっている人も、最近参入したばかりの人でも、このショーを訪れれば、業界の現状が理解できます。また知り合いの紹介などがなくても、アポイントをメールで取りさえすれば実質的な商談を行うことができるのです。図表5-2は、過去10年間の米国のライセンス市場の動向を、小売金額(ドル)ベースでプロパティ別に記載したものです。2013年迄はLIMAとイェール大学の共同調査による数字が、2014年以後はLICENSING INTERNATIONAL独自の調査で是正された数字がはいっています。プロパティのカテゴリーは図表5-2では10種類に分かれていますが、上位4つのカテゴリー、「エンターテインメント/

写真5-1 「ライセンシングエキスポ」の入場口(2015年)

キャラクター」、「コーポレート／ブランド」、「ファッション」、「スポーツ」で全体の80％以上を占めるというプロパティの寡占化はこの10年間変わっていません。しかし、それでも米国のライセンスビジネスのプロパティの構成は、他国のそれがエンターテインメント／キャラクターやファッションに大きく依存していることに比べれば、その幅は非常に広いといえるでしょう。

参考までに、以下に米国ライセンスショーのURLを紹介しておきます。

▶米国ライセンスショー「ライセンシングエキスポ」のURL
https://www.licensingexpo.com/

そして、米国ではライセンスビジネスを主な生業にしている弁護士（attorney）、弁理士（patent lawyer）や、コンサルタント、会計事務所、監査事務所などの数も大変多く、専門職のノウハウをアウトソーシングすることも容易です。また、大学や大学院、ビジネススクールでライセンスビジネスを研究しているところも多くあります。

米国の大手ライセンサーには、ハリウッドを中心に拠点を置く映画産業が多いのですが、最近はテレビ局、自動車などの消費者商品製造

図表5-2　米国のライセンス市場の動向（2009-2018年）

（単位：100万ドル）

プロパティ・カテゴリー	2009	2010	2011	2012	2013	2014	2015	2016	2017	2018
アート	3,989	3,754	3,872	3,930	3,989	955	801	1,145	1,592	1,641
エンターテインメント/キャラクター	46,416	45,952	47,963	49,317	51,444	41,623	42,957	42,687	43,428	46,032
大学	3,710	3,636	3,766	3,821	3,877	4,163	5,382	5,190	4,984	5,387
ファッション	15,447	15,118	15,994	16,542	16,871	16,666	17,382	19,169	20,512	20,417
音楽	24,439	2,550	2,660	2,705	2,683	988	1,577	1,868	2,116	2,285
NPO	758	736	758	779	779	958	877	926	1,021	1,004
スポーツ	12,124	11,489	1,308	12,583	12,822	16,478	18,202	19,226	20,153	21,013
コーポレート／ブランド	20,513	19,697	21,212	21,632	22,494	37,580	34,807	36,262	36,793	35,263
出版	711	690	752	732	732	12,255	14,262	15,946	16,632	18,617
その他	106	63	63	63	63	1,601	1,727	2,097	2,402	2,614
合計	106,211	104,044	109,349	112,105	115,754	133,267	137,974	144,516	149,633	154,272

（注）2013年まで：LIMA/イェール工学ビジネススクール共同調査、2014年以降：LICENSING INTERNATIONAL独自調査。

業もライセンスの売上げを大きく伸ばしています。また、スポーツのライセンス市場の規模は他国を圧倒していますが、これはプロスポーツの数とそのファン層が多いことと、スポーツビジネスのマーケティング手法の中にライセンスビジネスが必ず取り込まれていることが、大きな要因でしょう。一方、大手ライセンシーはこの10年間で製造業者から小売業者に移ってきている傾向が顕著になっています。“ウォルマート”、“ターゲット”、“コールズ” などの大手GMSや、“ホットトピック” のような新進の専門店チェーンが、製造業者を介さずに直接ライセンサーとライセンス契約を結び、まずは先にライセンス商品の売り場を確保した上で、商品の生産販売プランを作り、商品の製造業者（マニュファクチャラー）を募るというDTR戦略が、現在では米国のライセンスビジネスの実際の流れの主流になっています。

2-2 英国

英国のライセンスビジネスの市場は小売価格規模で2兆円と想定され、世界の7%程度のシェアですが、その市場の伸びは米国を大きく上回っています。構造的にはプロパティの種類の多様化、ロイヤルティの高額化など、米国に類似していますが、法務関係のインフラの整備状況や、ビジネスに使用される言語の多様さなどでは、米国より進んでいるといえます。2004年から2015年の12年間で、英国の市場は20%以上大きくなっているとみられます。この大きな要因は、英国の経済状況がその10年にわたって非常によかったことがあります。この好調さはいつかははじけるだろうと予測されていましたが、2012年のロンドンオリンピックにおけるライセンスビジネスの成功は業界を活気づけました。また、ヨーロッパのライセンスビジネス新興国をその傘下に収めてきていることも重要な好調原因です。EUが成立していなかった時代から、英国はライセンスビジネスの欧州でのハブの位置を占めていましたので、ロシアや東欧、中東など、ライセンスビジネスが始まったばかりの国々とって、英国のライセンサーやライセンスエージェントのサービスは非常に大きなアシストになっています。この英国のライセンス産業の拡大は、ロンドンで毎年10月に開催されるライセンストレードショー「ブランドライセンシング

写真 5-2　多くのブースで賑わう「ブランドライセンシングヨーロッパ」(2015 年)

ヨーロッパ」が2004年から2015年の12年間に、その出展者を90社から350社に伸ばしたことに顕著に見て取れます。

また、英国の特徴としては、中小の規模ながら、非常にパワフルなライセンスエージェントが多いということがあります。とくに、グラフィックなどのクリエイティブ資料の制作を得意とし、この能力で、最初にライセンサーのコンサルタントとして、プロパティのライセンス化のマニュアルからライセンシーのスクリーニングまでを行い、その後にエージェントとしてライセンサーと再契約をし、ライセンサーとライセンシーを結ぶ、必要不可欠な存在になっているエージェントも存在しています。

ライセンスビジネスの業界誌も、非常に活発に活動しており、それらの多くが、コンピューターを使った、ウェブ上の高レベルの技術を使ったメディアで情報を発信しており、ビジネスを行う者の大きな助けになっています。ファイナンスサービスの面でも、英国では、プライスウォーターハウスクーパースが、精力的にロイヤルティ報告の電子認証システムを開発したり、オーディットのシステムも効率的で米国の監査会社よりも使いやすいと思います。総じて英国は“ハイテク”なライセンスビジネスで世界をリードしているといえるでしょう。惜しむらくは日本同様に、確立されたライセンス市場調査のシステムがないことです。

2-3 EU（英国を除く）

英国もEUの仲間ではありますが、ここでは、従来、大陸（コンチネンタル）と呼ばれていた地区を切り離してお話します。EUは英国のそれとはかなり違う構造と特徴をもっています。市場規模は、EU全体（英国を除く）の27カ国を合わせて4兆円程度と推定されます。その売上げの50%は、ドイツ、フランス、イタリアの3カ国から発生していると思われます。

●――ドイツ

世界最大のおもちゃショー「シュピールヴァーレンメッセ」は、毎年ドイツ南部のニュルンベルクで行われていることが象徴するように、そもそもドイツは、もともとマイスターを頂点としたギルドが中世から存在し、今日もその影響で、おもちゃの製造業者の力が大変強いのです。ライセンサーよりもライセンシーが勢力としては強い希有な例が、このドイツのおもちゃ業界であろうと思います。おそらくはそれが理由で、ドイツではライセンスショーは開催されておりません。いや、過去には何度も開催されたのですが、短い期間で中止されているのです。このため、ドイツのライセンスビジネスはアパレルなど、比較的ライセンサーが製造業者を飛ばして、リテールと直接コンタクトしやすいところで活発化しています。2005年からはLICENSING INTERNATIONALドイツ支部の主催によりライセンサーのプロパティプレゼンテーションと、ライセンサーとライセンシーのシンポジウムである、「ライセンス・マーケット」が開催され、これは大きな成功になりました。このイベントは通常のライセンサーがブースを連ねるショーの形態とは全く違い、劇場形式で、観客であるライセンシー候補の前に、ライセンサーやライセンスエージェントが入れ替わりにプロパティのプレゼンテーションを行うというものです。

●——フランス

ファッションブランドの大国ということもあり、1990年頃までは、フランス国内や海外、とくに日本市場でブランドのライセンスを盛んに展開し大きな利益を得てきましたが、日本のバブル終焉に伴い、また、多くのブランドが、モエ ヘネシー・ルイヴィトングループなどのブランドコングロマリットに統合される過程で、フランスのファッションブランドは、ライセンスの規模を縮小して今日に至っています。彼らは、ブランドをライセンスするよりも、自身の手で商品を生産し、直接販売するというマーケティングにシフトしていったのです。しかし、映画、アニメキャラクター、コーポレートブランドなどのライセンス商品には、若年層を中心に大きな需要が存在しています。大手小売店のカルフールも、ライセンスの取得やプロモーションライセンスの店内での展開には大変積極的で、今後のフランスのライセンスビジネスの市場の拡大は、米国同様にリテールがキーになって進行することが期待されています。

●——イタリア

イタリアのライセンス市場は、上記の2カ国とは大きく違う特徴があります。まず、プロパティの発信の面から見ると、世界最大の子供書籍のビジネスショー「チルドレンズ・ブックフェア」(http://www.bookfair.bolognafiere.it/）が、毎年イタリア中部の大学都市であるボローニャで開催されており、日本でもここ数年好調な「絵本ライセンス」のプロパティの多くがこのショーに最初に展示されることが多いのです。イタリア国内で、絵本のライセンスが非常に盛んであるという印象は受けませんが、その発信地としてイタリアは重要な国であることは間違いありません。

一方で、サッカーを中心としたスポーツライセンス、F1、フェラーリ、アルファロメオ、ランボルギーニを中心とした車のコーポレートライセンスが非常に活発であり、これらのライセンサーは直接、ショーケースストア（ライセンス商品を一堂に集めたショップ）を都市部に展開していることが特徴です。ここ数年は、イタリア自体が国家的な経済的な苦境が続く中で、このようなブランド力の強い商標ライセンスは、英国や北部ヨーロッパ、そして米国への進出が目立っています。とくにフェラーリの米国でのライセンスビジネスの成功は特筆すべきものがあります。

このように、イタリアでは商品のライセンスビジネスは他国と異なる路線で着実な展開をしているといえます。しかし、サッカーや絵本というプロパティから容易に繁栄が想像される「GMSやスーパーマーケットでのプロモーションライセンス」については、その実態を見つけることがとても困難なのです。とくに北部ではこの傾向は顕著ですが、理由は経済的な苦境ではなさそうです。イタリアでライセンスビジネスに関わっている人たちに聞くと、イタリア人は、店舗のデザインを美しいものにするために、プロモーションなどを排除する傾向が強いということと、ティーンズのカジュアルファッションが非常に進歩しているお国柄、若年層の消費者がいわゆる子供だましのノベルティに魅力を感じないのではないかということでした。

●――その他のEU諸国

上記のEU主要国以外の国々のライセンスビジネスの規模はまだまだ小さいのですが、国によって特徴のあるプロパティが育ってきており、すべてがマス化している米国とは違った魅力が感じられます。例えばスイスの著名なナイフのブランドの「ビクトリノックス」は、トラベル関係のバッグで大きなライセンス売上げがありますが、これはブランドとしては小規模ながら、セキュリティ面での安心感が消費者に訴求している例でしょう。スイスはこの他にも時計ブランドのライセンスも好調です。また、隣国のオーストリアは、ライセンシーとして“スワロフスキー”がディズニーやハローキティなどを商品化して、高額なクリスタル商品で新しい、そして追随を許さない市場を確立しました。余談ですが、スワロフスキーはLICENSING INTERNATIONALの会員で、日本のキャラクターライセンサーにコンタクトしようと、直接、当時のLIMAジャパンオフィスに電話をかけてきたのが2002年、その電話を取って日本の会員に紹介をしたのが私でした。そのときはこれほどのビジネス規模になるとは思いませんでしたが。

2-4 中国

中国のライセンスビジネス市場は、その人口の多さと、記号やキャラクターを好む国民性から、そのポテンシャルには業界の誰もが期待しています。しかし現実としては、DVDやCDなどの知財権の一次使用商品と同様に、ライセンス商品にも偽物商品が非常に多く見られます。何年か前に上海郊外の動物園など国営のエンターテインメント施設での、ディズニー他、欧米そして日本の著名キャラクターにそっくりな偽物キャラクターのオンパレードは驚愕の出来事でした。意匠権や特許権の侵害も日常茶飯事であり、これらは中国の国家として、国民としての知的財産権への認識が低いことを象徴しており、実際、知財権の一次、二次使用の侵害商品だけで1兆円を超える市場があるといわれています。ライセンス契約が調印されて、ビジネスがスタートしても、ライセンサーの承認を受けないで商品の生産販売が行われていたりします。私自身もそのような権利侵害商品にビジネス上の損害を多く被った経験があります。さらには一番深刻なのは、ロイヤルティの不払いなどの報酬権に関する問題です。欧米そして日本のライセンサーやエージェントも、中国国内によほど信頼できるパートナーを得ない限りは、なかなか単独で支社を出してビジネスを行うことはカントリーリスク（国としてのリスク）が高すぎると判断しているようです。知財権侵害が起きている新興国、開発途上国は多くありますが、最も改善の可能性に期待できないのが中国だと思います。私がそう信じる理由は、中国の現在の政治状況からして、約14億人という世界の約2割に相当する国民を食べさせていくためには、権利侵害品ビジネスに携わる労働人口（少なくとも1億人はいると思われます）を、他の業種を受け皿として受け止められる状況を作れない限り、中国政府は決して本気で権利侵害品を駆逐しようとはしないと思うからです。ひとたび、それを本気で行えば、職を失った人々は暴徒と化す可能性があります。このように、国際政治学的に見ないと、中国の知財権保護の問題の本質は見えてこないでしょう。

しかしながら、中国でのライセンスビジネスのリスクを少しでも回避するひとつの方法として、香港を中国攻略の基地として使うという手段があります。香港は、長い間英国の統治下にあったために、言語も英語が標準的に使われ、また、ビジネスのモラルも高いといえます。そのため、香港のエージェントや法律事務所を介して、中国のライセンシーとビジネスをするライセンサーも多くいます。この事実を反映するかのように、中国の主要なライセンスショーは上海と香港で別々に開かれています。しかしながら、現在の中国の不安定な政情からすると、権利侵害品を生産販売することで生計を立てている人が多数いることを無視して、市場だけを正常化した場合には、最悪の場合政権を揺るがすような状況になる可能性を帯びています。中国は2015年には知財裁判所が北京に開設されましたが、実際に、著作権、商標権のライセンスビジスを含む知財権の諸問題がきちんと解決されるまでには長い時間がかかると思われます。

以下に、香港国際ライセンシングショーのURLを紹介しておきます。

▶香港国際ライセンシングショー
https://event.hktdc.com/fair/hklicensingshow-en/HKTDC-Hong-Kong-International-Licensing-Show/

2-5 その他の諸国

●――台湾

台湾のライセンスマーケットは、規模的には日本の10%以下であろうと推測されますが、構造的に日本によく似ており、また法務的なインフラや著作権への理解も他のアジアの諸国に比べて進んでいるため、日本の企業にとってはビジネスをしやすい状況にあるといえます。とくに日本のプロパティをそのままもって行ってライセンスしたり、ライセンシーの商品を台湾側の販売代理店（distributor）に輸入してもらい、同国内で販売するという方法も、価格の差が日本と台湾の間で小さいために可能なのです。台湾のライセンスビジネス市場が、今後大きく成長することはあまり期待できないと思いますが、安定している市場です。

●――オーストラリア

オーストラリアは、巨大な面積をもつ国土に比べ、人口は2500万人と日本の20%にも及びません。ライセンスビジネス市場も大きくはないのですが、英語圏ということもあり、米国本土と香港などからライセンスプロパティの進出が顕著です。特徴的なのは、商品ライセンスに比べて、プロモーションライセンスが大変に盛んなことで、とくに、飲料や食品の売り場で、そのブランドや商品名をライセンスした商品を併売するような進歩的なリテール開発が行われています。コカ・コーラはその成功例の最も顕著なものでしょう。

●――中南米

中南米で、ライセンスビジネスの市場がある程度の規模に達しているのはメキシコとブラジルです。メキシコは、米国のスペイン語圏と文化的につながっているために、米国のプロパティ構成をそのまま縮小した業界構成になっています。人口は米国の約3分の1に当たる1億2600万人ですが、商品の価格格差や、消費者層の可処分所得の少なさから、市場規模は小売価格で2000億円から3000億円の間ではないかと見られています。偽物や、契約期間が過ぎてもロイヤルティを支払わないで、商品を作り続けているライセンシーなどもあり、知的財産権の保護については、今後の課題も多くあります。

一方ブラジルは、近年急速に伸びてきた市場です。2014年のワールドカップと2016年のオリンピックの成功についても懐疑的な見方がありましたが無事に開催されました。市場はもはや飽和状態に達してきていますが、ライセンスビジネスのインフラは整いつつあります。プロパティとしては子供向けのアニメーション、サッカーチームを中心とするスポーツがとくに強い状況です。ライセンスビジネスの市場規模はメキシコに及ばないものの、米国から地理的に遠いという条件が、逆に独立したライセンス業界の構築の活発化を招いており、ファッションブランドのライセンスも盛んです。ただ、サンパウロでライセンスショーが開催されるのではないかという噂は10年以上前からありますが、実際にはまだ開催されていません。

●――中東

中東は、オイルマネーがとくに豊富であった2006年から2007年にかけて、ドバイを中心に、プロパティだけでなく、ライセンスビジネス自体を欧米から輸入することに、国を挙げて力を注ぎました。その結果スタートしたのが、「ドバイキャラクター&ライセンスショー」で、このショーの注目度は欧米や日本でも高く、それなりの成果も上がったようです。

しかし、ホテルや不動産などへの投資がやや過剰気味になっているという側面もあり、今後のドバイを含む中東のライセンスビジネスの行方はまだ確定したものではありません。

●——ロシア

ロシア連邦は旧ソ連から自由経済の大国になった1991年から、巨大なライセンスビジネスの市場になるだろうと期待をされていましたが、実際には、権利侵害品の駆逐が進まなかったり、法務、マーケティングのインフラの整備の不足、また、現在も続く急激な人口の減少などが足かせになって未だにその翼を羽ばたかせるところまできていません。しかし、国家としてアニメーションの制作産業に力を入れており、これにともない国内ではアニメのライセンスが活発になってきています。また、二輪車を中心としたコーポレートブランドも隆盛になってきています。

●——東欧（ニューヨーロッパ）

東欧は東ヨーロッパのことですが、旧ソ連邦から分かれて独立国になり現在EUに加わっている国々（エストニア、クロアチア、ラトビアなど）や、ソ連邦ではなかったがその勢力下にあった国々（ポーランド、ルーマニア、ハンガリーなど）を中心にした諸国です。これらの国々も人口は急激に減っています。若い国民を中心に北ヨーロッパや英国に移民をしたり、出稼ぎに行っている状況がそれを後押ししています。しかし、このことが中国とは正反対に、権利侵害品などを製造販売しなければ職にありつけないような環境を自然に駆逐しており、知財権はおおむね適正な保護を受けており、各国の政府や教育機関も知財権に関する教育やライセンスビジネスの研究に力を入れています。とくに例として挙げられるのは、日本に研究者を派遣しているソフィア大学などでしょう。縮小しつつある市場ではありますが、ヨーロッパや英国にとっては、安全で手間のかからないライセンス商品の販売相手であり、また、近くにあって、品質や工場管理もやりやすい生産国になっています。

●——インド

インドは、中国に次ぐ世界第2位の人口、13億5000万人を抱える映画大国であり、世界で最も多くの映画製作本数を誇る国です。映画産業の中心ボンベイ（現在の地名ではムンバイ）は、ハリウッドをもじって「ボリウッド」と呼ばれるほどの興隆を見せており、ライセンス商品も自然発生的に流通しています。

政府の外郭団体や民間団体は、欧米のライセンスエージェントやライセンスショーの誘致に積極的ですが、現状では、インド国内が政治的に安定していないためにテロなどの発生の危険があること、知的財産権に対するインフラが構築されていないことが主な障壁になって、積極的にインドに進出しようというライセンサーやライセンスエージェントは少ないようです。LICENSING INTERNATIONAL もインドに支部を設けることを長年検討していますが、まだ駐在員を置くにとどめています。

●――シンガポール

シンガポールは東南アジアの小国で、人口はわずか500万人と東京都の半分にも満たないサイズです。しかし、国を挙げての知的財産権のビジネス化政策が功を奏し、技術型知財権では目覚ましい開発や発見、特許とそのライセンスなどが行われています。この事実をバックボーンに現在、政府は民間企業と協力して非技術型知財権のライセンス事業の活性化も手がけ始めました。

「フランチャイジング&ライセンシング・アジア」(http://www.franchiselicenseasia.com/）というのが、その最初の試みです。まだ成功したとは言い難いですが、シンガポールに本社や支社を置く欧米のライセンサーやライセンスエージェントも多くなりつつあり、今後のシンガポールのライセンスビジネスへの影響力は拡大していくと思われます。

●――韓国

韓国のライセンス市場は、テレビとしてのメディアが完全に中核となっており、地上波に加えて、普及率が高いケーブルテレビで放映されている子供用のアニメーション番組のプロパティは、韓国のライセンスビジネス全体の中でもおそらく最も高いシェアを占めていると思われます。地上波では日本の番組の放送規制があるために、ケーブルテレビに日本のアニメが集中していますが、その中でも「クレヨンしんちゃん」の人気は長年根強いものがあります。一方で、ハリウッドの映画、テレビのプロパティはアニメに限らず、日本に比べればシェアは小さいようです。韓国政府は、日本のクールジャパンのように、自国のプロパティを輸出する目的で「KOCCA（韓国コンテンツ振興院）」という組織を2009年に立ち上げ、巨額の資金をもって、民間のライセンサーの海外進出をバックアップしていますが、まだ目立った結果を出すまでには至っていません。

3—日本のライセンス市場

3-1 市場の概況

日本のライセンス市場は、図表5-1にも記したように、小売価格換算で約2.5兆円、その金額から発生するロイヤルティは1200億円と推測されます。いろいろな調査資料での推定は、1.5兆円から3兆円とかなり差異のある金額を示していますが、キャラクター：1.6兆円、ブランド、コーポレート：9000億円、というのが実情の数字だと思われます。ロイヤルティ料率は平均して小売価格の4%と米国、英国、EUの5%より低く想定しています。この料率がやや低いということは日本のライセンスビジネスの特徴でもあるのですが、日本においてどのプロパティも、どの商品カテゴリーも一律にロイヤルティ料率が低いということではありません。5%を超える人気キャラクターやブランドも多く存在しているのは事実です。ただ日本では、需要と供給の関係で料率が著しく低いプロパティや、高額な価格のゲーム機、例えばパチンコ台のように、料率が1%内外のロイヤルティが通り値になっている商品カテゴリーが存在するために、平均では欧米に比べてやや低い料率になっています。

日本のライセンスビジネス市場のその他の特徴は、米国に比べてプロパティのカテゴリーが少なく、キャラクターとファッションのプロパティの2つが突出していること。そしてこれはライセンスビジネスだけにいえることではありませんが、流通の経路が複雑で、問屋や二次問屋が多く存在し、ライセンサーサイドから、“ダイレクト・トゥー・リテール”を仕掛けるのが難しいということがあります。

図表 5-3　小売市場の規模 2.5 兆円に近い業界

小売市場	規　模
ホームセンター、 ディスカウントストア	2 兆 6200 億円
スポーツ関連	2 兆 4900 億円*（卸売 1 兆 4700 億円）
紳士服	2 兆 2000 億円
モバイルコンテンツ	2 兆 1000 億円

（注）　*小売規模を卸売の倍として概算
（出典）「日経業界地図 2019 年版」より作成

5

日本のライセンスビジネスの市場規模の 2.5 兆円は世界のライセンス市場の 14% を占めており、巨大な市場になっていますが、この 2.5 兆円というのが、日本で他のどのような業界の売上げに近いのかを図表 5-3 でお見せしましょう。

このように、比較すると日本のライセンスビジネスの巨大さに実感をもって頂けると思います。

3-2　日本市場の特徴

●──複雑な流通経路

日本のライセンスビジネス市場のその他の特徴は、米国に比べてプロパティのカテゴリーが少なく、キャラクターとファッションのプロパティの 2 つが突出していることです。そして流通の経路が複雑で、ライセンサーサイドから、“DTR（ダイレクト・トゥー・リテール）”のマーケティング戦略を仕掛けるのが難しいということがあります。このため、ライセンサーにとって、ライセンスビジネスを拡大する戦略的な場所としてのトレードショーの重要性は高く、2017 年 4 月から新たに開催された「ライセンシングエキスポジャパン」(http://www.licensingexpojapan.com)　は LICENSING INTERNATIONAL が特別後援し、ラスベガスやロンドンのショーともリンクしており、セミナープログラムも充実しています。2011 年から開催されている「ライセンシングジャパン」(https://www.licensing-japan.jp）展とともに、この 2 つのトレードショーが日本のライセンス業界を引っ張っていくことになるでしょう。

●——ピークを過ぎた規模

日本のライセンスビジネス市場は1980年代後半から1990年代前半のバブル期には、4兆円近いほどの規模があったと推察されますが、その後、ヨーロッパのブランドをはじめとするファッションブランドの後退と、キャラクターライセンスビジネスにおいても、“キラーコンテンツ”の不足が主となって市場は大きく減少しました。図表5-4は2004年から2018年のキャラクター市場のサイズの変遷を表しています。この15年間の市場動向はおよそ1兆6000億円前後で推移しています。年により数字が大きくなっていますが、これは、人気のキャラクターの登場がその要因になっています。2014年は「アナと雪の女王」と「妖怪ウォッチ」が活躍しました。

●——キャラクターが輝く市場

しかし、現在でも、日本全体のライセンスビジネスの市場規模の中で、キャラクタープロパティの占める割合が60%を下回ることはありません。これは欧米諸国の40%程度に比べて高い数字です。その理由は、欧米ではキャラクターといえば子供向きのプロパティですが、日本では子供はもちろん20代以上の女性から上は60代のシルバー層までを掴んでいる強いプロパティなのです。考えられる理由としては、日本人がそもそも「キャラクター好き」ということがまずあるととも

図表5-4　日本のキャラクター商品の小売市場規模推移（2004-2018年）

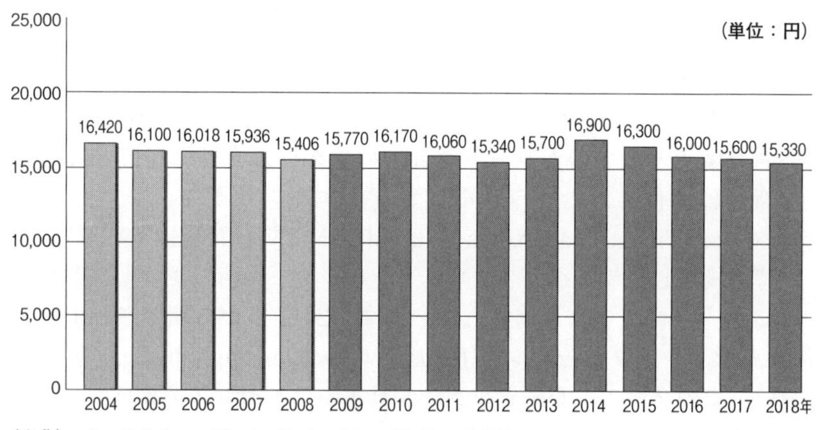

（出典）　キャラクター・データバンク、*CharaBiz Data 2019*。

に、キャラクターへの自身の同一化というマインドをもっていることが、欧米人との違いではないかと思われます。欧米では、キャラクターはまずぬいぐるみや人形として子供の話し相手として与えられるプロパティなのですが、日本では子供の頃からキャラクターに自分の気持ちを込めたり、自身の分身のように考える傾向が強く、これは消費者の年齢が上がってからも続く傾向なのです。この傾向が行き着いた先が、コスプレという“キャラクターなり切り”の文化だといえるでしょう。また、ライセンス商品群から見ても、日本では、およそ考えられるすべての商品で、キャラクターを付けないものはないほどです。

●——クール・ジャパン

前述したように、経済産業省は2010年に省内に「クール・ジャパン室」を設置して民間企業のクリエイターやライセンサーを後押しし、著作権産業の輸出促進を図っています。もともと、この動きはジェトロ（日本貿易振興機構）で2005年くらいから始まっており、LIMAジャパンと共同で、ニューヨークの“LICENSING EXPO”に日本のアニメキャラクターのブースを初めて出したのが2007年であり、この時初めて“Japan Cool Edge”というキャッチフレーズを使っています。この動きは2008年末に麻生太郎氏が総理大臣に就任し、いわゆる「秋葉原文化」を世界に輸出しようという目論見のもとに活性化したのですが、この機運が最も高まった2010年でさえ、日銀の「国際収支統計」によれば、日本の著作権貿易は年間5600億円の赤字でした。2013年にはこの赤字は解消されるものの、近々にもTPP交渉が合意に至り、「著作権の保護期間」がおしなべて20年間の延長とされ70年になると、ハリウッドのキャラクターの著作権料の「輸入」だけでまた赤字に転落するのは確実です。

●——ファッションプロパティ

日本のライセンス商品の市場で、キャラクターのシェアは突出していますが、もう一方の雄ともいうべきファッションプロパティの需要も根強いものがあります。このプロパティもキャラクター同様に、それをもつ消費者の差異化をうながす記号的な価値をもっていると理解されています。自分が身につけているものに何らかの著名なブランド名が付いていることは、商品に対する安心感になるとともに、それを着ている自身が、ある一定のクオリティ以上のものを購買して所有できることの証明にもなるわけです。つまり車のブランドなどと同じ意味が、そこで発生しているのです。

●――広告代理店と商社

また、日本のライセンスビジネスを構造的な面から見ると、広告会社の役割が大きいことも他国との大きな違いでしょう。広告会社はもともとライセンスビジネスを行うための企業体ではありませんが、テレビ放映のためのアニメーションの制作や、コーポレート＆トレードマークライセンスのエージェントの代わりを担うなどの役割で、この業界の重要なプレーヤーになっています。また、欧米には見られない企業体系である総合商社や専門商社も、とくにファッションプロパティの製造や、輸入を行う他に、ライセンスエージェントやマスターライセンシーとして、海外のプロパティを日本に導入してライセンスアウトすることに積極的です。

●――専門家の不足

これら2つの日本独自の企業組織が、ライセンスビジネスでいろいろな活動を行っていることも影響して、日本のライセンスエージェントは規模があまり大きくないことも、業界の特徴といえます。法務的なインフラから見た場合、欧米では、弁護士、弁理士がライセンスビジネスに積極的に参加していることが多いのに対し、日本ではまだまだこのような法務の専門家が有効に使われているとは思えません。

Chapter

6 プロパティの種類

1―エンターテインメント

ここまで読まれてきた読者の方は、本書ではプロパティというとまず「キャラクター」を挙げていたのに、この「プロパティの種類」の章にきて、なぜいきなり最初に「エンターテインメント」というプロパティの種類が登場するのかという疑問をもたれるのではないかと思います。

実は数年前までは、映画、テレビ、そしてキャラクターのプロパティをまとめて「エンターテインメント」と呼ぶ傾向が世界的にあったのです。しかし現在では、「キャラクター」という言葉の方が、一般によく知られているために、「キャラクター」のカテゴリーの中に、映画やテレビのプロパティを含んで意味するようになっています。ですが、本来は、キャラクター、映画、テレビというのは横並びになる3つのプロパティの種類であり、それを統合して「エンターテインメント」と呼ぶ、以前の分類の方が合理的であると私は考え、あえて「エンターテインメント」をこの章のプロパティの説明のトップにもってきました。

エンターテインメントプロパティのライセンスビジネスは、世界のどこでも第1位のシェアを取っているトッププロパティでしょう。米国では、その数字はLICENSING INTERNATIONALの調査で明らかなように、市場全体の40%を占め、小売価格ベースで5兆円弱、ロイヤルティでは約2800億円（¥110/$）を稼ぎ出す、文句なしの最大プロパティです。日本での市場小売価格はキャラクターとして約1

兆6000億円強（2015年キャラクター・データバンク調査）となっており、日本のライセンス市場全体の約60%を占めていると見られます。それでは、このエンターテインメントに該当するプロパティをひとつずつご紹介しましょう。

1-1 映画

米国では、エンターテインメントといえばすなわち映画のプロパティであるという時代が1980年代から2000年の初頭まで続いていました。「スター・ウォーズ」、「インディ・ジョーンズ」、「ロボコップ」、「ターミネーター」、「ロッキー」、「ゴーストバスターズ」など、数々のハリウッドの映画大作が、テレビやインターネット、絵本などのメディアに登場するキャラクターを圧倒して強さを発揮していたのです。この時代に、米国の映画会社は4つの部門を必ず組織としてもつようになったことはすでに述べました。そのうち、ライセンスビジネスを扱うコンシューマープロダクツが米国のエンターテインメントプロパティのほとんどを牛耳っていたといっても過言ではなかったのです。まさにライセンスビジネスにおけるハリウッド黄金時代でした。

もちろん、21世紀になってからも「ハリー・ポッター」や「スパイダーマン」などのスーパープロパティは存在したし、映画プロパティの強さは米国だけではなく世界のどこでも際立っています。映画はその作品自体のプロモーションに莫大な費用をかけるのが常です。また、その後のDVDの販売プロモーションの規模も半端ではありません。都合1年半くらいの間、その映画にかけられるプロモーションやパブリシティなどが、そのプロパティのライセンス商品をバックアップするのです。最近では、2009年初頭にブルーレイディスクがDVDの次世代ディスクメディアに決定したために、映画作品がブルーレイディスクになる時のプロモーションも大変派手に行われています。2008年のクリスマスシーズンに米国で行われた、ウォルト・ディズニーの「パイレーツ・オブ・カリビアン　デッドマンズ・チェスト」のブルーレイディスク発売のプロモーションは、非常に規模が大きく、当時雌雄を決するタイミングにあった、2つの次世代メディア、ブルーレイディスクとHD-DVDの戦いに決着をつけたのは、このプロモーションであったといわれるほどでした。このような大規模なプロモーションは映画ならではのもので、他のエンターテインメントプロパティを圧倒しています。やはり映画は“キング・オブ・ザ・ライセンスプロパティ”で、映画が売れれば、ライセンス商品も消費者からの需要が増大して売りやすくなるのです。

映画のライセンスは2005年の「スター・ウォーズ」の完結、2011年の「ハリー・ポッター」の完結で、だいぶ下火になりましたが、その分を次項で述べるテレビのライセンスが補填をしました。しかし、ディズニーによる2009年のマーベルコミック、2012年のルーカスフィルムの買収により「アベンジャーズ」や「スター・ウォーズ」の新シリーズが次々とリリースされ、2014年には「アナと雪の女王」の大ヒットもありました。2017年以降もディズニーは「美女と野獣」や「プリンセスシリーズ」の実写化、「パイレーツ・オブ・カリビアン5」など次々に強力なプロパティを展開し、ライセンスビジネスも盛大に展開しています。映画プロパティでのディズニーの優位は相当な期間続きそうです。

6

1-2 テレビ

映画プロパティが21世紀にはいってライセンスビジネスで下降傾向を見せた時期に、これを救ったのが、テレビのライセンスビジネスです。米国ではケーブルテレビの急激な普及とともに飛躍的に拡大したチャンネルと番組の数をバックに、アニメ、ドラマ、スリラー、SF、バラエティなどのいろいろなプロパティを速いスピードで市場に投入し、映画に対する強敵メディアとなってきています。

「パワーパフ ガールズ（アニメーション）」、「24（ドラマ）」、「アメリカン・アイドル（バラエティ）」、「シークレット・アイドル ハンナ・モンタナ（ドラマ）」、「ドクター・フー（ドラマ）」、「シンプソンズ（アニメーション）」、「ダウントン・アビー（ドラマ）」などがそのプロパティの一部です。テレビプロパティには、映画のような資金を豊富にかけた強力なプロモーションのバックアップはありませんが、毎週必ず放映されるということ自体が大きなプロモーションとなっています。また、アニメーションやドラマだけでなく、バラエティのような、一見ライセンスプロパティに向かないと思われるようなプロパティも番組の制作の当初から商品化を考慮されているために、商品は番組の開始とともにスムーズに市場に供給されます（「アメリカン・アイドル」のカラオケセットなど）。このため、とくにリテールからのラブコールが目立ち、“ダイレクト・トゥー・リテール”のマーケティングにより、大規模小売店にテレビプロパティのライセンス商品のコーナーを大きく取り、そのテレビ番組と商品のプロモーションを店頭で行うという手法が多く取られています。リテールにとっては、消費者が昨日テレビで見た番組のイメージが新鮮なうちに、そのライセンス商品を手に取ってもらえるというチャンスが毎週訪れるというのは、かなり魅力的なストアプロモーションといえるでしょう。リテールでのプロパティの評価を判断するのに適当な方法は、LICENSING INTERNATIONAL 主催の「インターナショナル・ライセンシング・アワード」の部門賞である「ベスト・リテーラー・オ

図表 6-1 「ベスト・リテーラー・オブ・ジ・イヤー」賞受賞作品（2004-2018 年）

年号	受賞作品〔メディア〕
2004	スポンジ・ボブ／ターゲット〔テレビ〕
2005	ナポレオン・ダイナマイト／ホットトピック〔テレビ〕
2006	ディール・オア・ノーディール／トイザらス〔テレビ〕
2007	ハイスクール・ミュージカル２／ウォルマート〔テレビ〕
2008	該当無し
2009	トワイライト・サーガ〔映画〕
2010	ダブ・グリー〔コーポレイト〕
2011	ビッゲスト・ルーザー〔テレビ〕
2012	ハンガー・ゲーム〔映画〕
2013	ガールスカウト USA〔NPO〕
2014	アナと雪の女王〔映画〕
2015	ドクター・フー〔テレビ〕
2016	ホットトピック〔リテール〕
2017	スピリットハロウィーン〔テレビ〕
2018	ファンタスティック・ビースト〔映画〕

写真 6-1　LIMA ライセンス大賞受賞式（2015 年）

©LICENSING INTERNATIONAL

ブ・ジ・イヤー」賞でどのようなプロパティが受賞しているかを見るのが手早い方法です。過去 2004 年から 2018 年までの受賞プロパティは図表 6-1 ですが、2002 年からも含めると 6 年間連続してテレビプロパティが同賞を受賞するという強さを見せています（ただし、「ハイスクール・ミュージカル 2」はテレビ放映の映画）。

この勢いは、2010 年以降やや鈍ったように見えますが、これは前項で述べたような映画の「逆襲」が始まっている影響といえます。2013 年には「大賞」に、初めてテレビプロパティの「ダック・ダイナスティ」が輝くなど、テレビ vs. 映画の激戦はこれからも続きそうです。

1-3　キャラクター

ここでは、エンターテインメントカテゴリーの中のキャラクタープロパティをその出身メディア別に分類して説明していきます。

●――メディアキャラクター

実際には、「メディアキャラクター」という呼び方はこの業界で使われてはいませんが、後述するノン・メディアキャラクターに対して、映画、テレビ、雑誌など何らかのメディアから発信されて著名になったキャラクターをこのように呼んで説明をしたいと思います。

① 映画／テレビキャラクター

キャラクタープロパティでは、前項で説明した2つのメディア、映画とテレビから発生してくるキャラクターを、まずメジャーなキャラクターとして挙げなくてはなりません。ディズニーのほとんどのキャラクター、バッグス・バニーやダフィー・ダックで人気のあるワーナー・ブラザースのルーニー・テューンズなども、元は映画、そして後にテレビがその発信メディアとなっています。日本でも、映画やテレビ発信のキャラクターは非常に多いように思われますが、実際には、そのキャラクターの初登場は雑誌での連載であり、その後テレビメディアでの展開により爆発的な人気を得たという場合が多く、純粋なテレビキャラクターは「ウルトラマン」、「機動戦士ガンダム」、「新世紀エヴァンゲリオン」などで、それほど多くはありません。

② 漫画雑誌・コミックマガジンキャラクター

日本独特のこれらの雑誌メディアは、日本の文化といわれるほど発信力をもっており、ここから誕生したキャラクターは莫大な数になります。著名なものだけでも、「美少女戦士セーラームーン（講談社・なかよし）」、「ちびまる子ちゃん（講談社・りぼん）」、「アンパンマン（フレーベル館・キンダーおはなしえほん）」、「ドラえもん（小学館・小学一年生他）」など枚挙にいとまがありません。米国でも「コミックス」、「パルプマガジン」という雑誌メディアの分野があり、スパイダーマンやアベンジャーズの全キャラクター、そしてスーパーマン、キャットウーマン、ディック・トレーシーなどがそこから誕生したキャラクターに当たりますが、メディアの規模と種類、また発生プロパティの数では米国（とくにマーベル）と日本が世界の他の国を圧倒しているといってよいでしょう。

③ 絵本キャラクター

絵本キャラクターの歴史は長く、古くはグリム童話やアンデルセン童話の挿絵などが、その発祥であると思われます。映画のアニメーションプロパティもテレビが普及するまでは、次のメディアとしては絵本を利用して広く消費者に浸透してきました。ディズニーのバンビや白雪姫などはその良い例といえます。もともとが絵本のキャラクターで、歴史の長いものには、「ピーターラビット（英国）」、「ムーミン（フィンランド）」、「ミッフィー（オランダ）」、そして、今ではディズニーのキャラクターの一員になっているA. A. ミルン原作の「くまのプーさん」などがあります。絵本キャラクターは、日本では2003年頃から隆盛を見せ始めました。それは、テレビのキャラクターが飽和状態となり、消費者が何か違ったキャラクターを求めだしたことに端を発する需要だったのですが、とくに母親が購買の決定層となる幼児から小学校低学年向けの商品では、絵本キャラクターの方が、テレビキャラクターよりも知的に見えるという要因もあったと考えられます。その頃に登場した絵本キャラクターは「エロイーズ」、「オリビア」、「リサとガスパール」、「ペネロペ」などがあり、これらのキャラクターは、実際には母親自身もその消費層を構成し、親子キャラとか親子三代キャラと呼ばれるものも出現しました。絵本のキャラクターは、プロパティとしての育て方が非常に重要な成功の鍵になることが知られています。つまり、出版社、ライセンサー、ライセンシー、そしてテレビ放映がある場合はその制作プロダクションと放送局などが、足並みをそろえて、高い品質の商品を需要に合った数量で市場に出していくことが大事です。これを誤ると、絵本キャラクターのもつステイタスが、音を立てて崩れてしまうことになります。

④　ゲームキャラクター

この分野も世界的に見て、日本がトップを切って走っているプロパティカテゴリーといっても過言ではないでしょう。この分野での主なライセンスプロパティは、「ポケモン」、「スーパーマリオブラザーズ」、「ドラゴンクエスト」、「妖怪ウォッチ」などがありますが、「ポケモン」のように、ゲームから漫画雑誌へ、そしてテレビ放映から映画へと、メディアの幅を広げていって、ついには世界に冠たるキラーコンテンツの名前をほしいままにする地位まで上り詰めたキャラクターもあります。「ポケモン」は日本のキャラクターとして初めて1999年に、

「ライセンス・オブ・ジ・イヤー」を受賞したプロパティでもあります。また日本からもうひとつ2008年に同賞を受賞しライセンスのトップに輝いた「爆丸」もトレードカードゲームのキャラクターです。新しいキャラクターとしては、クリプトンの「初音ミク」のように、インターネット上の著作権の二次使用をある程度認めたことにより大ブームになったコンピューター出自のものもあります。

⑤　新聞キャラクター

新聞も今では4コマ漫画を毎日掲載しないところが増えてきていますが、かつては4コマ漫画と新聞の名前がリンクするような重要な要素だったのです。新聞から誕生したキャラクターで現在もライセンスで大きな規模の売上げを作っているのは、何といっても日本では「サザエさん」でしょう。「サザエさん」は1974年まで7000近い作品が朝日新聞に掲載され、1969年からはアニメーションの放映が開始されました。ライセンス化は1980年代に入ってから本格化し、現在はフジテレビ本社ビルに、「サザエさん」のキャラクター商品を扱う専門店「サザエさんのお店」があります。

米国での新聞キャラクターは、何といっても「ピーナッツ」でしょう。日本では「スヌーピー」といわないと分からない方も多いと思いますが、この漫画は米国の新聞で1950年に連載が開始され、その後世界2400の新聞に連載され、2000年に作者のチャールズ・M・シュルツが亡くなるまで、50年にわたって作品とともに多くのライセンス商品が消費者に愛されました。とくに日本でのライセンス商品の売上げは、「ピーナッツ」の全世界のライセンス商品売上げの半分近くに及んでいるようです。新聞キャラクターは、これからはもう大きなプロパティとして誕生することはないかもしれません。それは新聞自体が漫画やキャラクターを必要としなくなっていること、言い換えれば漫画やキャラクターもメディアとして新聞を選ばなくても他にいろいろなメディアがあるということなのです。

●――ノン・メディアキャラクター

そして、キャラクターの種類としてここ10年くらいの間に台頭してきたのが、“ノン・メディアキャラクター”です。ノン・メディアキャラクターとはその名の通り、メディアを出身母体としてもたずに、いきなり商品として市場に出てきたキャラクターのことをいいます。これも世界の中では、日本の発信力が群を抜いて強いカテゴリーです。今では押しも押されもせぬ人気キャラクターの位置を確立している「ハローキティ」をはじめ「たれぱんだ」、「リラックマ」、「リカちゃん」など数多くのキャラクターがこの分野に存在していますし、最近では米国で大ヒットしている「レベッカ・ボンボン」もまさにこのジャンルに入ります。

キャラクターの種類の多い米国でも、2000年以前ではメディアを介さないキャラクターというのは、人形として市場に登場した「キャベツ畑人形」や「バービー」など実例が非常に少なかったのです。しかし、2000年代になると、日本の影響を受けノン・メディアキャラクターがいくつも登場してきます。2001年に米国のおもちゃ会社MGAにより発売された、4体の人形キャラクター（ヤスミン、クロエ、サシャ、ジェイド）の「ブラッツ（Bratz）」は、発売と同時に爆発的な売上げとなり、2003年にはノン・メディアキャラクターとしては初めての「ライセンス・オブ・ジ・イヤー」を受賞しました。しかしながら、ブラッツは、バービーを製造販売するマテル社に勤めていたデザイナーがMGA社に引き抜かれた直後に発表されたために、そのデザイナーがマテル社在勤中に作成したものであるとの同社の訴訟にMGA社は敗訴し、現在商品は販売されていません。この賞は、世界のライセンスプロパティの中でその年に最も業界に貢献したものを賞するもので、翌年の2004年は「スパイダーマン2」が、そして2005年には「スター・ウォーズ エピソード3」という超大型の映画プロパティが受賞しているのですから、「ブラッツ」の人気がいかに凄かったかがお分かりになることでしょうし、また、そのあとのスキャンダルが相当のものだったことも想像がつくと思います。

他の米国のノン・メディアキャラクターの成功例としては、カードの大手であるアメリカン・グリーティングス社が、自社のグリーティングカードに1980年代から印刷して使っていた「ケアベア（Care Bears）」があります。長い間、地味にやってきた「ケアベア」ですが、2002年にデザインが変更されてから急激に人気が高まり、ぬいぐるみやおもちゃへのライセンスで大きな成功を収めました。「ケアベア」も2004年には「ライセンス・オブ・ジ・イヤー」の部門賞であるベスト・キャラクター賞を獲得しています。「ブラッツ」も「ケアベア」も最近日本にも商品が進出し、とくに「ケアベア」は、デザインチェンジをする昔のタイプのキャラクターも含めて、10代の女子学生に人気を博しています。

●――二次著作キャラクター

2013年は、日本を発信地にした「二次著作キャラクター」の興隆の始まりの年だったといえましょう。前述の"初音ミク"の盛り上がりは、このゲームソフトを購入した消費者が二次著作権を一定の範囲で使用できることが大きなきっかけになりました。そして、「アナと雪の女王」の主題歌"Let It Go（ありのままで）"のYouTubeなどでの一般人、セミプロによる改変版のアップロードを、ディズニーが歓迎するかのように許諾した（2014年6月現在）のも「二次著作権」の扉を開くものでした。そして2014年の6月のLICENSING INTERNATIONALの「ライセンス・オブ・ジ・イヤー／ライセンス大賞＝2013年に活躍した優れたプロパティに与えられる賞」で、"レゴ・ザ・ムービー"や"アングリー・バード"版のスター・ウォーズが受賞したことは、二次著作権使用のキャラクターをひとつのカテゴリーにならしめる画期的な出来事だったといえます。後述の「これからのライセンシング・ビジネス」でも述べますが、この分野の将来性は高いといえるでしょう。

●――イベントキャラクター

その他のキャラクターとしてまず挙げたいのは、イベントや展示会のキャラクターです。国際的にはオリンピックのマスコットが有名ですが、このプロパティはむしろ日本のお家芸的な分野です。各地で開かれる博覧会では、必ず大がかりなマスコットキャラクターのプロモーションが行われます。2009年に横浜開港150周年を記念して行われた「開国博Y150」のメインキャラクター「たねまる」、2005年の愛知万博の「モリゾーとキッコロ」、2004年の国際園芸博覧会「浜名湖花博」の「のたね」などがここ5年ほどの日本で成功したイベントキャラクターの例です。博覧会キャラクターは、お土産というイベントにはつきものの「必ず買われる商品」に乗ることで、売上げがあ

写真 6-2　イベントキャラクターの成功例「浜名湖花博2004」の“のたねと仲間たち”

© のたね

6

る程度保証されていますので、そのロイヤルティ料率は、全プロパティの中で最も高い部類に入ります。

●――ゆるキャラ

このイベントキャラクターに似たものが、最近“ゆるキャラ”としても評判を集めている、地方自治体キャラクターです。これは、県や市町村、またそれらの外郭団体などが、主に公募で選定して“ご当地”の宣伝や活性化のために、ライセンスビジネスに結びつけるプロパティとして、急激に数が増えてきています。これらのキャラクターの中には、完成度の低いもの、著作権がはっきりしないものもあります。この状況は過去５～６年の間に、私が期待していたほどは改善されず、多くのゆるキャラがすでに存在したキャラクターに著作権上酷似している例も多くありますし、また、著作権料を無料にしていることはよいのですが、管理自体も「ゆるい」キャラクターも多く、トラブルは減っているようには見受けられません。一般論としては、総じて地方自治体は知的財産権の保護に力を入れ、その法的なバックアップにも力を入れていますので、今後、これらの問題が改善されることを期待しますが、使用料が無料では、キャラクターのライセンス管理をする原資が出ませんし、また、いわばキャラクターライセンス業界の価格破壊、デフレ化の推進をしていることになります。この辺りについて、本当の意味での「地元の経済効果貢献」が何であるのか、各団体は考えてほしいものです。

●──インターネットキャラクター

このキャラクターは、最近出てきたキャラクターで、まだメジャーなものはありませんが、大きなコストをかけずに実験的な展開ができるために、各国で多くのマイナーキャラクターが出てきています。「ドット・コム・キャラクター」と呼ばれることもあります。日本でここ数年の間で評判を高めているインターネットキャラクターに「やわらか戦車」があります。これは、ファンワークスというネットアニメーションのプロデュースを行っている会社が2006年から、インターネットサイトの動画配信でスタートしたキャラクターですが、本来、戦争のために作られた戦車という車両が、敵が来るとすぐに逃げてしまうというパロディ的な設定が、ネットという新しいメディアと性格的に合致し、ネットサーファーといわれるインターネットに多くの時間を費やす若い層から、アニメのおたく層までを魅了しました。

以上が、およそのキャラクタープロパティの種類になります。なお、企業キャラクターについては後述のコーポレートプロパティのところで述べることにします。

2―コーポレート＆トレードマーク

2-1 誕生

コーポレートとは英語で「企業の」という意味ですから、和訳すると「企業名と商品名ライセンス」ということになります。この分野のライセンスビジネスが最初に誕生したのは、やはり米国で1960年代の頃でした。当初のプロパティは煙草、酒という、現代ならライセンス商品を作ることが難しいようなものでした。煙草、酒は米国の州法によって差があるものの、今でも一定の年齢になるまでは飲用できない商品です。そのため、そのような煙草、酒の商品名やその企業名を若い消費者に覚えてもらい、将来、法的に飲用が許される年齢になった時にはぜひ自社の商品を愛用してもらおうというのがライセンスビジネスの発想でした。初期のライセンス商品は、煙草でいえば外観はそのままの煙草の箱で、なかには煙草の代わりに紙に巻かれたチョコレートの入ったパッケージ菓子、お酒でいえば、Tシャツやキーホルダー、ガラスコップ、コースターなどでした。

2-2 マーケティング戦略として

このように、自社の商品や社名が何らかの理由により直接広告やプロモーションでアプローチできない消費者に、ライセンス商品という迂回経路を通じて広告効果を狙うというのは、コーポレート＆トレードマークライセンスのひとつの方法としてマーケティングで確立し、今日に至っています。例えば現在、自動車ブランドのライセンスビジネスが活発に行われていますが、このライセンス商品のターゲット消費者の多くも、法的に免許を取得できない若年層です。自動車ではよく乗用玩具という子供がまたがって遊ぶ大型のおもちゃがありますが、これなどはその最たるものです。小さい時におもちゃやプラモデル、ミニチュアカー、ゲームなどで、自社の自動車のブランド名に親しんでもらっていれば、いつか免許を取って消費者自身が自動車を購入する時には、そのブランドを買ってくれるだろうというのが、いわば「下心」なわけで、これはかなり効果的なマーケティング手法といえます。

図表6-2は、時代の移り変わりとともに、どのようなプロパティがコーポレート＆トレードマークライセンスのメジャープロパティに

図表6-2 トレードマーク・プロパティの変遷

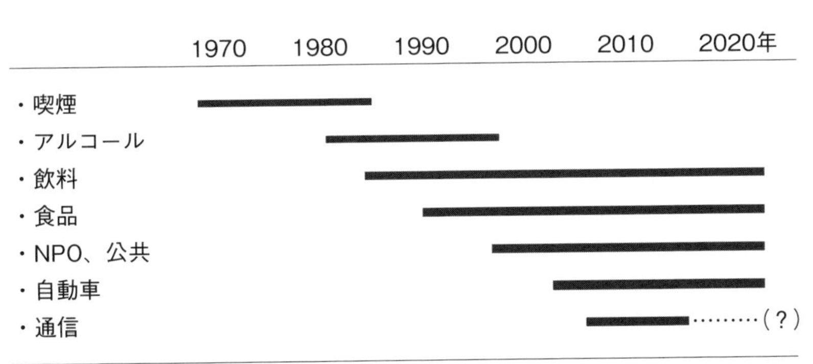

なっていったかを示しています。

2-3 社会的義務

一方で米国では学問的な面でも「コーポレートライセンス」の研究が1970年代から始まっており、その結果、「社名や保有する商品のブランドがある程度有名になった企業には、本来その企業が生産販売する商品以外でも、その企業名やブランド名を欲する需要が消費者から出てきた場合に、ライセンスビジネスによって、そういった商品を市場に供給する社会的義務がある」という共通の理解が出来上がっています。

この考え方は1980年代には日本にも入ってきて、ライセンス業界では今でもよく話題になるある事例を引き起こしました。それは、日本のビールメーカーが、ある動物の名前とそれを可愛らしくキャラクター化したグラフィックをパッケージに印刷した缶ビールを発売し、これが大人気になりビールを何本か買うとそのキャラクターのビニール製の人形がもらえるというプロモーションを行ったことに端を発しました。そのプロモーションの成功に伴い、ビールメーカーには、ライセンスビジネスの話を持ちかけてきて、ライセンシーとしてキャラクターのおもちゃやアクセサリーを作りたいという会社がたくさんやって来ましたが、ビールメーカーはその申し出を固辞しました。「私たちはビールを作って売る会社であって、それ以外の商品を作って頂いてその使用料で儲ける会社ではない」というまっとうなお断りをしたのです。ところが、その結果、そのキャラクターのビニール製の人形を手に入れたいがために、未成年がビールを買いに来てしまうようになり、ついには、そのビールメーカーは公正取引委員会から注意を受けることになったのです。まさに前述の「保有する商品のブランドがある程度有名になった企業には、本来その企業が生産販売する商品以外でも、その企業名やブランド名を欲する需要が消費者から出てきた場合に、ライセンスビジネスによって、そういった商品を市場に供給する社会的義務がある」状態になっていることを指摘されたのです。それをきっかけに、このビールメーカーはライセンスビジネスに対して積極的に取り組んでいったのですが、ほどなくしてタバコに続いて、アルコール類のライセンス商品自体がビジネスとして成り立たない社会的状況になってきたのは皮肉なことでした。

2-4 目的

コーポレート＆トレードマークライセンスの目的には、次のようなことがあります。

① その会社のコア（主要）ビジネスをサポートする：例えばコカ・コーラのライセンスビジネスはあくまで、飲料としてのコカ・コーラの販売を促進し、そのブランド力を上げることにあります。

② その会社車名や商品名の知名度（知られている度合い）、好意度（好かれている度合い）を上げ、結果として企業や商品のイメージをアップさせ、ブランドの価値を上げること。

③ コアビジネス以外の商品群での、その会社の登録商標をライセンス商品の生産販売によって実際に使用し、これらを保護を継続し、登録の更新を永続的に可能にすること。

④ 広告費がかからない効果的な企業名、商品名の宣伝手段。

⑤ 本業以外での、特別な利益をロイヤルティとして得ること。

米国では、このコーポレート＆トレードマークプロパティのライセンスビジネスは、エンターテインメントに次いで第2位の大きなシェア（全体の22.8％）を占め、小売価格規模で3兆8000億円を超え、ロイヤルティで1800億円という、これだけで日本のライセンスビジネス市場の1.5倍に達してしまうような巨大産業となっています。自動車産業は今や米国では本業に黄信号が灯っていますが、GMは傘下の自動車グループである、キャデラック、シボレー、GMC、そして自動車名では、コルベット、カマロなどでライセンスを展開し業績は非常に好調です。その他、マスタングを抱えるフォード、ジープだけで1000億円近いライセンス商品の売上げがあるといわれるクライスラー、そして日本車も日産自動車が積極的なライセンスビジネスを行っています。また、米国のシンボル的なオートバイブランド、ハーレーダビッドソンや、有名な飲料であるコカ・コーラ、ペプシコーラ、食品ではキャンベル、M＆M、ケロッグ、スパム、グリーンジャイアント、クラフト、ドール、オレオ、ハーシーズ、電機メーカーのスタンレー、タイヤのグッドイヤー、農業用トラクターのジョンディアーなど、とにかく多くのメーカーがあらゆる商品をライセンスしているのです。2014年にはライセンス大賞に電気工具の“ブラックアンドデッカー”ブランドのコーポレートライセンスプロジェクトがノミネートされたのには正直びっくりしました。同ブランドは子供用のおもちゃを多くライセンスしているのですが、日本では工具メーカーの玩具ライセンスというのはなかなか目にすることはありません。

2-5　ノベルティとしての使用

それにしても3.8兆円というのは、気が遠くなるような金額ですが、これには米国ならではのコーポレートライセンス業界事情もあるのです。それは企業のノベルティ商品に、かなりの数のライセンス商品が使われているということです。日本のようにノベルティを広告会社が一括して製造し、販売代理店や小売店に納入するという方法は米国では一般的でなく、商品メーカーが指定したノベルティの製造販売代理店から直接小売店がノベルティを購入する場合が多いのですが、このノベルティ製造販売代理店が、ライセンシーを兼ねるケースが最近非常に増えているのです。このことにより、メーカーはノベルティの種類を増やし、品質を上げることができますし、ノベルティ代理店とライセンシーの管理を一括してできるために、社内でも管理する部門をひとつにまとめることができます。そして何より、小売店が買ってくれるノベルティがライセンス商品だった場合には、そのロイヤルティも入ってくるのですから、メーカーにとっては良いことばかりなのです。

例えば日本の自動車メーカーがライセンスしているキーホルダーを、その車のディーラーがノベルティ用に使用することは滅多にありません。なぜならば、ディーラーはロイヤルティがかかっている分、そのノベルティ価格が高くなっていることを嫌うからです。また、ベタ付けで200円以下と厳しく規制されているノベルティに、希望小売価格500円のライセンス商品を“ベタ付け”として使用することも景品表示法で厳しく規制されている日本ですが、どうも米国ではその点も緩いようなので、ライセンス商品のベタ付けも見られます。
そして、もうひとつの米国ならではの実例に、携帯電話のロイヤルティがあります。日本のドコモ、au、ソフトバンクなどと同じように、米国では、ベライゾン、AT&T モビリティ、スプリントというような携帯電話会社（キャリア）があります。米国の携帯電話メーカーはそのキャリア用の機器を生産販売する際に、それぞれのキャリアに商標のライセンスを支払っているのです。日本でも携帯電話のメーカーはキャリアごとにいろいろな機種を作っていますが、これらは商標ライセンスの契約にはなっていません。むしろキャリアがメーカーに販売報奨金を支払う習慣があります。これは、コーポレートライセンス業界の市場規模に大きな差を作り出していると思われます。
しかし、それを差し引いても、日本のコーポレート＆トレードマークプロパティのライセンス市場はまだまだ規模が小さいのです。この大きな原因は、ライセンサーとなるべき日本のメーカーが、ライセンスビジネスのメリットを考えるよりも、自社がもつ大切なブランドを、他の会社に使わせて万一事故や自社に損失を与えるような事態を招いたらどうするのかというリスクを考えてしまう、という否定的な面にあるといえるでしょう。たしかにこの面で、米国人は楽観的すぎるような気もしますが、一方日本には、企業側のそのネガティブな考え方をくつがえすようなパワーをもったコーポレート＆トレードマークライセンス専門のライセンスエージェントやコンサルタント、そのような会社が非常に少ないのです（エージェントについては詳細を後述）。

2-6　コーポレートキャラクター

しかし、日本ならではのコーポレート＆トレードマークライセンスの手法も育ってきています。これが、キャラクターの紹介のところで少し述べた「コーポレートキャラクター」です。企業のキャラクター、団体のキャラクター、あるいは商品のキャラクターがこれに相当します。そのようなキャラクターは今に始まったことではなく、昔からあるのですが、日本のメーカーは最近その開発方法や、使用方法、ライセンスビジネスの構築で独特の新しいノウハウを開発しています。米国の企業キャラクターは、単にニコニコ笑って商品を指し示すという、商品紹介の指さしキャラクターの域を出ていない場合が多いのですが、日本の企業キャラクターは、企業のミッション（意義）や大事なメッセージを発信したり、商品の便利さを紹介したりします。また、それとは逆に、全く単に企業名や商品名との語呂合わせの名前を付けたキャラクターや、企業のイメージを擬人化してグラフィック化しただけのキャラクターもあり、これらのキャラクターは、「さあ、見てくれ！」というわりには、商品を誇示していないのです。

実例を挙げていきますと、前者の発信型の企業キャラクターには、「不二家のペコちゃんポコちゃん」、「エースコックのこぶた」、「ミシュランのビバンダム」などがあり、後者には「ダイキン工業のぴちょんくん」、「キリンビバレッジの生茶パンダ」、などがあります。不二家のペコちゃんポコちゃんは、立派に会社のメッセージを発信していますが、これと“ビバンダム”だけが上に挙げた６つのキャラクターの中ではっきりした白目と黒目をもった人間の目に近い目となっています。これは、目力というか、メッセージを送るには最適なもので、表情もつけられますし、そのキャラクターを見た人に対して視線を送っているようにも見えます。米国のキャラクターの多く、とくにコーポレート＆トレードマークキャラクターの目はほとんどこの白目＆黒目タイプです。

一方他のキャラクターは、ぴちょんくんにはわずかに白目部分がありますが、目は「点目」といわれる、ただの黒い丸です。この点目のキャラクターをよく見ても、一体その目はどこを見ているのかはっきりしませんが、それだけにキャラクターを見た人、あるいはライセンス商品としてぬいぐるみなどを所有した人からすると、その人の感情によってキャラクターは笑っているようにも、怒っているようにも、悲しんでいるようにも見えるのです。言い換えれば、消費者が自分自身をそのキャラクターに投影しやすいのがこの点目、また見守ってくれる感じのする目ともいえるわけで、キャラクター自身が企業や商品のメッセージを発信しなくても、そのキャラクターが可愛くて、イメージが良ければ、そう感じた消費者にはそのキャラクターの元になっている商品や企業にも好意をもつ誘因になります。

日本では、コーポレート＆トレードマークのライセンスビジネスでは、名前をそのままライセンスする方法と、そのキャラクターをライセンスする方法の２つがあり、この２つの方法が立派に確立しつつあると思います。日本の企業キャラクターがもつ、このようなさまざまな性格、側面はなかなか欧米人には理解されにくいようです。私は、欧米から訪れた人を案内して東京を歩くと、よく彼らから受ける質問があります。それは工事中のビルの前を通りかかった時に、頭をさげて「ご迷惑をおかけします」とあやまっているヘルメットをかぶったキャラクターの掲示板があるところで、「日本人は、このようなメッセージを見て腹が立たないのか？」というものです。彼らにいわせれば、そこにあるべき掲示板は、建築工事の許可証と、騒音や粉塵の最大認可レベル、工事監督名と、問題や質問がある時の問い合わせ先の電話番号であるというのです。それに対し、私は日本の伝統芸能である「文楽」の話などをして、キャラクターに謝罪をさせる日本文化の“粋”を説明すると、たいがいは理解をしてくれます。

このようなことについて書き始めてしまうと、かなり長くなりそうなので、詳細は割愛させて頂きますが、コーポレート＆トレードマークキャラクターは日本の誇る文化的なキャラクターだと思います。CI（コーポレート・アイデンティティ＝会社名の変更や統一など）ブームが一段落した今、企業の皆さんはぜひ自分の会社のキャラクターを作って、それをライセンスすることで、欧米とは違った形で、企業へのベネフィットとプロフィットを得るようにしてみてはいかがでしょうか？

3―スポーツ

本書でどのプロパティの分野について書く時も、米国での事例から入ることをお許し願いたいと思います。何しろ、現代のライセンスビジネスを50年以上引っ張ってきているとともに、スポーツでも歴史的にも先頭を切っている国ですので、どうしても米国の現状を最初に書かないと世界全体の市場が説明できないのです。

その米国のライセンスビジネスのうち約13.6％という大きなシェアを占めているのが、このスポーツのカテゴリーです。2018年の小売価格売上げは、2兆34億円、ロイヤルティは1430億円という調査結果が出ています。米国のスポーツライセンスビジネスでメジャーなのは“MLB（メジャーリーグ・ベースボール）”、“NBA（ナショナル・バスケットボール・アソシエーション）”、“NFL（ナショナル・フットボール・リーグ）”、“NASCAR”と呼ばれる米国のカーレース、そしてアマチュアの大学スポーツ“NCAA（National Collegiate Athletic Association/全米大学体育協会）”の5つのプロパティで、どれも小売価格で1000億円以上の売上げがあると推察されます。これに、ヨーロッパで大きな売上げを構成している、“サッカー”、“F1（レースカー）”を加えると世界の7大スポーツプロパティとなるわけです。この中で、ここ数年一番売上げを伸ばしたのはNASCARだろうと思います。NASCARというと日本ではあまりイメージが湧いてこないのですが、米国ではF1などとは比較にならないほどの人気で、ストックカーからホットロッド、オーバルコースを回るエタノール燃料のレースカーのハイスピードレースなどが大人気を博しています。NASCARはここ数年、子供から高年齢層までをターゲットにさまざまなライセンス商品を出し売上げを押し上げましたが、とくにファーニシングと呼ばれる家庭用の布商品、布団やベッド、壁紙などの新しい商品群を開発しています。

この他、カナダやロシアでも人気の高いスポーツはホッケーです。米国では“NHL（ナショナル・ホッケー・リーグ）”としてプロリーグを開催しており、ライセンス商品売上げも上記の5大スポーツに次ぐレベルに達しています。そして、ニッチなスポーツ（？）としてはワールド・ポーカー・ツアーが特筆ものです。ポーカーの試合をテレビというメディアに乗せて、刺激的な解説とともにスポーツ的なイベントに仕立て上げ、そのライセンス商品の販売を一気に拡大するのはまさに米国的なマーケティングといえるでしょう。このところ、毎年米国のライセンスショーでは、大きなブースを出して気を吐いています。

商品群からスポーツのプロパティを見ると、伝統的に強いのがアパレルとゲーム、とくにコンピューターゲームです。ユニフォームのレプリカとか、現実のチーム名や選手名を入れた試合のゲームなど現実のスポーツを彷彿とさせる商品はスポーツのファンなら買わずにはいられないような魅力的な存在になっています。また、ゲーム分野では日本のメーカーのクオリティの高い商品は群を抜いており、専用のゲーム機を必要とした時代を経て、現在はスマホ上でそのゲームを楽しむことが可能になり、より市場を拡大してきています。

スポーツライセンス商品の消費者には、一番にそのスポーツのコアなファンが存在するわけですが、それに加えて、サインボールの複製商品や、歴史的な試合の写真を立派な額に入れてプレートを付けた商品、記念のメダルなど、高額なライセンス商品を狙って購入するコレクター的な消費者、そして、逆に入門者レベルを見れば、何より将来の名選手を夢見る子供たちがいるのです。日本でスポーツ遊具と呼ばれるような、商品、T シャツ、帽子などは子供たちの定番アイテムです。スポーツプロパティの多くは特定のチームですが、その他、スポーツアスレチック用具やアパレルのメーカー名のプロパティや、選手の名前もプロパティとしてライセンスされています。例えば、古くは、「アーノルド・パーマー」や、セレブになってライセンスビジネスを大々的に広げているテニスのプロプレイヤー「マリア・シャラポワ」。これはスポーツプロパティとしてカウントされるのか、それともファッションブランドとしてカウントされるのかは微妙なところですが、最近ライセンスに参入したゴルフの「グレッグ・ノーマン」は完全にスポーツのプロパティとして見なされるでしょう。スポーツを専門に行っている世界的なライセンスエージェントの数は多くはなく、米国に本社を置く“IMG”が突出しているといってよいでしょう。IMG はもともとスポーツ選手のマネジメントをしていた会社ですが、近年はライセンスビジネスに非常に力を入れており、日本での活動も大変活発です。

また、スポーツチームのプロパティのライセンス商品はそのチームのホームタウンとなる地域では、当然のことに圧倒的な売上げがあります。ファンが応援グッズやお土産として購入するわけです。このため、必然的にライセンシーもその地域に多くなり、また契約の期間も他のプロパティよりも長いのです。これは、日本にも当てはまる傾向で、野球、サッカーの日本の２大スポーツも、そのチームの本拠地を

6

中心に販売が構成されていますが、プロ野球は近年MLBやWBC（ワールド・ベースボール・クラシック）の影響で、ライセンスビジネスも活発化してきており、球場での応援グッズだけでなく、他の都市やインターネット通販でも販売が拡大しています。阪神タイガースや楽天球団、広島カープはその意味で、新しい商品開発や販路開拓を行っているチームの例でしょう。Jリーグのライセンスビジネスは非常に安定しているように見受けられます。ホームタウンとの密な関係は野球以上で、ほとんどのホームタウンにはそこのチームのグッズショップがあります。また、まだマイナーではありますが、bjリーグと呼ばれるバスケットのプロリーグも活気づいてきて、それとともにライセンス商品の幅も広がってきています。このスポーツのホームタウンでのライセンス商品の売れ行きが凄まじいのは、ヨーロッパのサッカーです。とくにイタリアは超高級ブティック街の中にその街のサッカーチームのライセンスグッズの大規模店舗があることもまれではありません。日本もそのようになってほしいと心から思うのですが、少し残念なのは、日本の伝統スポーツである相撲や柔道、剣道などがライセンスビジネスにはほとんど参入していないということです。ゲームから入って、その後本格的にそのスポーツを始めた選手も多いことを考えれば、どのスポーツもその入門の扉としてライセンスビジネスを考えてもよいと思います。

4—ファッション

ファッションプロパティは、米国では2018年は前年より少し増え、2兆2400億円の市場になっています。この10年間を見ると2006年から2010年にかけての5年間で17％市場が縮小し、その後徐々に持ち直していると言えますが、その傾向は決して楽観的には見られません。日本でもファッションのライセンス商品の売上げは漸減傾向で、この動きは世界的ともいえるようです。

この流れの最も大きな要因は、全世界的にアパレル商品のメーカー、製造業者が減ってきていることをまず挙げなくてはならないでしょう。その分、SPA（speciality store retailer of private label apparel）と呼ばれるアパレルの製造小売業者が増えてきているのです。とくに米国ではこの傾向が顕著で、ショッピングセンターの良い場所に並ぶアパレルのリテールはほとんどがSPAです。

「GAP」、その上級ブランドリテールである「バナナ・リパブリック」、逆にロープライスゾーンをカバーする「オールド・ネービー」(この3社は同じグループ会社です)、アウトドアアパレルから、若者向きのTシャツ主体のハイプライスリテールに変身した「アバクロンビー&フィッチ」、女性衣料のSPAとして長い歴史をもつ「リミテッド」、同じく女性用の下着SPAとして確固たる地位を築いている「ビクトリアズ・シークレット」、スウェーデンから進出してきた「H&M」、その他「アメリカンアパレル」、「ZARA」などの大手SPAは自社で商品の企画から生産まですべてを行い、商社などの中間業者を通さずに、直接工場から商品を買い上げています。店で売られているアパレルのブランドも、ほとんどすべてが、自社の店名そのままですから、ここにライセンスの入り込む余地はあまりないのです。しかし、ここ数年、SPAも競争過多になり、店の特徴を出すために限定的なライセンスを始めています。「H&M」が一部の商品でステラ・マッカートニーなどの新進のデザイナーを使ったり、ユニクロとコカ・コーラやMOMA(ニューヨーク近代美術館)とのコラボレーションなどが、成功をしています。この分野で日本最大のSPAであるユニクロが頑張っているのも嬉しいことです。

ファッションプロパティのライセンサーには、自身も衣料のアパレル商品を生産販売している会社(ベネトン、バーバリー、カルバン・クラインなど)と、自身は靴や時計などのアパレルアクセサリーといった衣料以外の商品だけを生産販売していたり、あるいは商標のみを保有していて自身は生産販売をせずに、衣料はライセンシーに任せている会社(靴の「スケッチャーズ」、時計の「フォッシル」など、ナイフの「ビクトリノックス」)があります。前者の場合、必然的に自身がSPAになって衣料をすべて生産販売し、帽子、マフラー、宝飾、時計、靴、バッグなど、自身では生産できないものをライセンスアウトするという傾向がどんどん強くなっています。また、後者の場合は逆に衣料製品をライセンスアウトするわけですが、とくに靴やバッグ、あるいは宝飾品の場合は、消費者が身につけている状態ではその商品のブランド名は分からないことが多いので、Tシャツなどのアパレルをライセンス展開することによるプロパティ名の露出、宣伝効果は大きいものがあり、積極的な衣料のライセンス展開が進行しています。米国でSPAの拡大が続いているのに、2006年以降、ファッションプロパティのライセンス売上げの数字が回復しているのは、このようなSPAタイプのライセンサーが、衣料以外のライセンスを拡大していることと、非衣料のライセンサーが衣料のライセンスを拡大していることによります。

ただ、そのような要素に鑑みたとしても、子供服の売上げは、少子化現象により減る一方ですし、SPAもますます増えるわけですから、この分野の売上げが増加に転じる可能性は少ないといえるでしょう。日本のファッションプロパティのライセンスビジネスは、バブル経済が華やかだった1980年代後半から1990年代中盤まで、まさに我が世の春を謳歌するような好調さをキープしていました。イタリアやフランスを中心にしたヨーロッパ諸国や英国から多くのメンズ、レディースのアパレルブランドが導入され、最初は本国からの商品輸入で日本での販売がスタートし、その後、アパレルメーカーがライセンシーとなって、本格的な商品販売をデパートのインショップや、ショッピングセンター内のショップで展開したのです。この時に契約や、輸入、商品生産、そして立派なオンリーショップ（そのブランドだけを販売する旗艦的なショップ）の設置などに、商社がからんでいるケースが多く、日本の商社は世界で多くの有名ブランドのライセンス契約を勝ち取っていました。しかし、バブル経済の崩壊とともに、高額なブランドライセンス商品の売上げは激減し、オンリーショップの閉鎖も相次ぎました。こうなると、ヨーロッパのライセンサーも、今まではロイヤルティ収入の高さと商社に任せることによる手間のかからなさが魅力だった日本市場でのマーケティング戦略の見直しに入り、1990年代の契約更新で、ライセンスアウトする商品カテゴリーを大きく制限したり、あるいはライセンス自体を中止し、自身でショップを日本にオープンさせたり、日本支社を開設して自ら流通経路を開拓していく方向に向かいました。2013年にアパレル業界で大きなニュースとなった「バーバリーの三陽商会へのライセンス供与の中止」は、まさにその方向の現れであり、また、ライセンシーがひとつのライセンスブランドの販売をあまりに大きくすると、それをライセンサー自身にもって行かれてしまうというライセンスビジネスにつきもののリスクが表面化してしまった事例といえるでしょう。

日本でも米国と同様にファッションプロパティのライセンス商品の売上げは、徐々にライセンサー自体の直接の生産販売にシフトしていき、このカテゴリーでのライセンスビジネスの売上げは毎年減る傾向に転じています。そして日本のライセンサーは、今、市場として日本よりも中国や東南アジアに目を向けています。ちょうど30年ほど前の日本のように、アパレル商品に魅力的なブランドを適切な価格で求める消費者が多数存在し、また、そのシンボルとなるオンリーショップの展開が効果的であり、そのようなショップに投資する層もいるマーケットがそこにあるからなのです。

6

5—大学関係

プロパティの紹介に、「大学関係」というタイトルがくることに、「おや？」と思う読者の方は多いのではないかと思います。しかし、欧米では大学名や大学のスポーツチームをプロパティとしたライセンスビジネスは非常に盛んで、米国では、この分野はエンターテインメント、コーポレート＆トレードマーク、スポーツ、ファッションの4大プロパティに続いて、2018年時点で第5位の売上規模をもっています。その額は小売価格ベースで5900億円、ロイヤルティでは約350億円になります。

実際に、米国に旅行をした際に、UCLA（カリフォルニア大学ロサンゼルス校）や、ハーバード大学、イェール大学、ダートマス大学、プリンストン大学などのいわゆるアイビーリーグのトレーナーやTシャツをお土産に買ってきた方々は多いのではないでしょうか？　これらは皆、その大学がライセンスアウトした商品なのです。英国でもオックスフォード大学やケンブリッジ大学がライセンスビジネスに熱心です。とくにオックスフォード大学は、日本でのライセンスショー、

「ライセンシング・アジア」に直接出展をしたこともあるほど力を入れています。プロパティの種類としては、大学名とともに、大学のエンブレム（紋章）、キャラクター、その大学のスポーツチーム（体育会系の部活動）の名称などがあり、商品も多岐にわたっています。例えばUCLAの場合は、UCLAという商標の他に「ブリューイン」と呼ばれる大学マスコットのクマなどをライセンスプロパティとして保有しており、ロサンゼルスのウェストウッドにある大学キャンパス内に広大なショップをもっています。ここではアパレル商品を中心に、バッグ、時計、ぬいぐるみ、各種のおもちゃや文房具、スポーツ用品など多岐にわたる商品が販売されています。もちろんこれらの商品は、この大学内のショップだけではなく、一般の専門店やGMSなどでもライセンシーからの販路で販売されています。

大学のライセンスビジネスの目的は、大学自体の知名度を上げることと、ロイヤルティ収入を得ることがもちろん大きなものですが、それと同時に、学生を誘致することも目的のひとつなのです。少子化が進行する中で、教育機関が優秀な学生の入学を求めているのは米国も日本も変わりません。このため、ライセンス商品を発売している大学の多くでは、ベビー服や子供服に非常に力を入れています。彼らは将来自分の大学の学生になる可能性があるからです。とくにベビー服は、家庭を大事にする米国人が自分の子供や孫に、自分が卒業したのと同じ大学に入ることを期待したり、場合によっては自分は入れなかったが、この子には何とか入学してもらいたいという夢を託して、ホームギフトとして与えることが多いので、ライセンサーの大学にとっては学生誘致のための必須アイテムになります。また、オックスフォード大学は、より学術的な面を打ち出し、簡易天体望遠鏡セットや、世界地図など、小中学生用の商品も多くライセンスアウトしています。この欧米の大学の考え方は、コーポレート&トレードマークライセンスによく似ていて、入学の年齢に達していない児童にも、ライセンス商品の購買を通じてその大学に対する憧れを育んでもらい、いずれは学生として入学してもらいたいというものなのです。

これに対して、日本の大学のライセンスビジネスはまだ始まったばかりで、売上高を云々するレベルまでにはとても達していません。大学の名前の付いた商品は以前から生産販売している学校は多いのですが、あくまで校内の購買部などで、そこの学生のために販売しているというスタンスであり、10年近く前に、ある有名大学の校内のショップで販売されている大学名の付いたトレーナーを、外部から買いに来る高校生（その大学に憧れて買いに来ているようでした）を「偽学生」と大学関係者がコメントしている場面がテレビニュースになり、世間の話題になったことがありました。それから現在までの間に、日本のそのような閉塞的な状態は急速に改善され、今では東京大学のような最もライセンスへの扉が固そうな大学が、自校名の付いた商品を多数ライセンスアウトし始め、その中には自校で開発した技術を供与して作られたお酒や、香水などもあるというのですから、技術型と非技術型の知財権ライセンスビジネスが合体したものとして、今後の進展が期待されます。

一方で、日本では消費者自体も、自分自身がその大学の学生でもないのに、"KEIO" とか "WASEDA"、私が教職にある "TOKYO UNIVERSITY OF SCIENCE" と大きくプリントされたTシャツやトレーナーを着るのだろうか？　という疑問は残ります。大学が、学問の砦などといわれ、良い意味でも悪い意味でも特別な存在、あるいはやや閉鎖された場所であった時代が長いことを考えると、消費者のそのような躊躇は簡単にはなくならないのではないかと思います。日本の大学プロパティのライセンスビジネスのチャンスは、ファッションプロパティでも述べたように、中国や東南アジアの国々、あるいは東欧などの国々にあるかもしれません。なぜなら、これらの国々からは、多くの留学生が日本の大学に来て勉強をしており、そのことは祖国では次に続く学生たちの大きな夢になっているのではないかと思うからです。意図的に学生の半分を外国人で構成している日本の大学も出てきている中で、大学プロパティのライセンスは、もっと国際的に考えて発展させていくべきではないかと思います。

6—アート

米国でのアートプロパティのライセンスビジネスのサイズは、小売価格売上1800億円、ロイヤルティでは約1000億円と小さなものです。2002年以降、米国では、好調な住宅の販売に伴って、室内の装飾品や家庭用品としてのアートライセンス商品の売上げは2006年には500億円を超えましたが、リーマンショック後に停滞し、そのまま上昇に転じることができずにいます。アートのプロパティの中には、アンディ・ウォーホルやキース・へリング、バスキアなどの現代アート、トーマス・キンケードに代表されるクラシックなタッチのアート、キ・バイシ（斉白石）などの中国の水彩画に代表されるエスニックアートなどがあります。

現代アートの中では、アンディ・ウォーホルの人気は飛び抜けており、2005年から2007年まで3年連続で、「ライセンス・オブ・ジ・イヤー」の部門賞である、アートライセンス賞を獲得しています。また、それよりポップなイメージの画風で、キャラクタープロパティに近いゾーンに入っているプロパティも数多くあります。ウサギをテーマにして、2004年のアートライセンス賞を獲得した「イッツ・ハッピーバニー」などがそうです。ライセンスショーの「アート・ゾーン」を訪れれば、多くの小さなブースで作家自身が自分のアートを展示しているのが見られます。その多くがこのようなポップアートを含む現代物です。

また、「クラシックな画風の作家」と書きましたが、実際の「クラシックな画家」はすでに遠く昔に亡くなっていて、その著作権の多くは喪失（米国では死後70年で喪失）してしまっています。

トーマス・キンケードは1958年生まれの米国人の油絵作家で米国のクラシックな森の中の風景を描いている画風で知られていますが、彼は自身の工房をもち、そこでは何人ものスタッフ（弟子）が、彼の作風を模した絵を描いているのです。これはいわばトーマス・キンケードの絵のレプリカとして、実際にキンケード自身が描いた絵の値段の10分の1から20分の1の値段で販売されています。このレプリカはライセンサー自身がいわば生産販売している商品ですので、ライセンス商品とは言えませんが、高額な本物の絵画と、ポスターのような簡便な商品の間を埋める、いわば版画にも似た商品で、マーケティングとしては大変上手な方法であるといえます。キンケードは、このレプリカを本物とライセンス商品の間のブリッジにして、多くの消費者を自分の絵のファンに取り込んでいきました。

エスニックアートはまだまだこれからのプロパティジャンルですが、中国や日本というオリエンタルアートの人気は布団（FUTON）や和紙を使った住宅の多い米国の西海岸では高まってきています。アートプロパティのライセンス商品の多くは、ポスターやポストカード、グリーティングカードなど、紙に印刷された商品でスタートしますが、それだけの展開では成功になりません。高額商品としての絵画の額入り印刷レプリカ、米国の家庭には必ず何セットもある、食事用のテーブルマット、マグカップ、コースター、ベッドカバーやシーツ、クッションなどのファーニシング類、タオル、リネン関係、壁紙などまで商品の幅が広がって初めて大規模な売上げになるのです。

その点、日本では、住宅のサイズが小さく、アート商品を飾ったり使ったりする場所がとれないという現実があります。このため展開商品もマグカップや、エプロン、卓上カレンダーなど場所をとらないものに集中する傾向があります。しかし、最近では若い消費者の間で狭い部屋でも、自分のセンスで綺麗に飾ろうという意識が高まってきており、アートプロパティのライセンスビジネスも“ダイレクト・トゥー・リテール”のスタイルで直接小売店とライセンサーがつながって商品化の契約がされる例が出てきました。

専門店の「アフタヌーンティー」などはその良い例で、店内には多くの種類の小さくセンスの良いアートライセンス商品が展開されています。また百貨店もプロモーションをからめて、アートプロパティをライセンスすることに積極的になってきています。いずれにしろ、アートプロパティは、商品のデザインもライセンサーがライセンシーの要望に合わせて行うことも多いために、ロイヤルティは比較的高めに設定されています。現在、米国での住宅販売は低調で、この状況が同国でのアートライセンスに悪影響を及ぼさないかが心配ですが、逆に小物商品を中心にした日本のマーケットから米国が見習うことも多いのではないでしょうか。

7—NPO

ノン・プロフィット・オーガニゼーション、非利益団体と呼ばれているNPOをプロパティとしたライセンスビジネスは、他とは一線を画した形態を成しています。他のライセンスプロパティであれば、そのライセンサーは一企業としてロイヤルティという収入（利益）を上げることを大きな目的としているのは当然ですが、NPOでは同じライセンスビジネスをしても、そこから上がった利益は、何かの形でそのNPOの目的に沿って使われなくてはなりません。このためNPOプロパティのライセンス商品には、説明書やハングタグ（吊り札）にライセンスの利益が何のために使われるかが明記されていることが多いのです。

NPOのライセンス商品の最初は、1892年にサンフランシスコで米国の自然を保護する目的で誕生した団体シエラクラブが開発し、製造代理店に生産を委託したアウトドア用の金属製のマグカップ、シエラカップであるといわれています。その後も、自然保護団体や、人権保護団体、動物園などがその活動資金を得るために自身で商品を生産販売したり、ライセンスアウトしたりして、商品の販売を拡大してきました。この初期のNPOには、WWF（World Wildlife Fund）、ユネスコ、サンディエゴ動物園などがあります。サンディエゴ動物園は、カリフォルニア州サンディエゴ市に2つの大きな施設をもつ、世界でも最大級のNPO組織の動物園ですが、カリフォルニアコンドルなど、同州に生息する稀少な動物の保護と人工繁殖の資金を得るために、そのような珍しい動物ばかり100種近くを集めたぬいぐるみを、おもちゃメーカーにライセンスアウトし、その商品にはすべて同動物園のライセンスの目的と、ビジネスから得た収益の使い道を記しています。これらの商品は、動物園内のショップおよびウォルマートやターゲットなどのGMS（ジェネラル・マーチャンダイズ・ストア＝大規模スーパーマーケット）のおもちゃ売り場でも販売され、その珍しいぬいぐるみを見た消費者（主に子供たち）に、ぜひ本物の動物を見たいというモチベーションを与えて、動物園への来場者数を増やすのにも貢献しました。

写真 6-3　サンディエイゴ動物園のぬいぐるみ商品と猛獣の叫び声の CD

©ZSSD

そして、このような NPO のライセンスビジネスの方向性が広がるきっかけとなったのが、2001 年 9 月 11 日（ナイン・イレブン）のテロ事件でした。あの惨劇で、ニューヨークでは多くの消防隊員が救助活動中に犠牲になったことは誰もが知っていることですが、事件後にはニューヨーク消防局（FDNY）に多くの寄付金が寄せられました。FDNY では、犠牲になった隊員の家族の将来の援助を長く続けられるようにという目的で、それまでにもあったライセンスビジネスを一層強化したのです。

7 丁目にはライセンス商品の旗艦店をオープンし、ここでは子供たちが消防士になった気分を味わうことができる簡単なゲームも設置しました。ナイン・イレブンのときに救助の基地となった、イーストリバー沿いの、ジャビッツコンベンションセンターで行われた 2002 年のライセンスショーには大型の消防梯子車をそのまま展示し、世界各国でのライセンスビジネスをスタートし、日本にもライセンシーが運営する FDNY のオンリーショップがオープンしました。

その後、ニューヨーク警察署（NYPD）も同様のライセンスを始め、米国の各地でも消防署や警察署のライセンスが始まりました。それまでは自然保護、人権保護が主だったNPOのライセンスが、セキュリティという方向にも向かい始めたターニングポイントがナイン・イレブンだったのです。日本でのNPOライセンスは、まだ自然保護と人権保護が主で、これも限られた範囲でのライセンスビジネスで規模も小さいのは残念なことです。国民一人当たりの寄付金額は年間6000円程度で米国の10分の1程度と非常に小さいことも、NPOライセンスが日本で盛んにならない土壌の違いとしてあるのでしょう。継続する「寄付金」を得るための手段としてNPOのライセンスビジネスは盛んになっており、2013年頃からは、「ボーイスカウト」、「ガールスカウト」なども積極的にライセンスに取り組んでおり2014年のLICENSING INTERNATIONALのリテーラー大賞は「ガールスカウト」がNPOプロパティとして初めて受賞しました。NPOライセンスは、その性格から、エージェントのコミッションは非常に低く、

写真6-4　NYのライセンスショーでのFDNYブース（2004年）

©FDNY

だいたい20％くらいが相場となっています。

8—音楽

最近は音楽の著作権が何かと話題になることが多いのですが、ここでお話しする音楽プロパティのライセンスビジネスとは、音楽の楽曲自体をCDにしたり、インターネットや携帯電話で販売できるようにすることではありません。ここで説明するのは、音楽の著作権の二次使用の商品化、つまりCDやレコードのジャケットの図柄や、ミュージシャンの名前や顔写真をライセンスアウトしてアパレルなどを商品化するということなのです。このようにいうと、とても簡単なことのように聞こえるかもしれませんが、実際にレコードのジャケットをライセンスプロパティとして使用する場合、プロパティの権利としてクリアしなくてはいけない要素が非常に多いのです。それは例えば次のようなものです。

① ミュージシャンの肖像権
② ジャケットが写真の場合はそれを撮影した写真家の著作権
③ ジャケットに大きくミュージシャン名や、アルバム名が入っている場合、その商標権
④ レコードを発売したレコード会社の権利（版面権）

などがその権利に当たります。

インディーズのレコードやCDで、権利者が少ない場合はともかくとして、だいたいのメジャーのレコードやCDのジャケットの権利をすべて確認して、それらをライセンスアウトするには、それをまとめる優秀なライセンスエージェントが必要になる場合が多いのです。あるいは、ライセンシー自身がどうしても取りたいプロパティの権利をひとつひとつ、糸をほぐすように整理して取得してくるという方法があります。

音楽プロパティは現在、それだけの苦労をしても商品化するだけの価値のあるライセンスプロパティになっています。その理由のひとつは、今や、CDやDVDの多くがウェブ上の通信販売で買われることが多く、その「ついで買い」にライセンス商品が購入されるケースが

多いのです。タワーレコード、HMV、AMAZONなどのインターネットショップでは、音楽CDだけでなく、グッズやアパレルを、ミュージシャンや音楽タイトルで検索できるようになっており、ここから、音楽ファンなら気持ちを動かされるようなおもしろいアイテム、例えば好きなミュージシャンのTシャツや帽子、バッグ、キーホルダー、文房具、フィギュアなどがヒットできるようになっています。だいたい、一定の金額に達しないと送料を取られますので、つい、おもしろいものであれば買ってしまおうという消費者心理が働くわけです。すべてのウェブサイト上の音楽ライセンス商品が、そのように買われるわけではありませんが、とにかくこの分野の売上げを押し上げている大きな要因にはなっていると思います。

商品としてアパレル、それもTシャツが圧倒的に多いのが、この音楽プロパティライセンスの特徴です。前述したローティーンエージャー（13歳から16歳くらい）向けの人気小売店「Hot Topic」（ホットトピック）は、もともと音楽プロパティのTシャツやアクセ

写真6-5　ティーンエージャーに人気のホットトピックサンタモニカ店

©HOT TOPIC

サリーを多く扱って伸びてきた店です。ところが、ローティーンエージャー向きの店なのに、一番多くディスプレイされている音楽プロパティは、レッド・ツェッペリンとかローリング・ストーンズ、ビートルズなどです。どちらかというと私のような1950～1960年代生まれの、ローティーンエージャーのお父さん世代に受けるプロパティです。あえてこのようなプロパティを選んでプロモーションをかけているのは、おそらくはお小遣いでそのような商品を買っても親から文句を言われない、いわゆる親子プロパティであるということを、消費者にアピールしているからだと思います。これからの目玉プロパティのひとつは2009年夏に急逝したマイケル・ジャクソンでしょう。もちろん、商品はダイレクト・トゥー・リテールのライセンス手法で、ホットトピックが直接デザイン、企画、生産をやっていてなかなかかっこいいものばかりです。

9—出版

出版ライセンスには、明らかに形態の違う2つのタイプのライセンスビジネスが存在しています。

ひとつは、業界ではノベライゼーションという呼び方で知られているもので、台詞から成り立っている映画の台本や作品自体を小説のように書き換えて、原作のような形態の書籍にして出版するものです。日本語で言えば「小説化」ということになります。もちろん、「ハリー・ポッター」や「ロード・オブ・ザ・リング」のように原作がきちんとある映画では、このようなノベライゼーションの出版ライセンスを行う必要もないのですが、原作がなく、映画がオリジナルの著作権作品であるものもかなり多いのです。「スター・ウォーズ」や「インディ・ジョーンズ」、「パイレーツ・オブ・カリビアン」などがその代表になります。これらの映画を文字で読みたいという人もかなりいると思われますし、なかには原作があると信じている消費者もいるかもしれません。そのような人に、文字に起こした映画作品をライセンス商品として提供すること自体は、DVDのように、映画の後にくるのが必然ではなく、映画の上映前にも、出版をすることが可能なのです。まず、本で読んでもらってから、映画を見に来てもらうというマーケティング手法です。

これに似た出版ライセンスに、CDによるオーディオブックの出版があります。これは、その名の通りナレーターが、小説などの本の内容を読み上げたものを録音したものです。日本ではこのような商品はまだ少ないのですが、米国、とくに車での通勤時間が長い地方では、運転中に映画や本は見られないが、音声で聞くのであれば何冊でも読破できるという需要があり、大きな金額ではありませんが堅調に販売されています。しかし、このライセンスも近い将来には、自動車が常時インターネット接続されることによって、インターネット配信でのオーディオブックに取って代わられるかもしれません。

さて、もうひとつの上記とは全く違う出版ライセンスは、日本が世界のリーダーシップを握っている分野です。これは、雑誌のタイトル（雑誌名）を、ファッションブランドのように扱い、これをライセンスする方法です。この分野の日本最大（ということは、おそらく世界最大）の雑誌プロパティはELLE（エル）で、次にマリ・クレールが続きます。この2つはともにもともとがフランスの雑誌ですが、フランスの出版社はさすがヴィクトル・ユゴーの母国だけあり、雑誌の著作権や、雑誌名の商標について、非常に的確に保護してあり、ライセンスを行う法務的なバックアップは完璧のようです。

日本の雑誌でも、anan（アンアン）、FRaU（フラウ）、クロワッサン、ViVi（ヴィヴィ）、などがライセンスを行っていますが、なかには本の分野（商標群第16類）では出版社が商標を登録していても、他の商標（例えばアパレルの第25類）では、出版社が商標権をもっていないために、他の会社と協議して、何らかの合意のもとにライセンスを行っていたり、若干、本の名前とライセンスプロパティの名前を変えていたりする例もあるようです。ライセンスプロパティになっている雑誌は、やはりファッション雑誌がほとんどで、その編集内容がビジュアル的にも洗練されていて、雑誌の発信するファッションテイストの方向性がある程度定まっているものが多いようですが、最近は「雑誌イコールおまけ」のようになってきているために、ブランド力が落ち、ライセンスビジネスも継続できなくなった雑誌が相次いでいます。このようなライセンスビジネスでの展開商品は、アパレルを主に、アクセサリー、宝飾品、靴、バッグ、生活雑貨、ファーニシングなど多岐にわたりますが、雑誌によっては、その広告クライアント企業に遠慮をして、アパレルや化粧品のライセンスを行っていないものもあります。これは、広告クライアントから見た場合にその商品を広告する媒体である雑誌自体の名前がついて、そのクライアントに敵対する競合商品を市場に出すことの矛盾を、出版社が対外的に合理化できないというのが理由です。逆に雑誌がなくなってしまってもライセンスビジネスは残る例もあり、2014年からセブン＆アイ・ホールディングスが大々的に始めた「mc Sister」のライセンス商品の販売などはその良い例です。

ともあれ、日本でのこの雑誌プロパティの出版ライセンスはかなり大きなビジネスになっていて、これは日本以外の国では見られない現象なのです。なぜ、このようなビジネスが日本だけで成立するかについて考えてみましたが、さまざまな年齢やテイストの読者に対して、これだけ多くのファッション雑誌が出版されているのは世界でも日本くらいだと思います。それはちょっと日本と欧米の書店の雑誌コーナーに行けば、簡単に分かります。そして、日本の多くのファッション雑誌は写真を中心として、雑誌自体のイメージを明確に打ち出しています。この読者と雑誌の密な関係を、消費者とライセンス商品の関係に置き換えたのが、このビジネスのスタートであったと思います。

しかしながら、早くにビジネスをスタートしたELLEやマリ・クレールが大きな売上げを作っているのに対し、後から追いかけてくる大規模な雑誌ライセンスがないのは、長く同じテイストで雑誌を出し続けているというスタンスが、ライセンスでは圧倒的に有利なことを示しています。発行部数よりも発行年数の方が、ものをいうようなのです。

10—プロモーション

プロモーションライセンスとは、今まで述べてきた9つのプロパティとは性格を異にするもので、ライセンスプロパティの種類というよりは、ライセンスの方法を説明する用語になります。商品ライセンスビジネスの最終目的がプロパティの二次的商品化権を使用して、形のあるライセンス商品を生産販売することにあるのに対し、プロモーションは、広告宣伝などのいわゆるプロモーションにプロパティを利用し、その効果を高めようとするものです。つまり、商品ライセンスの対極にあるのが、このプロモーションライセンスといえるのです。このプロモーションライセンスの中でのプロパティの起用方法には下記のようなものがあります。

① テレビCM、新聞、雑誌などの平面媒体での宣伝用に使用される場合

これにはラジオなどの媒体も含まれますが、通常はプロパティが視覚的に認知できる媒体が多用されます。それは平面媒体であり、その媒体量の大きさがイコール、キャンペーンの大きさ、すなわちライセンスビジネスの大きさとして換算されます。

② 商品パッケージに使用される場合

商品の販売を促進するのが、このプロモーションライセンスの主目的ですから、商品自体の包装紙や箱、袋などのパッケージ自体にプロパティを付けるというのが、最も直接的で効果が期待できる方法です。昔からある方法ともいえます。

③ 店頭のプロモーションとしてPOP、着ぐるみなどに使用される場合

商品が置いてある店の棚先、あるいは店の入り口などで、その商品の存在を告知するプロモーションをアシストするプロパティの起用方法です。この起用方法では、商品が新製品であったり、増量して特別なパッケージや「いまなら○○○○！」のような時期限定のキャンペーンをしている時がとくに効果的になります。

④ ノベルティ商品として使用される場合

ノベルティでの使用もグリコのおまけでなどでよく知られた、古くからある効果的なプロモーションです。商品に付加価値を増すという意味では、実際に目に見え、手に取って計り、実感のできるプロモーションとなります。不況時には、このようなキャンペーンはエキサイトする傾向があり、ライセンスではありませんが、2009年の自動車

不況の際には米国で、「1台車を買ったら、もう1台タダで差し上げます」というプロモーションが登場して、消費者の度肝を抜いたこともあります。

⑤　上記すべてにわたり総合的にプロモーションの基軸として使用される場合

ノベルティライセンスの醍醐味は上記のようなプロモーションすべての縦横に串を通すように、ひとつのプロパティを集中して使うことであり、これにより、商品とプロパティが一体化して消費者に強力に購買をモチベートすることができます。

これらの「起用方法」を考えてみると、やはりプロパティとして皆さんの頭に浮かぶのはエンターテインメントプロパティではないでしょうか？　その通り、プロモーションライセンスで使われるプロパティは圧倒的に、映画、キャラクターなどのエンターテインメントプロパティが多いのです。

商品の購買というのは、値段が高いか安いかは別にして、消費者にとっては、わくわくする体験であるわけですが、この体験をより刺激的なものにするためには、「エンターテインメント」という、その名の通り「娯楽」のかたまりであるプロパティが、消費者にその映画やキャラクターなど、その娯楽ですでに体験したことを思い出させたり、擬似的に体験させることが大変有効なのです。プロモーションライセンスは、そのような戦略で商品自体の購買をより魅力的なものに変えられるのです。

いくつかの実例を挙げてみましょう。

- トヨタのハイブリッドカー、「プリウス」のプロモーション：2009年5月に発売された「2代目プリウス」には、ワーナー・ブラザースの「スーパーマン」がテレビCMを中心に使われています。スーパーマンのような超有名キャラクターは、プロモーションの使用方法でもいろいろな制限があり、ライセンス契約に結びつくまでには、多くの協議と交渉を乗り越えなくてはならなかったと思いますし、またトヨタの「プリウス」自体もすでに非常に有名で、とくに現在の“エコ”の時代の寵児のように見られている車ですので、キャラクターのライセンスまで取って、そのマーケティングパワーをさらに高めるというのは、文字通りスーパーな戦略だったといえます。

- ローソンがANA（全日本空輸）のキャビンアテンダントプロモーション：CA（キャビンアテンダント）に人気があるというところに着目し、ANAの歴代のユニフォーム・フィギュアを、対象となる飲料商品2本を購入した消費者にプレゼントしたところ、すべてのユニフォームをそろえようとする消費者で売上げを大幅に増やしました。2008年のプロモーションです。これは、上記の④に相当すると思います。
- セブン－イレブンで展開した「スヌーピーキャンペーン」：テレビを始めとする媒体や店頭でも、販促プロモーションとして盛大に告知され、月替わりで、絵皿、スープ皿、マグカップが応募者にもれなく当たるという戦略を取りました。これは、上記の①③④に該当します。
- ファミリーマートの「初音ミク」プロモーション：2012年に、それまではマイナー感のあったキャラクター「初音ミク」を店頭の販促に起用し、Blu-rayのボックスを発売したところ、そのキャラクターの性格が「おたく過ぎるのでは？」という業界の予想を裏切って、好調のうちに上記の①から⑤までのすべてをカバーし、2014年には「ファミマ × ミク メニュー開発プロジェクト」という食品メニュー分野にまで発展しています。

ノベルティは、おそらくはプロモーションライセンスで最も多く、ポピュラーなプロパティの使用法で、飲料、食品を中心に、自動車、電機関係、日用品から今やプロモーションの範囲も限られてきた煙草などでも使用されています。経済が不況状態を脱出しつつある今、プロモーションライセンスへの期待感はリテールで高まっています。「何も仕掛けをしなければ売れない」ことが明白だからです。しかし、そこにかけられる費用が厳しく制限される中で、クレバーな戦略の提案が求められているのは、ライセンサーであり、ライセンスエージェントであり、問屋であり、また広告会社でしょう。今まではエンターテインメントプロパティに偏っていたプロモーションライセンスの使用プロパティを、前項までに説明した全部のプロパティに広げて検討することが、新しい提案へのステップアップになると思います。

11—これから伸びてくるプロパティは？

これまでにご紹介したプロパティの中から、今後の有望株がどのプロパティなのかについてお話をしたいのですが、それを一言でいうのはなかなか難しいことです。しかし、経済状況が上向きつつある中で、いくつかのきらめくプロパティが見えてきていますので、それらとそのプロパティの活用のキーをご紹介しましょう。

11-1　コーポレート&トレードマーク

コーポレート＆トレードマークプロパティのライセンスビジネスの目的が「広告費がかからない効果的な企業名、商品名の宣伝手段」であることはすでに本章で述べてきましたが、現在のような不況下ではプロパティとしての社名や商品名を何とか活用して利益を生み出そうとしている企業にとっては、ライセンスは非常に魅力的なマーケティング手法でしょう。ただ、前述したように日本では米国に比べてこのジャンルのビジネスが盛んではないというのが実情です。それは、プロフェッショナルなライセンスエージェントやコンサルタントが不足しているからだと思います。この分野のライセンサーは、もともとがライセンスビジネスに従事している企業ではないので、いきなり自社の商標を、他社、それも今までに取引が全くない会社に貸与して、自社の商標を使用したライセンス商品を作ることを任すという行為には、メリットよりもリスク、さらにいえば、恐怖感を覚えるのではないかと思います。

このような不安、恐怖を合理的に解決する相談役であり、ライセンサーとライセンシーの間で法的なクッションになる優秀なライセンスエージェントやコンサルタントが活躍するようになれば、日本でこの分野のライセンスビジネスは一気に大きくなるでしょう。

11-2 コーポレートキャラクター

日本ならではのコーポレートキャラクターというプロパティは、コーポレート＆トレードマークよりも、企業側としてはリスクを感じずに、ライセンスアウトしやすいプロパティだろうと思います。その理由はすでに述べましたが、地方公共団体で「ゆるキャラ」が一定の成功を収めたこともあり、民間企業も同様な考え方で、消費者に対する自社名や商品名の知名度や好意度を上げ、良いパブリシティになるキャラクターを作製してみたいという機運が高まってきていることが第一に挙げられます。そのキャラクターが、自社の商品がなかなかリーチしにくいターゲットにライセンス商品としてアプローチできれば、大変意味のあるマーケティング戦略になります。とくに、人間の健康や命に関わりのある分野の商品の生産販売をしている企業は、万一事故が起きた時に、発信型のキャラクターにより、状況説明や謝罪の代役をさせることができることは、多くの例で証明されています。しかしそのような力のあるキャラクターは一夜にして誕生するわけではありません。ライセンスという手法で、幅広い商品群、幅広い消費者層に「顔を売っておく」ことが重要なのです。各企業はすでにこのことに気付いており、今は広告会社に、企業に対するその具体案の提案チャンスがあるといってもよいでしょう。

11-3 アート

アートは、日本ではまだまだ小さなカテゴリーです。また、実際のライセンス商品も、大きな住宅で使う生活用品やインテリア商品を主とした米国と、身の回りの雑貨を主とする小さい商品を主とする日本では大きな違いがありますが、現在住宅建設が落ち込みつつある米国のアートライセンサーは日本の市場に注目をし始めていますし、日本でも個人のアートライセンサーがどんどん独立して、新しい提案を行っています。つまり、アートプロパティのライセンスビジネスでは、「動き」が活発なのです。そして何より、日本人が生活の中にアートという新しい香味料を使いたがっているという消費者サイドからの新しい流れがあります。

例えば日本では最近、今までは少なかった、大型のライセンス商品、ベッドリネンや、大型クッション、壁紙、カーテン地などへのアートプロパティライセンスも拡大してきています。高価なブランド商品だけで自分を差異化することから、値段に関係なく自分のセンスで差異化を図りたい消費者（主に20代から30代の女性）にとって、アートというライセンス商品はまさしくそのようなニーズにぴったりなのです。また、日本独特の携帯のアクセサリーや、絵画展関係の土産物などでのライセンスの幅も広がっています。今や、絵画展に行くと画家の名前の羊羹やクッキーがあるのは普通になっています。これは決してガラパゴス化ではなく、中国を始めとするアジア全般の「土産文化」のある国々ではアート商品の多様化はスタンダードになりつつあります。

最近の新しい傾向としては、アートのプロパティがプロモーションライセンスに使われ始めていることがあります。アートプロパティはもともと、日本ではカレンダーなどで、頻繁にノベルティとして使われていたものの、それ以外のプロモーションの表舞台に出ることは少なかったのですが、ここ数年は店頭プロモーションなどで、店舗の感性の高さを表すプロパティとして注目を集めています。写真6-6は、北海道在住の新進アーティスト新矢千里（クリエイター名：Kinpro）さんのアート作品が日本橋高島屋の店頭プロモーションに使われている例です。Kinproのプロパティはここで大成功を収め、商品ライセンスとして生産販売されたアート柄が載ったチョコレート商品は、NHKのニュースでも取り上げられるという注目度になり、2014年現在ではオンリーショップ展開にまで発展しています。アートプロパティはこのように、プロモーションライセンスと商品ライセンスをつなぐブリッジとして注目を集めています。前述した、「ユニクロ × コカ・コーラ」、「ユニクロ ×MOMA」のコラボレーションも新しいタイプのアートライセンスで2013年のスタートから好調で、当初よりもずっと長期間のプロジェクトになりそうです。なお、「ユニクロ × コカ・コーラ」は2014年のLICENSING INTERNATIONALのライセンシング・アワードにもノミネートされました。

6

写真6-6　アート作品を用いたディスプレイ

11-4　NPO、大学

この2つのプロパティもまだまだ小さいカテゴリーです。しかし、ライセンスビジネスを行うことの目的をはっきりさせることが容易で、かつ消費者にもその目的が理解されやすいことが、これらのプロパティの何よりの強みです。ただ、日本においては、NPO、大学は、自分自身で商品を作り販売することには積極的でもライセンスアウトすることには、コーポレート&トレードマークプロパティの項で述べたのと同じ理由で、あまり積極的でない傾向にあります。もともとコーポレート分野の売上げレベルに比べれば非常に小さいカテゴリーですので、インハウス（自製）の商品にこだわりすぎると、マーケットを広げられないことが懸念されます。できるだけ、本来のその団体組織の主目的を広く人々に広げる意味で、そのアシストをしてくれるのがライセンシーであるという考え方に基づいてライセンスアウトをしてもらいたいと思います。

米国でその良い例となっているのが、世界的な団体WWF（World

Wildlife Fund）でしょう。WWFは自然保護の見地から数々の商品を昔からライセンスしていますが、日本でもぬいぐるみメーカーなどとライセンス契約を結び、商品を一般の玩具店などで販売しています。2014年からは日本でUNICEF（国連児童基金）のライセンスも本格的に始まります。

ハーバード大学も日本でのライセンス契約に基づいて、ジーンズカジュアル専門チェーン店の大手、「ライトオン」が商品を販売していますが、このようなライセンスビジネスは、その商品の購買者が、その後本来の大学やNPO活動に興味をもって、寄付などの行動に発展する可能性や、その大学の入学を目指すことになったり、このプロパティのライセンスビジネスならではの社会貢献的な醍醐味、またベネフィット（金額ではない収益）があると思います。しかし、この分野もアートプロパティ同様に、ビジネスの規模が小さいために、ライセンスエージェントを活用することは難しいと思われます。また、エージェントに多くのコミッションを支払うというのも、このNPOや大学の行うビジネスの趣旨に馴染みません。

このようなことから、NPOや大学は、ライセンスビジネスの専門家を内部にもつか、あるいはアウトソーシングをしないと、ビジネスのノウハウを獲得しにくいという弱点があります。ニューヨークの消防局FDNYや警察署NYPDは、この部分を弁護士に全面的に任せるやり方を取っています。

日本の大学、NPOはまだそのもてるブランドの魅力を、ライセンスビジネスに転化できていないだけで、逆にこれから広がる可能性は大きいと思われます。

Chapter

7 ライセンスビジネスの戦略—ステップ1 プロパティの選択

さて、ここからは、いよいよライセンスビジネスをどのように組み立て、展開し、成功に導くかについてのお話を始めましょう。

1—プロパティの情報を得る

あなたが、ライセンサーであっても、ライセンスエージェントであっても、またライセンシーであっても、ともかくはビジネスにする「プロパティ」を手にしなければライセンスビジネスはスタートできません。「どのようなプロパティを選ぶか？」——いずれにしろ、これが最初に取るアクションです。ライセンスプロパティの情報は、下記のような手段で得ることができます。

1-1 トレードショー情報

いわゆる、「ライセンスショー」と呼ばれる、ライセンスビジネスの業界の主な大規模なショーは、世界で5つ開催されていますが、このショーは、プロパティをショッピングするには最良で、最も効率のよい機会です。これらのショーについてここでまとめてご紹介しましょう。

▶ライセンシング・エキスポ（米）毎年5月にラスベガスで開催
https://www.licensingexpo.com/en/home.html
▶ブランド・ライセンシング・ヨーロッパ（英）毎年10月にロンドンで開催
https://www.brandlicensing.eu/en/home.html
▶チャイナ・ライセンシング・エキスポ（中国）毎年7月に上海で開催
http://www.licensingexpochina.com/en-us/

▶香港国際ライセンスショー（香港）毎年１月に香港で開催
https://event.hktdc.com/fair/hklicensingshow-en/HKTDC-Hong-Kong-International-Licensing-Show/
▶ライセンシングエキスポジャパン（日）毎年４月に東京で開催
http://www.licensingexpojapan.com/

この５つのショーはすべてLICENSING INTERNATIONAL（ライセンシングインターナショナル）がバックアップをしています。その中で最大そして圧倒的な規模をもつのは、もちろん米国のライセンスショー「ライセンシング・エキスポ」です。このショーは2008年まで二十数年ニューヨークで開催されていましたが、2009年よりラスベガスに開催地を移し、より規模が大きくなりました。500社を超える出展社と２万人を超える来場者を誇る文字通りのライセンスプロパティ総出演の大イベントです。

7

1-2　トレードショーの効率的な利用法

●──事前アポイントをとる

日本から海外のショーを訪れる方も多くいますが、気をつけておかなければいけないのは、欧米のトレードショーでは、アポイント（前約束）がないと商談をすることが難しいことです。とくに人気のあるブースでは、飛び込みで行ってもパンフレット程度しか手に入りません。できるだけ事前に、そのショーの出展社の中で目的のライセンサーやライセンスエージェント、コンサルタントにｅメールでコンタクトをして、アポイントを取っておくことが重要です。

●──１日目：英文の挨拶文や会社概要を準備し、ブースを隈なく歩く

メールを出したが返事が来ない、ということもままあります（米国も英国も意外とビジネスは電話社会なのです）。また何よりどこのブースが目当てのブースなのかは、行って実際に見ないと分からないということもあるでしょう。その場合は、３日間のショーの開催中フルに会場をまわることが有効な方法になります。まずショーの初日は、会場全体を見てまわり、運が良ければ商談をするというくらいの余裕のある気持ちで臨みます。そして、興味のあるブースが決まったら、２日目、３日目の商談アポイントを取り、あなたの名刺とできれば簡

単な挨拶、自社の会社概要などを英文にしたものをアポイント先に渡しておきます。

●── 1日目夜：レセプション・パーティー（LICENSING INTERNATIONAL GALA）への出席

ラスベガスのショーの初日の夜には、ショーの会場近くのホテルで、大規模なレセプションパーティーが開催され、出展社や来場者約1000名が参加しますが、このパーティーはLICENSING INTERNATIONALのライセンス大賞（ライセンス・オブ・ジ・イヤー）と、20に及ぶその部門賞の授賞式を兼ねています。この発表までにノミネートされるプロパティは100に及びますが、GALAの出席者にはそのプロパティと企業のリストが渡され、もちろん受賞者はそのパーティーの場で判明するのです（LICENSING INTERNATIONAL会員はノミネートされているプロパティは事前にウェブサイトでも把握できます）。参加費はチャリティということもあり、LICENSING INTERNATIONALの会員で50ドル、非会員で90ドル程度のものです（2014年より授賞式自体はLICENSING INTERNATIONAL会員は無料になりました）。ライセンスショー自体の入場料も事前登録をしておけば無料ですし、LICENSING INTERNATIONAL GALAで得られる情報の価値を考えれば、この程度の投資は高くはないと思います。

●── 2日目：受賞ブース・ノミネートブースの再度の見まわりと商談の進め方

2日目は前日の情報をもとにして、受賞した企業のブースや、また受賞は逃したが、ノミネートされたプロパティをもつ企業のブースを中心に再度よく見てまわり、最終日に残っている時間を埋めるようにアポイントを取っていきます。最終日の午後は、ショーの来場者は非常に少なくなりますので、ゆっくり商談をするには狙い目なのです。商談の際は、英語に自信のない方は、やはりしっかりした通訳を伴って行く方が良いと思いますが、最近は日本語の話せるスタッフのいる出展社も大変多くなっていますので、この点もアポイントを取る時に聞いておくことです。

商談時間は、人気のあるブースだと15分単位とか20分単位という短い場合もありますが、通常は30分です。なかなか1時間を取ることは初対面では難しいのです。しかも通訳を入れたとすると30分でも実質15分しか使えないわけですから、質問したい事柄は必ずリストアップをしておき、時間内にもれなく聞くことです。自社の会社説明などをしているとそれだけでタイムアップにもなりかねませんので、前もってそのような情報を渡しておくことが必要になるわけです。そして、すぐに入手できない資料は後で送ってもらうようにして、どんどん次のステップに商談を進めることも重要です。こういう「宿題項目」はミーティング終了後、メールで再度催促の“リマインダー”を送っておくことも基本的なことですが、重要です。なお、アポイントは取れても、会える担当者が副社長クラスのトップになるのか、単なる現場担当者かは、運と、あなたの「押しの強さ」にかかっています。せっかく、長い時間とおカネをかけて訪れるのですから、できるだけ決裁権限のあるポジションの担当と会うように手を尽くしましょう。

こうして、2日目の夜には、ホテルなどでそれまで集めた情報を整理し、聞き漏らしていることや、もう一度訪れたいブースなどをチェックします。

●――最終日：最後の総ざらいと各国の特徴

最終日には最後の総ざらいをするということをお勧めします。何か、困った時、どうしてもアポイントが取れない時など、LICENSING INTERNATIONALのブースを訪れてみましょう。会員専用のブースですが、あなたが会員であれば、LICENSING INTERNATIONALのスタッフが何らかの手を回して特別にアレンジをしてくれることもあります。英国のライセンスショーの場合は開催期間は2日ですので、ちょっと忙しいですが、これもフルに会期を使うことが重要です。また、ドイツの「ライセンシング・マーケット」は、出展企業は時間制でプレゼンテーションを行うという独自の方法を取っています。

これに対して、日本を含めたアジアのショーはもっとオープンで、ブースが開いて来客がいなければ、ぶらっと立ち寄っても商談ができることが多くあります。しかし、最近は出展者も段々に商談の効率をよくし、質を上げることを目的に、欧米式のアポイント制に移行してきています。会う前に、まずはおよそお互いがどのような会社、人間であるかが分かっていれば、すぐに具体的な商談に入れますので、是非どのショーでもアポイントを取ってから商談に臨むことをお勧めしたいと思います。

●── IT 機器などについて

そして、これは出展者にもビジター（訪問者）にもいえることですが、短時間に効率的に自分自身の紹介、プロパティの紹介、商品の紹介をするのに、iPad などのタブレットが有効です。ちょっと前までは、ラップトップのコンピューターを挟んでの商談が普通だったのですが、狭いブースではラップトップは「置き場」が必要ですが、タブレットなら手に乗せて見せながら話しができます。また、ショーの会場を移動中に出会った知り合いとも、立ったままタブレットを見せて簡単な商談ができてしまいます。大きなトランクをゴロゴロと引っ張って歩き廻るスタイルは、それだけで古びたセールスマンに見えてしまいます。ぜひ、軽くて新しいガジェット（小さな機器）を活用してください。

1-3 インターネット情報

ライセンスプロパティの情報もインターネットを通じて入手するのが、最も早く、安く、効果的であるのは他のビジネスと同じですが、とくにライセンスの場合、プロパティを売っている企業が街中に店を出しているのではないので、インターネットの重要性は極めて高いのです。ほとんどのライセンサーやライセンスエージェント、コンサルタントは自分のホームページをもっているので、そこにアクセスしていろいろな情報を得ることができますし、前の項に記載した、ライセンスショーの各ホームページでも多くの情報が取れます。しかし、総合的な情報となると、やはり業界団体やウェブ上の業界誌のサイトが非常に便利です。ここでは、そのいくつかをご紹介しましょう。

●── LICENSING INTERNATIONAL 本部（米国）
https://www.licensinginternational.org/

すでに本書でも何度も触れている、世界最大のライセンス業界団体のホームページです。著者は1990年代からの会員で、このホームページのおかげでビジネスを20年やってこれたと思っています。以前は、会員専用のスペースが多かったのですが、最近は会員にならな

写真 7-1　LICENSING INTERNATIONAL の Web トップページ

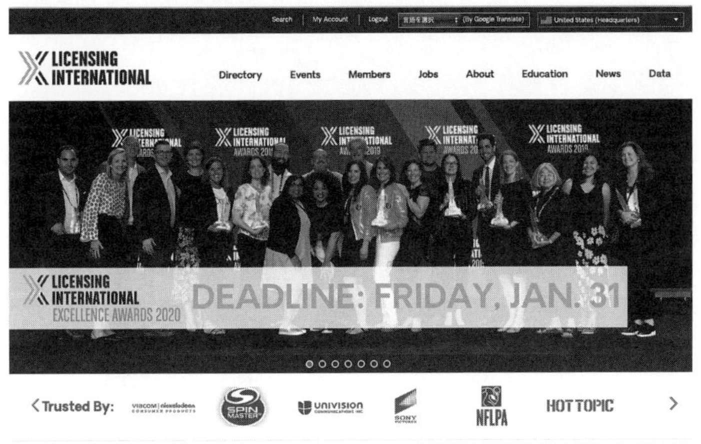

© LICENSING INTERNATIONAL

くても、トップページでいろいろな業界の最新情報が入手できます。しかし、会員になると世界1200社の会員企業情報、業界情報、契約書の雛型など他には公開されないものが入手できるのが魅力です。なんといっても、ライセンサーやライセンシーの担当者の氏名、メールアドレス、直通電話という「超」個人情報が掴めるのは、すぐに契約につながるステップになります。写真7-1はLICENSING INTERNATIONALのホームページのトップページです。

●── **LICENSING INTERNATIONAL 日本支部（LICENSING INTERNATIONAL JAPAN）〔一般社団法人日本ライセンシング・ビジネス協会〕**
http://www.licensing.or.jp/

LICENSING INTERNATIONALの日本支部が運営するホームページです。同支部は、それまでの10年間、米国のLICENSING INTERNATIONALの前身であるLIMAの支部であったのが、2012年に日本の法人になりました。私はその設立理事となり、同時に10年間のLIMAとの日々に終止符を打ったわけですが、この協会の会員になれば自動的にLICENSING INTERNATIONALの会員にもなりますので、本当に価値のある組織だと思います。こちらのウェブサイトは日本語で構成されており、しかも多くの部分が公開されていま

写真7-2　LICENSING INTERNATIONAL JAPANのWebトップページ

© LICENSING INTERNATIONAL JAPAN（日本ライセンシング・ビジネス協会）

す。日本での約90社の会員企業のプロフィールや、世界の各ライセンスショーの最新情報、各地で行われるセミナーや、ネットワーキングパーティーの情報などが見やすく配置されています。もちろん、このサイトから会員登録の申し込みもできます。

●――その他の国々のLICENSING INTERNATIONAL支部ホームページ

さらに各国のLICENSING INTERNATIONALのホームページに上記のLICENSING INTERNATIONAL JAPAN（日本ライセンシング・ビジネス協会）のウェブサイトから訪れることができます。さらに、LICENSING INTERNATIONALには下記の国々に支部や、駐在員がいます。会員になると、各国を訪れたときにそこの代表に時間があれば、実際に会ってビジネスのアドバイスを聞いたりすることもできるようです。

支部
LICENSING INTERNATIONAL UK（英国）
LICENSING INTERNATIONAL China（香港）
LICENSING INTERNATIONAL Germany（ドイツ）
LICENSING INTERNATIONAL Mexico（メキシコ）
LICENSING INTERNATIONAL Australia（オーストラリア）

写真 7-3　CharaBiz.com の Web トップページ

© キャラクター・データバンク

駐在員
LICENSING INTERNATIONAL Canada（カナダ）
LICENSING INTERNATIONAL India（インド）
LICENSING INTERNATIONAL Italy（イタリア）
LICENSING INTERNATIONAL France（フランス）
LICENSING INTERNATIONAL Russia（ロシア）

そして、インターネット上の世界の主な業界誌は次の通りです。

●── **Global License（グローバル・ライセンス / 米国）**
https://www.licenseglobal.com/

米国と英国のライセンスショーの主催者アドバンスターが運営する業界情報満載のサイトです。以前は冊子もやっていましたが、今はウェブだけです。ニュースは基本的に月に１回のペースで更新されますが、米国、英国、ヨーロッパのライセンス業界主要ニュースはすべて網羅されています。いわば、“マスト”の読み物です。LICENSING INTERNATIONAL との連携もショーを一緒にやっているだけあって抜群です。

●── CharaBiz.Com（キャラビズ・ドット・コム / 日本）

https://www.charabiz.com/

日本では最も著名で権威のある、キャラクターを中心にしたライセンス情報サイト。ニュースが入り次第更新されるため、毎日見ても飽きません。日本のプロパティを中心に海外のプロパティの紹介を写真付きで細かく掲載。また、メンバー専用サイトに入ると業界のプロのコラムも非常に充実しています。調査の詳細なデータは別途メンバーには毎月メールで送られます。同社は印刷物での資料集も多く出版しています。本書の編集にもご協力を頂きました。

●── Licensing. biz（ライセンシング・ビズ / 英国）

https://www.licensing.biz/

英国、ヨーロッパのライセンスビジネス業界の情報を、毎日更新しています。キャラクターだけでなく、映画、ゲーム、コーポレート、アート、NPO などのプロパティの情報も充実、過去のニュースも一覧で非常に見やすくページが作成されています。ただ、英国のウェブサイトに総体的にいえることですが、構成が凝っていて、やや動きが重いです。

●──License Global（ライセンス・グローバル / 米国）

http://www.licenseglobal.com/

前述の“ライセンシング・インターナショナル・エキスポ”を主催する米アドバンスター社が毎月発行するウェブ・マガジン。発行部数は８万部を超え、おそらくは世界最大。米国を中心にヨーロッパ、日本、その他世界中の、すべてのライセンスプロパティの最新情報を提供します。

●──Total Licensing（トータルライセンシング / 英国）

http://www.totallicensing.com/

業界では知らない人はいない著名編集者フランチェスカ・アッシュ氏が運営するウェブサイト。英国版、オーストラリア版、ニューヨーロッパ（東欧）誌の３冊が読めます。内容は、キャラクターを中心に、アッシュ氏が世界から集めた情報と、LICENSING INTERNATIONAL の代表や業界の著名人の署名入り記事が特色です。権威という点から見れば、この雑誌は世界一でしょう。こちらも LICENSING

INTERNATIONALとの連携は深いものがあります。

●――KidScreen（キッドスクリーン / 米国）

https://www.kidscreen.com/

創刊してからまだ5年ほどの新雑誌ですが、子供向けのプロパティに特化し、調査やセミナーも充実させて、最近の注目株。とくにテレビプロパティ、ゲームプロパティの情報は強力です。併設のブログには、業界の著名人のコメントとそれに対する賛成や反対のコメントが入り、とても興味深く読めます。

●――Kazachok.com（カザチョック / フランス）

https://www.kazachok.com/

これは珍しいフランス発のライセンス業界誌。フランスを中心に、キャラクター、映画、アート、コーポレートなどのプロパティ情報を、フランス語、英語で発信しています。LICENSING INTERNATIONALのメンバーでもあります。この出版社も、セミナーやシンポジウム、調査資料の販売などにも力を入れています。

●――Animation Magazine（アニメーションマガジン / 米国）

https://www.animationmagazine.net/

米国のアニメーション業界誌のサイト。テレビを中心に、映画、インターネット上のアニメーション番組の情報と、エンターテインメント系番組の情報が掲載されています。南米系の情報も豊富。フェイスブックとの連携が便利です。

●――WorldScreen.com（ワールドスクリーン / 米国）

https://www.worldscreen.com/

米国のテレビ業界誌のサイト。米国だけでなく南米や欧州のテレビ関係のニュースやリンクも多数。ただし、動画も多く載っているので、やはり強力なプロセッサー搭載のコンピューターで見ることをお勧めします。

上記のインターネットは、いろいろなプロパティのフェイスブックアドレスと結びついています。フェイスブックも日本では“ライン”などに押され気味ですが、世界的に見れば、非常に重要な情報源です。ぜひフェイスブックを活用してください。まずは、個人で皆様がフェイスブックのメンバーにならなければ始まりませんが。

1-4　その他の情報ソース

トレードショーと、インターネット以外の情報ソースを「その他」とまとめてしまうのは乱暴かもしれませんが、私の経験からしても上記の２つの優位性は圧倒的に高く、プロパティの情報の70%以上は、この２つの方法で取得できると思います（5年前には「50%以上」と書きました）。しかし、それでも不足する分を補うのが、ショー以外でのライセンサーや、ライセンスエージェントとの商談、ネットワーキングパーティーやセミナー、そして書籍であると思います。ショー以外での商談というのは、もちろんどんなビジネスでも通常に行われることですが、あなたが新しくこのビジネスに参入されたのであれば、どこと商談するかという情報はやはりトレードショーやインターネットで取得するのがよいということになります。

とくに日本では、実力のある仲介者を通しての商談と、飛び込みの商談では、取得できる情報も提示される契約条件も大きく違うということが事実よくあるのです。そのため、「使えるコネはすべて使う」というのが商談の鉄則となりますが、コネクションがない場合にはどうするか？　それは、日本でも昨今流行語にもなっている「異業種交流会」ならぬ「同業種交流会」ともいうべきネットワーキングパーティーへの参加です。この種のパーティーは欧米では盛んに行われていますが、日本のライセンス業界ではまだその機会は多いとはいえません。LICENSING INTERNATIONAL JAPAN（日本ライセンシング・ビジネス協会）では新年会、忘年会、ライセンシング・アジア会期中のレセプションなど年に３～５回のネットワーキングパーティーと、その小型版ともいえる少人数のドロップインというイベントも随時開催しています。また、ライセンスビジネスのセミナーも、知識を得るという意味でも有用ですが、出席者同士の懇親を図るような場があるものが多いので、これに参加するのもゼロからのコネクションを得るには良い方法です。これもLICENSING INTERNATIONAL JAPAN（日本ライセンシング・ビジネス協会）で、年に15～20回ほどのセミナーを開催しており、なかには無料のものもあります。ま

図表 7-1　2014 年開催のライセンシングジャパンセミナーの内容紹介（例）

■グローバルライセンシング・ビジネス解説
～業界関係者なら押さえておきたいグローバル市場のデータとトピック～
LIMA（国際ライセンシング産業マーチャンダイザーズ協会）
プレジデント
チャールズ・M・リオット 氏

■ TPP 参加後の日本のライセンスビジネス業界はどう変わるべきか
～グローバル化と独自性の追求が未来を切り拓く～
(株) ブランドッグ代表取締役／東京理科大学大学院イノベーション研究科
教授
草間 文彦

■キャラクターファッションビジネスにおいて最も重要なのはライセンサーと協力したマーケティング
(株) グレイス　代表取締役社長
塚越 克美 氏

■ライセンシング・ビジネス基礎講座
～実務担当者として知っておくべき基礎知識～
(株) プラスライセンス＆デザイン TOKYO　代表取締役／ LIMA ジャパン（日本ライセンシング・ビジネス協会）　代表理事
今泉 幸子 氏

■キャラクターの権利とライセンス契約基礎知識
Field-R 法律事務所　弁護士
金沢 淳 氏

■原作者の生誕 100 年を迎えたムーミンのライセンスビジネス
(株) タトル・モリ エイジェンシー
営業部 キャラクターライセンス部門 部長
中山 拓巳 氏

▶葉佐商品研究所　グループ 83 例会セミナー
東京都世田谷区瀬田 4-31-13
同研究所の会員専用セミナーですが、リテール関係、ライセンス関係者が多く聴講しています。

た、その他、ライセンス専門のセミナーではありませんが、下記のようなセミナーもあります。

図表 7-2　ライセンスビジネスの雑誌・出版社

雑誌名	出版社	URL
CharBiz DATA など	キャラクターデータバンク	www.charabiz.com
ファンシーショップ	東京ピーアール企画株式会社	www.fancy.co.jp
月刊ぎふと	株式会社ビジネスガイド社	www.giftshow.co.jp

●── LICENSING INTERNATIONAL JAPAN（日本ライセンシング・ビジネス協会）セミナー

LICENSING INTERNATIONAL JAPAN（日本ライセンシング・ビジネス協会）が不定期に、年 4 ～ 5 回開催しているライセンシングセミナーです。多くの場合、会員は無料で聴講できます。私が LIMA ジャパンの代表を辞して、東京理科大学大学院で教えるようになってから、この 2 つの組織の間で「産学提携」関係が構築され、多くのセミナーは東京理科大学関係の施設で行われます。

▶問い合わせ先：http：//www.licensing.or.jp/

●──ライセンシングジャパンセミナー

こちらも LICENSING INTERNATIONAL JAPAN（日本ライセンシング・ビジネス協会）が全面的にセミナーの運営を行っておりますが、年に 1 回 7 月に東京ビッグサイトで開催されるライセンシングジャパン展で有料で開催されます。私は第 1 回からずっと講師を勤めています。2014 年のセミナーは図表 7-1 に示した通りです。

●──書籍

そして最後が書籍です。日本ではインターネット上でのライセンスプロパティの情報開示はまだ欧米のようには進んでいません。そのため、それを補完する書籍の役割はまだまだ大きいものがあります。日本の主なライセンスビジネス業界、または関係する業界雑誌およびそれを出版している会社は図表 7-2 の通りです。

2―プロパティの選択

プロパティの情報集めたら、取得するプロパティを決定することになります。実際の商談、契約に入っていきます。まず、これからその

図表 7-3　プロパティの選択からビジネスのスタートまで

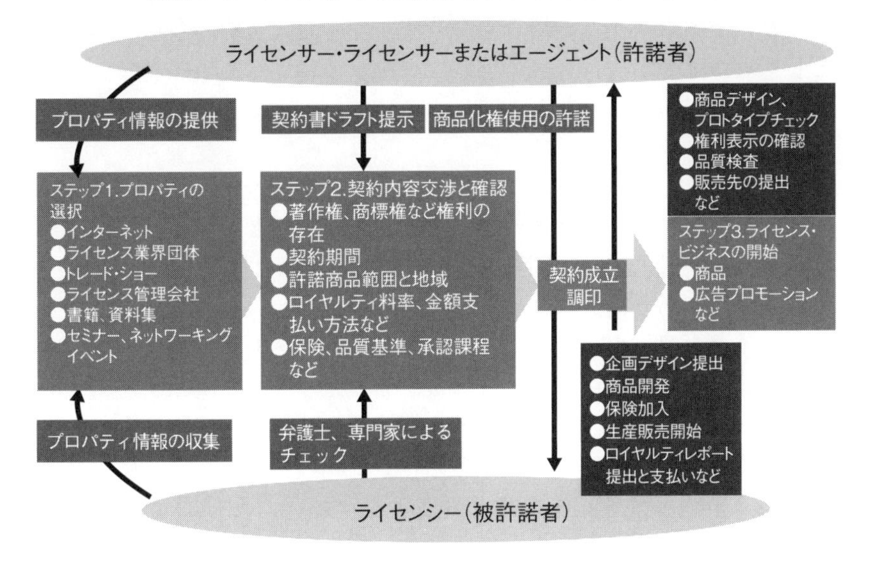

プロパティの選択から、実際のビジネスのスタートまでを図表化したものをご覧ください（図表 7-3）。

選択に入る段階では候補となるプロパティは当然複数あってよいのです。

この候補プロパティを集める際の、キーポイントは次のようなものです。

2-1　現在の人気

とくにライセンシーにとって重要なキーポイントは、そのプロパティが現在市場で消費者にどのくらいの人気があるか、すでにライセンスアウトされていてどのくらいの売上げがあるのかは、あなたがライセンシーであれば、最も気になるポイントでしょう。ライセンス商品を生産して販売するには、いわゆる「即効性」の判定が必要になるからです。前述した情報ソースから「キャラクターの人気度」などを入手できた場合は、このトップ 30 位くらいまでに入っているプロパティはかなり強力だということができます。しかし、それだけに他のライセンシーやライセンスエージェントとの契約が多く成約しており、あなたにチャンスがない場合もあります。また、契約の余地があったとしても、その値段は人気の低いプロパティに比べて当然高いものになります。

2-2 将来性

逆にライセンサーやライセンスエージェントにとって注目しなければいけない重要な点が、「将来性」です。いわば「先物買い」といってもよい点であり、これには「目利き」が必要となります。これは通常、ライセンサーやラインセンシングエージェントが重要に考えなければいけないポイントです。半年先、1年先、あるいは2年先に、市場での人気が上がってくるだろうということを“読んで”契約をすることは難しいことですが、株式の先行きを読むのと同様に、集めたさまざまな情報を分析し、これを可能としないと、「今流行っている」プロパティだけを所有することになり、そのうちにプロパティのやりくりに困ることになります。

欧米で大流行していながら、まだ日本では市場に出ていないプロパティなどは、日本での流行につながってくるまで2～5年のインターバルがありました。ちょっと前になりますが、「スポンジ・ボブ」や、最近の「Mr. Men Little Miss」はその良い例です。また、日本国内でも、「なめこ栽培キット」、「こびとづかん」のように、登場した当時は、日本のライセンシー候補やライセンスエージェントの候補が、契約の決断に踏み切れずにいた状況があり、その中で最初に手を挙げたところが、大きな利益を上げたものがいくつでもあります。何も大ホームランでなくても、ヒット級のプロパティですでに欧米で活躍しているプロパティが、日本では全く商品化されていなかったら、まずはチェックしましょう。ライセンシーでも、多くのプロパティを取得している場合は、それらのポートフォリオとして、「将来性」は重要になります。

2-3 プロパティの性格

プロパティを商品化する際に、そのプロパティの性格から、特定の商品にライセンスしやすいとか、逆にしにくいという点があります。例えば、知名度の高いキャラクタープロパティの場合、玩具とかゲーム、ファンシー雑貨が商品化で先行するアイテムになるケースが多く、アパレルは子供服あたりから始まり、大人用のアパレルは、とくに戦略的に優先して開発しない限りは後から商品化されるといってよいでしょう。逆にコーポレートやスポーツでは、アパレルとその周辺商品が優先して商品化され、アートでは家庭用品やアクセサリーが優先されるといった具合です。これは、実際にリテールを見に行けば、自分が選択しようとしているプロパティに似たものが、どのような商品で主に展開されているかがよく分かると思います。そのようにプロパティの性格を考えたときに、皆さんの得意先、クライアント、考えているライセンシー候補、展開店舗の候補などが、選択しようとしているプロパティの商品化の優先度、難易度と、うまい具合にシンクロするかどうかということが、商売上重要なキーポイントとなります。このポイントは、ライセンサーからライセンシーまですべてのパーティーにとって重要なポイントです。

2-4 広く浅くか、狭く深くか

同様に、プロパティの性格により、多数のライセンシーに広範囲にわたって商品を作らせてもらえる場合とライセンシーの数は少ないが、1社1社が展開商品を増やしてもらえる場合があります。前者の場合はだいたい初期段階では、ひとつひとつのライセンシーの売上げはあまり大きくなりませんが、ライセンシーの数が多いので、どこかの売上げが突出してくれば、全体の売上げも波及効果で大きくなります。逆に後者の場合は、1社1社のライセンシーの、プロパティに対するコミットメント（献身性）が生まれないと大きな売上げを達成できませんが、ライセンサーやライセンスエージェントにとっては、コンタクトの数が少ないために、綿密な商談や打ち合わせが可能になります。

このような違いをもたらすプロパティの性格を、「ブランド・トランスファーの度合い」で測ることができますが、これについては後の章で説明します。このポイントは、ライセンサーは当然把握しているはずですが、それをきちんとエージェントとライセンシーに伝えるかどうかは、戦略にもなります。ですので、エージェント、ライセンシーがとくに注意すべきポイントになります。

2-5 ハードルイヤー

最も重要なのは、皆さんの方で、そのプロパティに投資する金額が回収できるまで、どの程度の期間我慢ができるかということです。これも株式と一緒で、2年や3年はじっくりビジネスをしていこうという場合と、すぐにも利ざやを稼ぎたいというケースがあると思います。この限度年数をハードルイヤーと呼び、これをきちんと設定しておくことも、プロパティを選ぶ際の重要なポイントになります。このポイントに最も縛られるのは、エージェントです。とくに将来性にかけたプロパティを取得する場合はハードルイヤーを長くした契約や、合意がライセンサーとの間で必要になります。

Chapter 8 ライセンスビジネスの戦略—ステップ2 おろそかにしない契約内容、権利の確認

さて、読者の皆さんがこれから運命を共にしようというプロパティを、いくつか選択できたとしましょう。ここからが、契約に向けて交渉と確認のステップになります。ライセンスビジネスで実際に売り買いされるものは何か？　と聞かれれば、おそらく「プロパティ」という答えが最も多く返ってくると思います。しかし、それは正解ではありません。実際には、売り買いされるものはむしろ「契約」なのです。

プロパティ自体はほとんどの場合は売り買いされるわけではなく、もともとの所有者に専属したままで、その「商品化権」だけが他者にリース（貸与）されるのです。この商品化権のリースの細かい条件は、「ライセンス契約」や「エージェント契約」、あるいは「マスターライセンス契約」などの契約書の中にその詳細がもれなく記載され、契約の当事者はこの契約上の合意に基づいてライセンスビジネスの商売を成り立たせるのです。そのため、契約書自体がまさしくこのビジネスで売り買いされる商品といえるわけです。

1—権利の存在の確認：著作権

選択したプロパティが法的に正当なものであるか否かを確認すること、これは契約のステップでは、第一にやらなくてはならないことです。当然のことながら、これはエージェント、ライセンシーにとって重要なチェックポイントになります。

キャラクターやアートなどの著作の場合は、まず対象となる著作者が誰であるかを確認する必要があります。ベルヌ条約のもとに「無方

8

式主義」で、日本では権利の登録が不要である著作権の場合、その著作の作者が本当に著作権者なのかについては慎重に確認する必要があります。そのひとつの方法は、その作者自身と会うことです。作者が生存していて、大変な巨匠でない場合は会うことはそれほど難しい問題ではないと思います。作者に会うことで、ある程度著作権の存在について確認もできますし、また、作者がその著作に対してどのような想いをもっているかを知ることもできます。ただ、作者に会ってその人間が著作者だと確認をしても、最近起きた有名なポップミュージックの作曲家の詐欺事件のように、すでに著作権の譲渡がなされていることを隠して、これを再譲渡しようとする輩もいないとは限りません。

また、作者が死亡している場合、財団などの法人である場合、ライセンスエージェントを経由してプロパティを取得している場合など、作者に会えない場合も多々あると思います。著作権は、著作者の死後70年間しか保護されません。これを過ぎた著作は“パブリックドメイン”と呼ばれ、著作権としての排他的な権利が消滅し、いわゆる「公有」という立場で、誰もが使用できるものになるということも忘れてはならない重要なことです。この事実を隠して、すでにパブリックドメインになっている著作権をライセンスアウトしているライセンサーもいるかもしれないのです。

著作権の保護期間は、日本では長年の間50年でしたが、現在では2019年の著作権法改訂により米国、EUなどと同じ70年となっています。映画や写真、また無名または変名の著作物の保護期間は、著者の死亡時からではなく、著作品の公衆への提供時から保護期間が計算されることになっていますが、日本でもこの権利に関しては、すでに2004年1月1日から映画の著作物の著作権の保護期間を公表後50年から70年に延長する改正著作権法が施行されています。この著作権保護に関しては、2003年12月31日でちょうど50年を迎える1953年公開の映画作品が、前述の改正著作権法の法的解釈の狭間に落ちた形になり、70年に延長されずにパブリックドメインとなってしまったことは、ニュースでも盛んに取り上げられたので覚えている方も多いでしょう。この年は西部劇「シェーン」やSF「宇宙戦争」、小津安二郎監督の「東京物語」などの名画が多く封切られており、映画関係者の間では「53年問題」と呼ばれました。この結果、オードリー・ヘップバーンの「ローマの休日」なども、現在では激安のDVDで販売されるという状況になっています。私としては、この問題を引き起こしたのは、文化庁が改正著作権法をこのような当然起こりうるケースの想定をしないまま立法し施行したことにあると思います。

いずれにしろ、著作権の存在については、不審な点がある時は、ライセンサーなり、ライセンサーから営業の権利を委託されているライセンスエージェントに、詳細をしつこいほどに質問し疑義を晴らすことが必要です。また、著作財産権自体が他者に譲渡され、その所有者が変更している場合は、文化庁に所有移転の登録がなされている場合もあります。これも確認のひとつの方法で、弁理士に依頼すれば調査できます。一方、インターネットや業界誌、弁護士、コンサルタントなどを利用して著作権の存在を自身で確認する努力も必要でしょう。

2—著作権を確立するのに登録は不要

あなたが著作者自身の場合で、まだ有名でない生まれたての著作をもっていたとしましょう。これを権利として確立するには、できるだけ不特定多数の多くの人を対象に公共の場所で発表することです。最も良いのは何らかの展示会やトレードショーにおける発表ですが、それが不可能な場合にはインターネットの自分自身のサイトや、公共性のあるサイトに発表するというのも次善の策となります。一方で、インターネットで「著作権登録」というキーワードで検索しますと、多くの「著作権を登録します」という文章が載ったサイトが多数検索されます。この多くが、司法書士事務所によるもので、文化庁や民間団体への著作権登録を推薦しているものが多くあります。この内容がすべておかしいと言うつもりはありません。コストが高い著作権を他者に譲渡した際などに、譲渡を受けた者（譲受人といいます）は、著作者の二重譲渡を防止する意味で文化庁への登録を行うことはやっておく意味があると思いますが、このような登録は著作権の成立とは何の関係もありません。著作権はあくまで著作が行われた時点で確定するのです。ですから、本書でお話ししている著作権のライセンスについ

図表 8-1　米国の著作権登録証

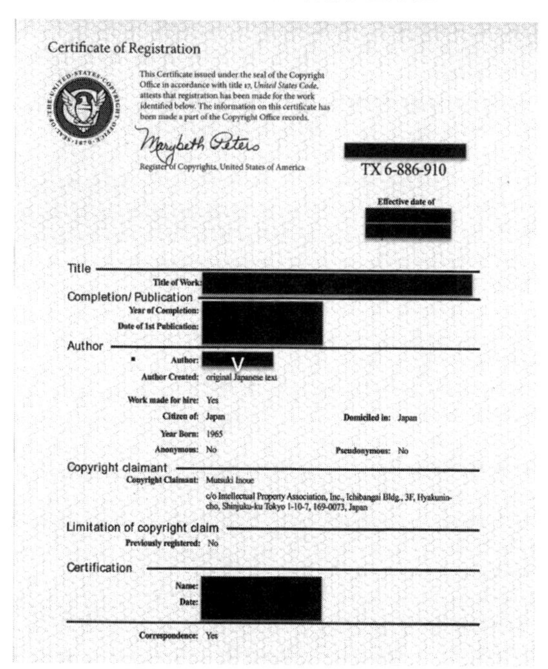
Certificate of Registration

This Certificate issued under the seal of the Copyright Office in accordance with title 17, *United States Code*, attests that registration has been made for the work identified below. The information on this certificate has been made a part of the Copyright Office records.

Register of Copyrights, United States of America

TX 6-886-910

Effective date of

Title
Title of Work:

Completion/ Publication
Year of Completion:
Date of 1st Publication:

Author
Author:
Author Created: original Japanese text
Work made for hire: Yes
Citizen of: Japan　Domiciled in: Japan
Year Born: 1965
Anonymous: No　Pseudonymous: No

Copyright claimant
Copyright Claimant: Mutsuki Inoue
c/o Intellectual Property Association, Inc., Ichibangai Bldg., 3F, Hyakunin-cho, Shinjuku-ku Tokyo 1-10-7, 169-0073, Japan

Limitation of copyright claim
Previously registered: No

Certification
Name:
Date:

Correspondence: Yes

ては、この文化庁への著作権登録は不要の場合がほとんどです。なかにはこの登録申請の手数料に何十万円も請求したり、キャラクターの図形を後述する「図形商標」(これもほとんどの場合不要です）として登録することを強く勧める弁理士や司法書士などもおりますので、充分に注意をしてください。私としては、著作権をどうしても登録したい場合は、日本ではなく、むしろ米国の著作権登録を行うことをお勧めしたいと思います。米国はベルヌ条約に加盟した1989年までは、著作権はその保護に登録を要する知財権だったのです。

3—親告罪か、非親告罪か

世界の先進国で著作権が親告罪（著作権者のみが提訴できる）である国は非常に少ないのですが、日本は長年の間、その国の一つでした。

しかし2019年の著作権法改訂により、日本の著作権は親告罪から非親告罪（著作権者からの告訴がなくても検察が自由に訴追できる）に変更されました。このことにより、権利侵害品の取り締まりは容易になりましたが、一方でコスプレやコミケ、その他の二次著作などで著作権者が黙認しているものに対して規制の輪がかかるのではないかと懸念する向きが強いのも事実です。現在、そのような規制はまだ起きていないようです。今までの著作権法の改定、例えば2012年の違法ダウンロードの刑事罰化でも、そのような懸念は非常に多くありました。しかし実際には同年10月からその改定が実施されたからといって、いきなり刑事罰の取り締まり運動のようなものが起こったことはありません。ただ、著者が本当に望むのは、著作者に自身の著作権の使用を制限付き、あるいは制限なしに解放する意向がある場合、著作権者が“クリエイティブ・コモンズ”のような意思表示の方法でそれを社会に知らしめ、その意思を法務の執行者も重んじるという枠組みを次のステップで作ることです。

8

4―商標権の確認方法

あなたが、ライセンシーまたはライセンスエージェントの立場で商標プロパティをリースされる立場にあったら、まずはその商標が自身が使おうとしている商品カテゴリーをカバーする商品区分で特許庁にきちんと商標登録されているかの確認が必要になります。商標の登録が完了していれば、プロパティの所有者のもとには、立派な「商標登録証」という証明書が特許庁長官の名前で届いているはずですので、そのコピーを見せてもらうことで確認ができます。その商標が未だ登録の過程にある場合は、時系列的に下記の順で通知が出ているはずです。

4-1　商標登録出願控および特許庁による受領証

これは、通常弁理士を通じて特許庁に商標の登録を出願した際の出願書の控えと、それを特許庁が受け取ったという書類であり、何ら、商標の登録自体を証明するものではありません。ただし、これに弁理

図表8-2　商標登録証の例

商 標 登 録 証
(CERTIFICATE OF TRADEMARK REGISTRATION)

登録第４８４ＸＸＸ号
(REGISTRATION NUMBER)

商標(THE MARK)

商標 XXXXX

指定商品又は指定役務並びに商品及び役務の区分(LIST OF GOODS AND SERVICES)

第２５類　洋服，コート，セーター類，ワイシャツ類，寝巻き類，下着，水泳着，水泳帽，和服，ずきん，すげがさ，ナイトキャップ，ヘルメット，帽子，ガーター，靴下止め，ズボンつり，バンド，ベルト，履物，仮装

その他別紙記載

商標権者(OWNER OF THE TRADEMARK RIGHT)

神奈川県

株式会社

出願番号(APPLICATION NUMBER)　商願２００４－０５

出願年月日(FILING DATE)　平成１６年　(June 24.2004)

この商標は、登録するものと確定し、商標原簿に登録されたことを証する。
(THIS IS TO CERTIFY THAT THE TRADEMARK IS REGISTERED ON THE REGISTER OF THE JAPAN PATENT OFFICE.)

平成１７年　(March 18.2005)

特 許 庁 長 官(COMMISSIONER, JAPAN PATENT OFFICE)

士、または商標調査コンサルティング会社の「調査報告書」が添付され、該当する商標または類似する商標の他者からの登録および出願状況が分かれば、ある程度、その商標の登録の可能性は分かります。

4-2 特許庁による登録査定書と登録抹消のケース

これは、特許庁が上記 4-1 で提出した出願書を審査した後に登録の拒絶の理由の有無を知らせてくるもので、拒絶理由が無い場合、期日までに登録の手続きをすれば、登録が完了します。この書類はかなり強い、「登録の証明の代用」になると考えてよいでしょう。ただし、出願がなされてからこの書類が届くまでに 6 カ月から 9 カ月かかります。しかし、上記の書類が全部揃っていても、やはりまだ不安要素はあるのです。それは次のような場合です。

① 一旦登録は完了したが、その後存続期間の更新申請や更新料の支払いをしていないために登録が抹消されている場合

② 商標登録後、他者よりの「商標登録意義申立」により商標登録が抹消された場合

商標登録後、特許庁による公報掲載が行われますが、これに対して他者より「商標登録異議申立」があり、これが認められ商標登録が抹消された場合があります。これは要注意です。以前は、公報掲載を経てから登録がなされていたので、その情報をいまだに頭に入れている読者の方がいたら、ぜひこの機会に「登録で商標保護が完成したわけではない」ことを覚えてください。

商標権付与後の登録異議申立制度（以後、「登録異議申立制度」という）は、商標の早期権利付与を促進するため、出願公告制度及び商標権付与前の登録異議申立制度を廃止する一方で導入されたものです。

商標法第 43 条の 2 によると次のように記されています。

■ 登録異議の申立

何人も、商標掲載公報（筆者注：登録後に発行される商標公報）の発行の日から二月以内に限り、特許庁長官に、商標登録が次の各号のいずれかに該当することを理由として登録異議の申立てをすることができる。（中略）指定商品又は指定役務ごとに登録異議の申立てをすることができる。

つまり、商標登録証の発行後でも、他者からの異議申立が正当なものであると認められればその商標登録は抹消されてしまうわけです。

③　商標権に専用使用権が設定されている場合

専用使用権とは、登録権者が認めた他者が、登録商標を独占的に使用できる権利です。期間、地域、使用範囲などが設定でき、特許庁が備える登録原簿に登録が必要となりますが、この専用使用権が設定されると商標権者でも通常使用権といわれるライセンス契約などの権利のリース行為は一切できなくなります。

④　他者より、不使用取り消し審判が請求されている場合

これについては後で述べます。

このように、複雑でまた、かなりの頻度で改定される商標法のもとに、今その商標がどのような状態になっているのかは、(独)工業所有権情報・研修館のホームページ

▶特許情報プラットフォーム（J-PlatPat）(https://www.inpit.go.jp/j-platpat_info/)

で調べることができます。このサイトでは、商標登録番号や商標名が分かれば下記のような検索などがウェブ上で可能です。

▶商標出願・登録情報
▶称呼検索
▶図形商標検索
▶ウィーン図形分類リスト
▶商品・役務名リスト
▶日本国周知・著名商標検索
▶不登録標章検索

また、このサイトからは、審判の検索や、意匠の出願、登録の検索もできます。使い勝手がよいとはいえませんが、慣れれば大変便利なものです。

5―商標権を登録する

一方、あなたがプロパティの所有者側で、商標をこれから登録するという場合も、この特許情報プラットフォームサイトでの検索で、そ

の商標がすでに他者によって出願や登録がされていないか、ある程度のことが分かります。「ある程度」といったのは、出願された商標がサイトに載るのに時差があるのと、その商標と非常によく似た商標の検索まではなかなか難しいからで、これはやはり弁理士の手を煩わせねば、正確性を期すことはできません。

では、どのように商標を登録すればよいのでしょうか？　まず、商標をどの商品区分で登録するかですが、費用に制限がないのであれば、45ある商品区分の全類での登録をすることがベストであることは間違いありません。しかし、1区分を弁理士を通じて登録すると16万円から18万円くらいが登録料と手数料などでかかりますので、45全類で登録するとかなりの費用が生じてしまいます。このため、通常はライセンスアウトできる可能性の高い商標区分を5～10くらいリストアップして順に登録出願をしていくことをお勧めします。後掲（p.122）の商標区分のリストで☆印を付けた類が、およそライセンスビジネスでは、優先度の高い商品区分ですが、プロパティとなる商標によっては、喫煙用具はライセンスしないなど、除外してよい類もあると思います。また逆に、上記にプラスして登録しなければならない類もあるかもしれません。このことは、信頼できる弁理士と入念な話し合いをすることが必要です。ここで気を付けなくてはいけないのは、弁理士に対して「何類での登録を希望する」という伝え方ではなく、ライセンスアウトする可能性のある商品アイテム名をすべて書き出し、それを渡すということです。

同じような商品でも商品区分が違うということもあります。例えばキーホルダーなど、金属と皮の量の違いによって、商品区分が変わります。そして、それらの商品アイテムのライセンスされる可能性と優先度、トータルでの登録にかけられる予算なども含めて弁理士に相談することをお勧めします。

例えば、実際にライセンスアウトされる商品区分は5つほどになると予測されるが、それが何になるかが分からない場合などは、登録の申請は可能性を広げて10くらい行い、6～9カ月後の特許庁からの登録査定の返事が届いた時点で、本当に登録しなければならないものだけ登録し、後は登録をしなければその分の無駄な登録費用はかからなくなるのです。

申請し拒絶されなかったからといって必ず登録をしなければならないということはありません。こういうことも弁理士と正直に話し合える環境を作っておくことが大事です。ただし、日本での商標登録は「先願主義」となっており、早く出願した方から優先して審査されます。米国などは「先使用主義」を取っており、先に使用している者に登録の優先権があります。この考え方の違いにより、日本では実際に使用していない商標でも登録の出願ができますが、米国や英国では、原則として使用していない商標は登録できません。

6—商標の種類

商標には、文字、図形、記号といった平面的なものの他、平成8(1996)年からは「立体商標制度」が設定されました。これにより特徴的な商品の形状、包装、店舗の立体的な看板など、立体的形状からなるものも商標登録の対象になりました。

しかし、ライセンスビジネスにおいて、登録の必要性があるものは平面商標の場合がほとんどです。このひとつひとつについて述べることは、本書ではしませんが、ライセンス業界に長くいる人でも誤解している点があるので、それについては次に述べておきたいと思います。

その誤解とは、図形商標と著作権との混同です。図形商標とは、その名の通り文字を含まない平面図形のみで構成される商標ですが、その図形は写実的に図案でも幾何学的なグラフィックでもさまざまなものが登録できます。

登録できない図形は、国旗や国の紋章、記号、国際機関の商標などと、すでに登録されている図形です。もちろんキャラクターなども図形ですので、商標として登録できます。この図形商標の登録がイコール著作権の登録であると勘違いしたり、あるいは悪意をもってそのように見せかけたりしている人もいるのです。図形商標はあくまで類似しているものが登録されていなければ登録は可能なので、その登録は著作権の確立とは何の関係もないのですが、これを混同して自社のキャラクターをすべて図形商標として登録している会社も見受けられ

写真 8-1　複合商標の例

© のたね

8

ます。

キャラクターの商標を登録するのであれば、図形ではなく、そのキャラクターの名称を文字商標として登録する方が実際の役に立ちます。とくに、アパレル（第 25 類）などは、キャラクターの図柄にその名称も大きくプリントされたりする場合が多いので、文字商標の登録は必須といえます。そしてその際に、キャラクターの図柄とともにその名称を一緒に登録することができます。これを複合商標といいますが、複合商標の登録は文字商標を補完するケースもあり有意義な場合も多々あるのです。

また、コーポレート＆トレードマークライセンスのコンサルティングをしていると、そのライセンサーの商標の登録状況を見ることがありますが、同じ文字商標を、ローマ字、英文、ひらがな、カタカナ、さらには字体のデザインの違いで、いくつも登録している場合がありますが、これは原則としてひとつの読み方で読める文字で登録すればそれですべてがカバーできます。これも、登録する方は気付いていないかもしれませんが、文字のデザインや表現を著作として捉えてしまった結果の過ちということです。

7—新しい商標

2014年3月の閣議決定では、新しい商標が登録の対象になりました。「人の知覚によって認識することができるもののうち、文字、図形、記号、立体的形状若しくは色彩又はこれらの結合、音その他政令で定める商標」というのがその決定の主な内容ですが、実際には、2小節程度の音（コマーシャルなどで聴く「ジングル」と呼ばれる効果音のような音楽）や、色彩で構成された商標などが保護対象となった、商標法の改定がまもなく行われると思います。米国では、有名なオートバイの"ハーレーダビッドソン"の図太いエンジン音もすでに登録されて、おもちゃなどにライセンスされています。この新しい商標はライセンスビジネスも広げることになるでしょう。

8—使わないと消えてしまう？　登録商標

商標を無事に登録し終わっても、その権利者がこれを実際に使用しないと登録が取り消されてしまうことがあります。ライセンサーはこのことには常に留意しなくてはなりません。

商標法第50条には、

- 継続して三年以上日本国内において商標権者、専用使用権者又は通常使用権者のいずれもが各指定商品又は指定役務についての登録商標（中略）の使用をしていないときは、何人も、その指定商品又は指定役務に係る商標登録を取り消すことについて審判を請求することができる。

と明記されています。日本は、商標は「先願」および「登録」主義を取っており、米国のように使用をしてないと商標を登録できないということはありませんが、「使用の意思」があることは登録の前提となっており、これにもとづき3年間継続して使用していない時には、第三者の特許庁への上記のような不使用商標の登録取消審判の請求の機会を与えてしまうことになります。

そして、この審判を受けて、商標の使用があったことを証明する義務は、取消を求めた者にあるのではなく、登録の権利者にあります。

ライセンスビジネスの業界内で、このような不使用商標の登録取消審判が起こされる場合は、請求者は、その商標を自身で欲していることが多く、一方で登録の権利者に、その商標の譲渡の交渉を求めてくることも多くあります。

この場合、権利者に今後の使用意思がないのであれば、その交渉に乗って商標を譲渡することも充分考えられます。しかし、使用は実際にしていないのだが、どうしても商標を維持したいという場合には、請求が起きてから急いで商品化をして、いわゆる「駆け込み使用」でこの場を切り抜けようとする例も見られます。

しかし、この「駆け込み使用」の立証は請求人にあり、多くの場合立証されてしまいます。不使用商標の登録取消審判の請求を知ってからの商標の使用は、正当な使用とは見なされないのです。また、近年中には、商標権者に対して特許庁が使用の証拠の提出を毎年求めるようになるといわれています。

というわけで、本当に必要な商標は必ず「使用すること」が必須です。企業の法務部などで、商標の登録と更新を繰り返すのみで、その使用についてチェックをしてないところを見かけますが、このような場合は、いつ何時、不使用商標の登録取消審判の請求の対象になるかもしれないという大きなリスクを抱えていることになります。

そのため、自身がその使用をできない場合に、ライセンスアウトすることで他者に商標を使用させることは、商標登録を守る大変有効な方法にもなるわけです。ちなみに、この場合には生産販売されたライセンシーの商品のサンプルと、それが生産販売された時期を客観的に示すロイヤルティレポートや、承認手続きを行ったメールやレターが商標使用の証拠として有用です。

9—商標区分とは

商標法では、商標のグループを「類似商品・役務審査基準」で定めており、商品で34、役務で11、全部で45の商標区分があります。次のリストはその45の商標区分ですが、とくにライセンスビジネスで使われることが多い区分には、頭に☆印を付けてあります。

図表8-3　商標区分

類	内容
第1類	工業用、科学用又は農業用の化学品
第2類	塗料、着色料及び腐食の防止用の調製品
第3類	洗浄剤及び化粧品
第4類	工業用油、工業用油脂、燃料及び光剤
第5類	薬剤
第6類	卑金属及びその製品
第7類	加工機械、原動機（陸上の乗物用のものを除く。）その他の機械
第8類	手動工具
☆第9類	科学用、航海用、測量用、写真用、音響用、映像用、計量用、信号用、検査用、救命用、教育用、計算用又は情報処理用の機械器具、光学式の機械器具及び電気の伝導用、電気回路の開閉用、変圧用、蓄電用、電圧調整用又は電気制御用の機械器具
第10類	医療用機械器具及び医療用品
第11類	照明用、加熱用、蒸気発生用、調理用、冷却用、乾燥用、換気用、給水用又は衛生用の装置
☆第12類	乗物その他移動用の装置
第13類	火器及び火工品
☆第14類	貴金属、貴金属製品であって他の類に属しないもの、宝飾品及び時計
第15類	楽器
☆第16類	紙、紙製品及び事務用品
第17類	電気絶縁用、断熱用又は防音用の材料及び材料用のプラスチック
☆第18類	革及びその模造品、旅行用品並びに馬具
第19類	金属製でない建築材料
☆第20類	家具及びプラスチック製品であって他の類に属しないもの
☆第21類	家庭用又は台所用の手動式の器具、化粧用具、ガラス製品及び磁器製品
第22類	ロープ製品、帆布製品、詰物用の材料及び織物用の原料繊維
第23類	織物用の糸
☆第24類	織物及び家庭用の織物製カバー

☆第 25 類	被服及び履物
第 26 類	裁縫用品
第 27 類	床敷物及び織物製でない壁掛け
☆第 28 類	がん具、遊戯用具及び運動用具
第 29 類	動物性の食品及び加工した野菜その他の食用園芸作物
☆第 30 類	加工した植物性の食品（他の類に属するものを除く。）及び調味料
第 31 類	加工していない陸産物、生きている動植物及び飼料
第 32 類	アルコールを含有しない飲料及びビール
☆第 33 類	ビールを除くアルコール飲料
☆第 34 類	たばこ、喫煙用具及びマッチ
第 35 類	広告、事業の管理又は運営、事務処理及び小売又は卸売の業務において行われる顧客に対する便益の提供
第 36 類	金融、保険及び不動産の取引
第 37 類	建設、設置工事及び修理
第 38 類	電気通信
第 39 類	輸送、こん包及び保管並びに旅行の手配
第 40 類	物品の加工その他の処理
☆第 41 類	教育、訓練、娯楽、スポーツ及び文化活動
第 42 類	科学技術又は産業に関する調査研究及び設計並びに電子計算機又はソフトウェアの設計及び開発
☆第 43 類	飲食物の提供及び宿泊施設の提供
第 44 類	医療、動物の治療、人又は動物に関する衛生及び美容並びに農業、園芸又は林業に係る役務
第 45 類	冠婚葬祭に係る役務その他の個人の需要に応じて提供する役務(他の類に属するものを除く。)、警備及び法律事務

Chapter

9 ライセンスビジネスの戦略—ステップ3 強い契約交渉と確かな実務

ここからは、実際のライセンスの契約に向けて、いろいろなビジネス上のルールを知りながらその交渉を自らに優位になるように戦略的に交渉し、さらにこの契約に基づいて実務をどのように行うかについてお話をしたいと思います。ここで取り上げる事項は、ほとんどがライセンス契約書（商品化権許諾契約書）に盛り込まれるものばかりです。

1—契約期間

契約期間は契約書の筆頭部分に記載される重要な項目ですが、単にいつからいつまでと決めればよいと単純に解釈していると大間違いで、さまざまな落とし穴があるのです。とくにライセンシーやエージェントには要注意事項です。

まず、単純なライセンス契約、つまりライセンシーとライセンサー、またはライセンスエージェントとの契約の場合は、だいたいは年単位で、1年から3年くらいの契約になるのですが、ライセンスビジネスの場合、ライセンシーが製造販売業者として、商品を発売するための準備期間が相当長期にわたるということを忘れてはなりません。この準備期間を何らかの形で契約期間に加算しておかないと、契約したライセンシーは1年間の契約をしたのに、実際に商品を販売できたのは3カ月しかなかったというようなことになってしまいます。例えば、最も準備期間が長いアパレルのライセンス商品の場合、商品発売までの期間は図表9-1のように約8カ月から9カ月間かかります。

図表 9-1　アパレルのライセンス商品の発売までの準備期間

ライセンス契約およびライセンスマニュアルの付与
↓（1カ月）
ライセンシーよりライセンサーへ商品デザインの提出
↓（2週間）
ライセンシーよりライセンサーへ商品デザイン承認と変更要請
ライセンシーによるデザイン変更
↓（2週間）
ライセンシーからライセンサーへの商品デザイン再提出
↓（1週間）
ライセンシーからライセンサーへ商品デザイン最終確認
ライセンシー、プロトタイプサンプルの作製
↓（1カ月）
ライセンシーからライセンサーへプロトタイプサンプル提出
（下げ札、パッケージなどもプロトタイプ提出）
↓（2週間）
ライセンシーからライセンサーへ商品デザイン承認と変更要請
ライセンシーによるプロトタイプ再作成
↓（2週間）
ライセンシーからライセンサーへプロトタイプ再提出
↓（1週間）
ライセンシーからライセンサーへプロトタイプ最終確認
ライセンシー展示受注会または受注営業活動
↓（1カ月）
ライセンシーによる最終生産アイテム確定
本生産開始
↓（2カ月）
先上げ商品納入／品質検査レポートアップ
ライセンシーからライセンサーへの品質検査レポート提出
↓（1週間）
ライセンサーからライセンシーへ品質検査レポート提出
↓（2週間）
本製品納入
製品検査、値札付けなど
↓（1週間）
商品発送開始

この準備期間を、契約の１年目には必ず加算しておかないと、ライセンシーにとってはフェアな契約になりません。２年目以降も契約が間断なく続く場合は、各年の契約期間はカレンダー通りの１年でよいのですが、アパレルの場合であれば最初の年は１年８カ月ないし１年９カ月の契約とするべきなのです。プロトサンプルなどを海外で生産した場合に、税関などで商品自体が不正商品のそしりを受けて入管でストップするなどの不都合が起きることもありますが、その場合でも上記のように準備期間を入れた契約書を提示すれば、商標使用の根拠として通用します。

また、エージェント契約や、マスターライセンシー契約では、エージェント、マスターライセンシーは、その契約を再度第三者（サブライセンシーなど）と再契約することになります。エージェントが紹介だけを行い、第三者が直接ライセンサーと契約する場合には、その必要はありませんが、自身が第三者との契約に調印する場合は、その再契約の契約期間の終了時に、自身とライセンサーの契約（原契約）が有効であることが重要となります。

例えば、マスターライセンシーで３年度（実際には上記の例にならって、３年９カ月の契約期間）の契約を2022年の12月31日までライセンサーと結んでいる企業は、そのサブライセンシーとの再契約は、必ず2022年の12月31日までに終了するようにしなければならないのです。そうなると、最短でも１年間という契約期間はサブライセンス契約にも必要ですから、逆算すると2022年の１月１日以降は、マスターライセンシーはサブライセンス契約の営業行為はできないということになってしまいます。

そこで、これを回避するために、2022年末でマスターライセンシーとライセンサーの契約が自動更新になることをサブライセンス契約書でうたったり、これが無効になった場合はライセンサーとサブライセンシーが直接契約するなどの、いろいろな代替案が考えられて、契約書への記載に用いられます。

しかし、ミニマムロイヤルティやアドバンスロイヤルティを約束し、支払うライセンシー、つまり金額的なリスクを負うライセンシーから見た場合には、契約の相手先の原契約たるエージェント契約やマスターライセンシー契約が、いつまで有効なのかを明らかにしてもらい、その契約の終了後にわたるサブライセンス契約はしない方が賢明であるといえます。

一方、エージェントやマスターライセンシーは、このような状況が起こりうることを理解していれば、ライセンサーと自身の契約が1年や2年のものでは、実際に商売ができる期間が短すぎて、契約そのものが役に立たないということが分かるでしょう。最低3年、通常は5年、場合によっては10年という契約期間も珍しくはありません。エージェントやマスターライセンシーにはそのぐらいの長期のスパンでのビジネス展開ができる体力と契約が必要なのです。

また、契約の更新についても終了の1カ年前には合意し、その合意書（letter of intent）にもとづき、契約の最終年もサブライセンスの営業ができるようにし、サブライセンシーに迷惑や疑義を生じさせないようにすべきです。このように、一見単純に見える「契約期間」ですが、実はさまざまな要素の上に成り立つべき項目であり、あなたの立場により熟慮して契約先との交渉に臨むようにしてください。

9

2―契約地域

この項目も通常は「日本」と決めてしまえばそれで万事OKということになりそうですが、そう単純でないのは「契約期間」と同じで、どのパーティーにとっても重要な事項です。

まず、その地域が販売地域か製造地域かの問題があります。通常は販売地域についてのみ規定し、製造する場所については規定しないことが多いのですが、昨今の食の安全問題などに鑑みて、製造地域についても規定のある場合があります。製造地域に規定があるということは、ライセンシーにとってはコストに重要な影響を生じることになりますので、契約書に単に「契約地域」という項目がある場合は、よくライセンサーと話し合いをして、それが絶対に必要なのかを確認することです。この1項目だけで、実際契約が可能かどうかが決まるケースもあり得ます。そして、項目名が、単に「契約地域」とだけあり、これを補足する項目がない場合は、後での誤解を避けるために、できるだけ「販売地域」という言葉に置き換えるようにした方がよいと思います。

また、販売地域についても、日本だけでなく、中国や韓国、あるいは米国、EU などが入ってくる場合があります。これについては、ライセンシーがぜひそのような国でも販売を行いたいと希望して、契約の販売地域を拡大した場合には、ライセンサーは売上げも拡大するので、これを歓迎する傾向が強いのです。しかし、販売地域を拡大するということは、その地域におけるライセンサーの責任も拡大するということになるのです。すなわち、日本以外での商標の登録は行われているか、はたまた、他者の商標登録を侵害していないか、また、自身がその地で商標登録をしていたとしても偽物などの権利侵害品が出てきた場合に、対策を取れるのか、などということです。

とくに、ここ 20 年ほど、日本で契約されるライセンス契約の販売地域にも「中国」が入るようになり、そこでは前述したように、侵害品の駆逐が難しいために、今、多くのライセンス契約書では、中国が販売地域にあろうとなかろうと、ライセンサーの侵害品に関する項目は、次のようになっていることが多くなりました。

■権利侵害に対する対応

1. 本プロパティに対する知的財産権またはその他一切の権利が第三者により侵害されまたはその危険が生じたときは、甲が、その費用負担において、これに対応する権利を有する。

これは、もともとは権利ではなく義務だったのです。ですから、販売地域が日本だけの場合、「権利」を「義務」に変更するようにライセンシーはライセンサー、エージェントに求めることをやってみる価値はあると思います。

また、逆にライセンサーとしてライセンシーの販売地域を日本だけに限定したい場合は、販売地域を「日本」とするだけでは不充分なこともあります。つまりライセンシーが、直接海外に商品を売るのではなく、海外への輸出を事業とする企業に日本国内でライセンス商品を卸し販売するのを防止できないからです。これを防ぐには、契約上に「本契約地域外への販売の禁止」というような条項を追加し、そのような行為の禁止を明記すべきです。

3—ロイヤルティ：料率と支払方法

ライセンスビジネスの契約で、おそらく最も重要なのがこの項目、「お金」です。英語では、"royalty" という綴りになります。「印税」と和訳されることが多いのですが、ちょっと違う意味合いです。これはあなたが、ライセンサー、エージェント、ライセンシーのどのパーティーであっても、一番注意深く吟味しなくてはならないポイントであることは間違いありません。

もともとは royalty という単語は、「王位」とか「王の尊厳」という意味です。ですから、ライセンスビジネスで使われている「ロイヤルティ」は「絶対的なものへの支払い」というような意味に近いと思われます。かなり多くの本や専門家の文章などでも間違いが多く認められるのは、同じ英語でも "loyalty" に捉えられているケースです。「忠実」とか「忠義」を表すこの「ロイヤルティ」も、意味としては近いものがあるために、誤用が起きると思います。ライセンスビジネスのロイヤルティは "R" のロイヤルティと覚えてください。

9

3-1　料率と課金方法：販売ベース

ロイヤルティは、通常生産または販売の金額に乗じて算出されます。その率は、希望小売価格の2%程度からから7%程度、卸売価格に換算しますと、倍の4%から14%程度とかなりの開きがあります。もちろんその差は、プロパティの人気から発生するものです。人気のあるプロパティのロイヤルティ料率が高くなるのは経済の原理が働いているということです。ロイヤルティの算出方法で、最もライセンサーに有利なのは、希望小売価格（上代ともいいます）に対してその料率を定めることです。この方法を取ると、ライセンシーが実際にその商品を売った金額と関係なくロイヤルティは一定になります。シーズンの後期になってバーゲン用に低い卸売価格で売ろうと、店頭で商品の値引きがあろうと、そのようなことに関係なく、希望小売価格、いわゆるカタログ価格に対する料率で、ライセンサーは一定のロイヤルティを受け取ることができるからです。例外は、そのバーゲン時期などに小売価格の変更があり、これが公式に新しい希望小売価格となった場

図表 9-2　ミニマム＆アドバンスロイヤルティ

・ミニマム=アドバンス（先払い）
・希望小売価格基準
・生産に課金
・アドバンス四半期ごと生産
・ミニマム年度末精算
・卸売金額基準
・目標売上高のみ設定
・ミニマム／アドバンス無し

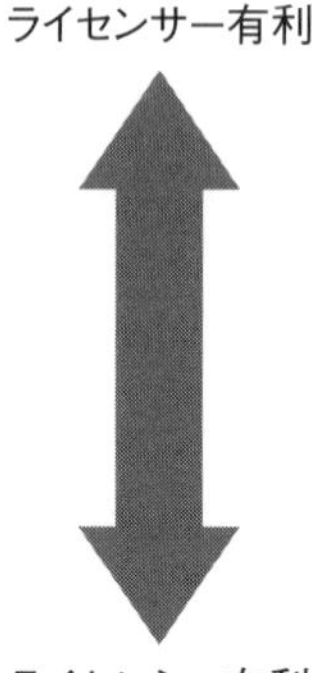

合です。希望小売価格とは、その名の通り、ライセンシーがリテールに対して希望する小売価格であり、ライセンサーも、ライセンシーが希望小売価格を変更した場合に、一定の価格を強制すれば法に反することになりますから、それを拒否することはできません。拒否すれば、最近ニュースになったコンビニの値引販売の問題のように公正取引委員会から注意を受けることになります。

一方、相対的にライセンシーに有利となるケースが多いのが、卸売価格（下代ともいいます）に対して料率を乗じてロイヤルティを算出する方法です。欧米では、希望小売価格というものが存在しない場合が多く、この方法が一般的です。日本でも最近、実際の卸売金額をもとにロイヤルティを算出する方法が増えてきています。この卸売価格に料率を乗じてロイヤルティを算出する方法の場合は、ほとんどが販売時でのロイヤルティ課金になりますが、その時に返品や値引きを含むかどうかも、契約時にはっきりさせなければいけない点です。ライセンシーに対するリテールからの返品や値引きも、海外にはない商習慣ですが、日本の場合はその額はあなどれません。もちろんライセンシーにとっては、返品値引きを含む、つまりその額を除した金額（これを純売上 /net sales といいます）からロイヤルティを算出する方がトータルの金額は低くなるわけですから歓迎できます。しかし、1年を通じて見た場合、ある月や四半期においては、返品が納品より多く発生する可能性があり、ライセンサーはこの場合、ロイヤルティを理論上は返還するべき事態となり、混乱を生じるという理由で、ライセンサーは返品値引きを含まない総売上（gross salesといいます）にロイヤルティを課す方法を主張することが多くなります。

また、純売上をロイヤルティ課金の基準とすることに合意した場合でも「いかなる場合でもいったん支払われたロイヤルティは返還されない」などの文言を契約書に入れて、返品に対応したロイヤルティの返還を防ぐケースも一般的です。純売上への課金は、実は欧米では大変一般的なのです。なぜなら、欧米では返品や値引きが2級品など以外ではほとんど発生しないので、総売上と純売上は、ほとんど変わらないのです。また、返品や値引きがないため、アイテム別の売上明細や、それに対応する証拠となる納品伝票なども比較的容易にライセンシーからライセンサーへ提出できるのです。ところが、日本のように、返品や店頭での値引き、シーズンの納入分の何パーセント引きというようないわゆる「歩引き」などがあると、1品1品の単価が分からなくなってしまい、ライセンシーには悪意がなくても、アイテム別の売上げ高やその証拠が出せなくなってしまうケースが多いのです。

そのため、この方式を日本で取るためには、相当に細かいところまでをライセンサーとライセンシーで取り決めるか、あまり細かいところまでは気にしないかというような、契約実態になってしまうことが多いようです。

3-2　料率と課金方法：生産ベース

昨今は上記の2つのロイヤルティ課金の方法のどちらを取っても、報告や、算出方法、その証拠となる書類の提出などに煩雑な手数がかかる実情を踏まえて、ライセンサーとライセンシーが合意の上に、生産価格を基準としてロイヤルティを算出するという第三の方法も現れてきています。生産価格には金額の低い順に下記の4種類があります。

① 工場出し価格（ex-factory price）：文字通り工場から出荷される際のコスト金額です。

② 船積み金額（FOB/free on board）：上記の工場出し価格に、空港もしくは港までの運賃と積載に掛かったコストを足したもの

です。

③　荷下ろし金額（CIF/cost, insurance, freight）：上記の船積み金額に、運賃、保険、関税などを加えたものです。

④　入荷価格：最終的なライセンシーへの入荷価格です。上記の荷下ろし金額に、商社などの手数料などを加えたものです。

上記の他にもうひとつ、日本ならではのものがあります。

⑤　希望小売価格ベース：値引きなどを一切無視するために、かなりライセンサー有利となります。

これらのうち生産時に生じる価格は、工場や商社、乙仲業者などが商品を扱う際にきちんと管理していますので、必ず出荷伝票なり納品伝票にアイテム名と数量、上記の金額が揃って明記された書類がライセンシーに納められていることが多く、ロイヤルティの算出業務を容易にします。一方で気をつけなければならないのは、生産地によって希望小売価格に対するコストの率が違いますので、料率の決定は非常に難しくなるということです。例えば、同じ商品でも中国で作ればコストは希望小売価格の20％程度で済むのに、日本で作ると35％以上に達するなどという例は珍しくありません。

ですから、この方式を取る場合には、ライセンシーが生産をどこで行い、コストがいくらかかるかを詳細に明示して、ライセンサーと合議してそれを平均化しないと、フェアなロイヤルティ料率は決定できないのです。ただし、いったんロイヤルティ料率が決まれば、ライセンサーにとっては安定したロイヤルティ収入が生産という早い時点で確保できるというメリットがあり、一方ライセンシーにとっては、ロイヤルティ料率の決定の時点で予想される返品や値引きを織り込んでライセンサーと合意できれば、希望小売価格基準のロイヤルティよりはリーズナブルで、また後での算出の方法が非常に簡単なために事務手続きの時間が省け、不用意なロイヤルティの報告漏れなどが起きないという数々の利点があります。このため、米国ではこの方法のロイヤルティ課金が徐々に増えてきていますが、日本も同じ方向に向かっていくのではないかと思います。

3-3 変動制のロイヤルティ

その他のロイヤルティの料率の決定方法に、生産や販売の金額が上がっていくにつれて、その料率を変更するというものがあります。例は多くはありませんが、ロイヤルティの金額が大きな規模になる場合にはこの方法が用いられることも一般的です。ただし、この方法は日本と欧米では大きな違いがあります。日本では生産や販売の金額が上がるにつれて、ロイヤルティの料率を下げるのが一般的ですが、欧米では逆に上げていくのです。前者の考え方は、ライセンシーの功労賞的なそれであり、それだけプロパティのライセンスビジネスに貢献したのだから、一定額以上の料率は低くしてライセンシーのモチベーションを高めるというものです。後者の考え方は、経済学の合理的な考え方で、一定の金額を超えれば、初期投資の減価償却も済み、利益率は高くなるはずだから、その分ロイヤルティも高くするというものです。

どちらが正しいか、どちらが良いかということはいえませんが、このような交渉を日本のライセンシーやライセンスエージェントが海外のライセンサーとする場合に、両者の考えの違いを知っておかなければなりません。日本のライセンシーは「これだけ成果を上げたのだから、そろそろロイヤルティを段階的に下げてもらってもいいだろう」という考え方が顕著であり、この考え方でロイヤルティを下げようと思って契約更改などの交渉に臨むのですが、海外のライセンサーからは逆に「それだけ儲かっているなら、その分のロイヤルティは上げさせてもらおう」という提案が返ってきて、結果的にはロイヤルティが上がってしまったというようなことは実際にも、ときどき耳にすることです。私がコンサルタントとして日本のライセンシーの海外ライセンサーとの契約更改において、事前にしつこく理解させるのはこの点です。

また、まれにはロイヤルティを年間一定の金額にして、実際の商品の生産金額や販売金額を問わないという契約もにあります。このケースは、プロパティの所有者が、比較的自由に契約上事項の決定ができ、かつライセンサーもライセンシーも煩雑な報告などの事務手続きを嫌う場合にのみ成立します。

3-4 プロモーションのロイヤルティ

プロモーションライセンスのロイヤルティは、商品ライセンスのロイヤルティとはやや違った算出方法を取ります。この分野のライセンス商品というべきものは、主に、広告、店頭販促物（ポイント・オブ・セールス・マテリアル/POS)、ノベルティ／プレミアムなどがあります。広告は、テレビ、雑誌、新聞、ラジオ、チラシ、ポスター、看板などのいろいろな形態があり、ロイヤルティはこの広告の総量により、年間のロイヤルティを一定額として決定される場合が多いようです。

この仕組みは、タレントなどの広告の出演料に非常によく似ており、露出料の何パーセントというような正確な算出方法があるわけではなく、プロパティの人気度、強さと、ライセンシーがそのプロパティを欲する度合いの綱引きも、ひとつの大きな要因となって金額が決まります。そのため、1年間の使用ロイヤルティは、何十万円から何億円と、大きな差が出てくるのが普通だといってよいでしょう。

一方、プレミアムやノベルティと呼ばれる商品については、もう少し合理的な算出方法があります。プレミアムもノベルティもほとんど同じ意味で「景品」と訳されますが、プレミアムは抽選で当たる景品で、「懸賞景品」とも呼ばれるものです。一方、ノベルティは、抽選なしでいわゆる「もれなくついてくる」式の景品で、「総付景品」とも呼ばれます。この場合のノベルティに関しては、プロモーションライセンス契約を結んだライセンシーが、そのプレミアムやノベルティを買う立場（銀行、自動車メーカー、食品メーカーなど、一般的には最終消費者向けの商品を生産販売している企業など）であれば、その企業がプレミアムやノベルティを「購入する」価格が、ロイヤルティ算出の基準価格となります。

逆に、ライセンシーが広告会社やノベルティの制作業者のように、プレミアムやノベルティを売る立場にあれば、その企業から最終消費者向けの商品を生産販売している企業への販売価格がロイヤルティ算出の基準価格となります。両方の場合の価格を共通化して、プレミアム、ノベルティの「調達価格」ということもあります。この調達価格へのロイヤルティの課金は商品ライセンスにおける「生産価格」へのロイヤルティ課金と非常に似ています。これらの商品は、通常一般の市場で販売はされませんから希望小売価格というものはなく、調達価格は「生産価格」に非常に近いのです。そのため、だいたい調達価格の5～6%から20%くらいの大きな幅の中でロイヤルティが決定され、その購入または納入の数量を乗じてロイヤルティが算出されます。この際に、前述の広告のプロモーションライセンスの分野でのロイヤルティがミニマムまたはアドバンスロイヤルティとして設定されていれば、プレミアムやノベルティのロイヤルティはランニングロイヤルティの支払いだけの契約になることが多いですが、もし、プロモーションライセンス契約自体が、プレミアムとノベルティのみをカバーするものであれば、当然、年間計画販売金額の50～70%程度がミニマムロイヤルティとして設定され、その一部はアドバンスロイヤルティとして前払いになるのも商品ライセンスと一緒です。懸賞景品や総付景品に、通常の商品ライセンス契約におけるライセンシーが生産販売するライセンス商品を使うということは、とくに欧米ではよく行われていることです。一般の小売店が総付景品に通常のライセンス商品を使うと、すでにその商品にはロイヤルティが含まれているために、ライセンサーとライセンシー間の契約が簡素化できるというのが、この傾向を後押ししています。しかし一方で、例えば、飲料メーカーがライセンスアウトしているライセンス商品を、その飲料自体を扱っている小売店や卸売店がノベルティとして購入する場合などに、ライセンシーを通じてロイヤルティを支払わなくてはいけないというのが、不合理であるという声がノベルティを買う立場から出てくることがあります。

とくに、販売店や販売代理店がライセンサーたる企業の関係企業や子会社の場合、本来自分たちがもつプロパティを使ったノベルティに、なぜその保有者の関係会社がロイヤルティを支払わなければならないのか、という理由です。この場合、そのような販売店や販売代理店にライセンス商品をノベルティとして販売するライセンシーは、ロイヤルティ分を販売金額から除して、ライセンサーに対してのロイヤルティの支払いを免除するというケースも出てきます。

また、もうひとつの問題は、前述したように、どこの国でも独禁法や景品法で、懸賞景品や総付景品の金額は、元になる商品の何パーセントまでが許されるかが制限されています。例えば日本の場合、小売価格が1000円以下の商品に総付けされるノベルティの金額の上限は200円までです。このノベルティがあくまでノベルティとして、市場で販売されていない場合は、調達価格で200円までのアイテムがノベルティとして商品に「総付け」することが許されますが、ライセンス商品となると、同じ上限200円も「希望小売価格」になりますので、実際的には、同じノベルティでもあまり良いものは付けられなくなってしまいます。

調達価格での200円と希望小売価格での200円は、価値的には2～3倍くらいの差があり、調達価格ベースの商品の方が良いものができるのです。ここまでは割に簡単に理解できることですが、ときどき起こるトラブルは、そのノベルティやプレミアムが非常に好評だと、プロモーションが終わった後、あるいはその最中に、全く同じ商品を、ライセンス商品として一般市場で販売してしまう場合です。そのときのライセンス商品の小売価格は調達価格の約2～3倍くらいになりますので、そのノベルティを使っている企業はいきなり公正取引委員会から呼び出され、景品法違反に問われることがあります。一般市場で売っていない状態では200円と見なされていた商品が、一般市場で消費者向きに販売されると同時に500円なり600円なりの希望小売価格に見なされるのがその原因です。本論とはややずれましたが、意外にこのトラブルは多いので、あえてこの場を借りて説明しました。

3-5 ロイヤルティ報告から支払いまで

ロイヤルティの支払方法には次の3つの方法があることは本書Chapter 2の「用語解説」で説明をした通りです。ミニマム・ギャランティード・ロイヤルティ、アドバンスロイヤルティ、ランニングロイヤルティの3つの方法をミックスして契約上の支払方法が決定され、その案分によってライセンサーとライセンシーの優位性が決まってきます。

●――ロイヤルティの請求と支払時期

ロイヤルティの支払いは、ミニマムロイヤルティとアドバンスロイヤルティは、契約上に定めた日にちに、また、ランニングロイヤルティの支払いは、通常、1カ月ごとまたは四半期ごとに行われます。それぞれの締め日から支払いまでの期間は通常の商品取引などよりも短く、最大でも60日、通常は30日から45日程度で支払わなくてはなりません。このためにはロイヤルティの報告は末日より15日から20日程度でライセンシーからライセンサーに提出され、すぐにライセンサーが請求書を発行する必要があります。海外のライセンサーの中には請求書の発行をせずに、報告されたロイヤルティを期日までに送金することのみを要請するところも多くあります。いずれにしろ、このことはライセンスビジネスでライセンサーが強い立場を保っていることを証明するひとつの事実で、ライセンシーがロイヤルティを手形で支払うなどというのは聞いたことがありません。

●――ロイヤルティの報告

ロイヤルティの報告はその支払いの時期に合わせて、1カ月ごとか四半期ごとに行われるのが普通ですが、実際の販売や生産の状況をライセンサーとライセンシーの間で共有するためには、支払いの時期が四半期ごとであっても、その報告は毎月行われる方がよいと思います。

報告には専用の書式（ロイヤルティレポート：巻末資料参照）を使用し、速報はeメールでもかまいませんが、ライセンサーは、ライセンシーに必ずオリジナルのレポート本紙に、ライセンシーの記入者の署名捺印を入れたものの送付を義務づけるべきです。また、このレポートには、売上げ、生産の数字の根拠となる納品伝票や出荷伝票などのコピーを証拠として添付する必要があります。生産の場合、この証拠書類を準備するのは簡単ですが、売上げの場合で、とくに純売上げの場合、アイテム別の伝票は存在しないことが多く、この場合はライセンシーのコンピューターのアウトプットのコピーなどに経理担当者の捺印などを付したもので代用をします。

しかし、まれに悪意をもって数字をねつ造された場合には、これを発見することはライセンサーやライセンスエージェントにとっては難しいのが実情です。そのためライセンサーは売上げや生産金額の高いライセンシーとは、四半期に一度程度は、必ずミーティングを行い、売れ行きの様子、生産状況、在庫状況などについて質問をし不正をあぶり出します。企画、経理、販売などの担当者に話を聞けば、報告されているロイヤルティレポートの数字が正しくない場合は、だいたい何か不審な点に気付くものです。例えば、アパレルで春に40アイテムを生産して、報告が希望小売価格で300万円発生したとすると、1アイテム当たりの生産金額は8万円程度となります。これは、希望小売価格が2900円程度のTシャツでも1アイテム30枚以下の生産しかなかったことになるのですが、実際のTシャツの最低生産数が30枚ということはかなり少ない部類に入りますので、これが40アイテムもあり、またもしも色数もかなりあるとしたら、ロイヤルティ報告は非常に不自然で、後で述べる監査の対象になる可能性があります。ライセンシーとの頻繁なミーティングは時間を要しますが、このようにしてライセンシーにとって「うるさいライセンサー」という立場をキープしておくことが、公正な報告を受け取るコツでもあります。

●——ロイヤルティの海外送金

ロイヤルティの送金については、送金元と送金先が、日本の国内に限った際には何も難しいことはないといってよいでしょう。ライセンシーが送金手数料を負担して銀行送金で支払うという、至って当たり前な行為が行われるだけです。ここでお話しするのは、日本国内のライセンシーやライセンスエージェントが、海外のライセンサーと契約をしており、海外にロイヤルティを送金するという場合の話です。海外のライセンサーとの契約では、概ねロイヤルティは先方の国の通貨で支払われることになっています。つまり米国ならドルで、EUならばユーロ、英国ならポンドで支払うということになります。これが意外とやっかいなことなのです。

まずは、当然為替のリスクは多くの場合、日本側の企業がかぶることになります。例えば米国の場合、ミニマムロイヤルティの最低額というのはだいたい、1万ドルで、前払いとなるケースが多いのですが、ドル円の相場により、1万ドルが95万円で済む場合もありますし、120万円になる場合もあるのです。そのため、契約時からアドバンスの支払時期までの期間が長く設定されており（各四半期ごとの支払いということになると1年間以上にわたることになります）、かつアドバンス契約の金額が大きい場合には、円が強い時点で、為替の予約をするか、先方と交渉をしてロイヤルティを先払いしてしまう方がよいこともあります。ライセンサーもライセンシーも会計年度が同一内であれば、このような場合に早めにロイヤルティを支払うことに異存はないと思います。しかし、一番簡単で、合理的な方法はライセンシーが、外貨口座を日本の銀行に作り、そこに安く買えたドルなりユーロをプールしておいて、支払いは契約に規定された期日で行うことです。

ランニングロイヤルティは、通常は円で発生した金額を外貨に替えて送るので、日本側には大きなリスクは生じません。ただし契約書には、通常四半期の終了日の何時のシティ・バンクのレート、というように為替レートの取得の日時が細かく指定されている場合があります。このような場合、ライセンスエージェントだと、ロイヤルティの送金までに、ライセンシーへの請求書の発行、入金の確認などで最低でも1カ月は要するでしょうから、ライセンサーから指定された為替レートの取得の日にちから、実際の為替の交換の日にちまでの期間の変動がリスク要因になります。ですから、できることなら、契約書には「送金時点での為替のレートにて算定」と規定すると、このリスクもなくなります。

さらに、海外への送金には、源泉徴収（withholding tax）の問題があります。海外ライセンサーのプロパティにより発生したロイヤルティは日本の非居住者の国内源泉所得と見られますので、通常、20％の源泉徴収の支払いが義務づけられます。ですから、例えば日米間でロイヤルティを送金する場合は、その金額の20％を海外企業の源泉徴収税として税務署に支払い、残りを送金するということになります。

この場合、税務署に「源泉徴収に係わる所得税の納税証明願」（図表9-3）を提出すると、同書類にすぐに納税を受けたことの証明印を押した証明書が交付されます。これを米国のライセンサーに送りますと、日米租税条約に基づき、税額の多くがライセンサーに還付されます。一方、最初に必要な書類を日本の税務署に提出しておけば、この20％の税の支払いさえも免除されます。しかし、このための提出書類を米国のライセンサーから取り寄せるのはかなり面倒なことで、最初

図表 9-3　源泉徴収に係る所得税の納税証明書

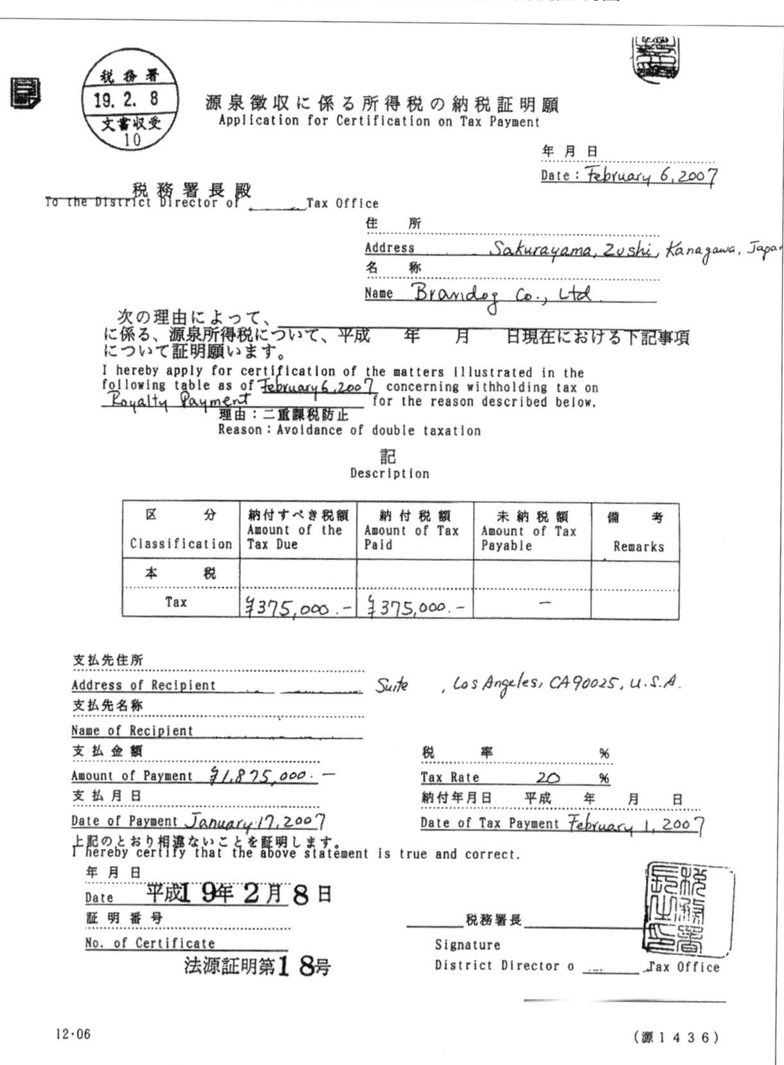

税務署
19. 2. 8
文書収受
10

源泉徴収に係る所得税の納税証明願
Application for Certification on Tax Payment

年 月 日
Date : February 6, 2007

税務署長殿
To the District Director of ______ Tax Office

住所
Address Sakurayama, Zushi, Kanagawa, Japan
名称
Name Brandog Co., Ltd.

次の理由によって、
に係る、源泉所得税について、平成　年　月　日現在における下記事項について証明願います。
I hereby apply for certification of the matters illustrated in the following table as of February 6, 2007 concerning withholding tax on Royalty Payment for the reason described below.
理由：二重課税防止
Reason : Avoidance of double taxation

記
Description

区分 Classification	納付すべき税額 Amount of the Tax Due	納付税額 Amount of Tax Paid	未納税額 Amount of Tax Payable	備考 Remarks
本税 Tax	¥375,000.-	¥375,000.-	−	

支払先住所
Address of Recipient Suite , Los Angeles, CA90025, U.S.A.
支払先名称
Name of Recipient
支払金額
Amount of Payment ¥1,875,000.−
税率 %
Tax Rate 20 %
支払月日
Date of Payment January 17, 2007
納付年月日 平成 年 月 日
Date of Tax Payment February 1, 2007

上記のとおり相違ないことを証明します。
I hereby certify that the above statement is true and correct.
年 月 日
Date 平成19年2月8日
証明番号
No. of Certificate
法源証明第18号

税務署長
Signature
District Director o ______ Tax Office

12・06　　(源1436)

から「書類をそろえるのが面倒だから、20%の源泉徴収を支払って残額を送金し、『源泉徴収に係わる所得税の納税証明』を送ってくれ」という海外ライセンサーの方が実際には多かったというのが私の経験です。このような源泉徴収の相互免除を含む租税条約は米国以外にもEU他多くの国と締結されていますが、かなり頻繁にその内容が変わりますので、いざロイヤルティの海外送金をする場合には国税庁のホームページ（https://www.nta.go.jp/）を参照するべきです。一時、租税条約の改正がよくニュースになり、源泉税の相互免除という言葉だけが大きくクローズアップされた結果、何の書類も出さないまま源泉税を支払わずにロイヤルティそのままの金額を海外に送っている企業を少なからず見かけますが、このような企業は何年かに一度の税務署の調査で送金した金額の20%を一遍に源泉税としてもっていかれることがしばしばです。もともとこの税はライセンサーが支払うべきものですが、ライセンサーもすでに会計年度が終わってしまっている支払済のロイヤルティについては、そこから源泉徴収税分を日本側に支払うということはできない場合がほとんどで、結果としては日本のライセンシーやライセンスエージェントの損金となってしまいます。20%といえばかなりの比率になりますので、海外へのロイヤルティ送金に係わる源泉徴収については、その支払いに関して充分な情報を収集して間違いの起きないように注意をしてください。

4—監査

ロイヤルティが正確に報告されて支払われていること。これは契約の最も重要な部分ですが、これをバックアップしている契約上の項目が英語では“audit”、いわゆる「監査」です。一般的に、この項目は、“All or Nothing（全てか無か）”という感じで契約上扱われていることが多いのです。つまり項目自体が契約に入っていないか、入っている場合は、「ライセンサーはライセンシーの営業時間中いつでも、その帳簿、関係書類を閲覧できる」というちょっと乱暴なものかのどちらかということです。

前者の場合、ライセンサーは当然ロイヤルティの正当性をチェックする術がなくなってしまいますし、後者の場合は、実際に監査がそのように行われるかどうかは別としても、ライセンシーにとって非常に不安で抵抗のある条項となり、契約締結上のハードルとなることも多いのです。やはり、米国で一般化しているライセンス契約のように、

■○日前の通告を以てライセンサーはライセンシーの□□□□の書類を、その提供する部屋を使用して閲覧監査でき、結果として報告されたロイヤルティよりもX%以上多くロイヤルティが実際に発生していた場合には、その差額のXX%（何段階かに分けて規定する）をライセンシーはライセンサーに追加分として支払う。また、XXX%以上の差額が出た場合は、監査にかかった出張費を含む全経費をライセンシーが負担する。

というように具体的な文面にすべきであると思います。

監査の項目は、脅しのために入れるのではなく、実際に何年かに一度は監査を行うことを前提に、ライセンサー、ライセンシーにとってフェアな内容にしておくことが重要です。

以上が、このコーポレート＆トレードマークプロパティのライセンスビジネスにおいて一般的にライセンサーがもつ不安で、これが原因となって、ビジネスに参入することをためらっている企業は多くあります。繰り返しますが、それら不安を解消できるのは、それだけの説得力と実行力のあるライセンスエージェントであり、その存在がキーポイントになると思います。

5—保険

ライセンスビジネスにおいては、ライセンシーは必ず対象となるライセンス商品をカバーする、製造物賠償責任保険への加入が義務づけられています。この契約上の項目の文章は短いので、ここに代表的な文例を挙げて説明を加えておきましょう。甲は、ライセンサーであり、乙は、ライセンシーとなります。この項目は、すべてのパーティ（弁護士や法務部レベルでは）で、非常に重要なポイントとして理解されているのに、直接ライセンスビジネスに関わっている書類ではないために、担当者レベルでは軽視されがちなものになっていることが多く見られますが、ひとたび事故が起きれば企業にとっては最後の防波堤

になる最重要なポイントです。

■乙は、許諾商品に関し、その費用負担にて、本契約期間中及び本契約期間終了後__年間効力を有する製造物賠償責任保険に加入しなければならない。

ここで規定されている「製造物賠償責任保険」とはいわゆるPL保険（product liability insurance）の場合がほとんどですが、海外のライセンサーとのライセンス契約の場合は、GL保険（general liability insurance/英文賠償責任CGL保険）という製造物のリスクに、施設や請負業務、訴訟などのリスクもカバーする保険への加入が義務づけられることもあります。

■前項の製造物賠償責任保険の保険金額は、1事故当たり金____円以上かつ1年間当たり____円以上とし、被保険者には甲も追加されるものとする。

日本では通常1事故1億円、1年間1億円という契約が多いのですが、最近は、これでは不足とみるライセンサーが増えており、5億円もしくは500万ドルというのが新しい基準になりつつあります。また、食品会社がライセンサー、またはライセンシーの場合、私の知るところでは6億円という賠償金額を義務づけている契約もあります。実際、現在は自動車の任意保険でも限度無しの保険金の契約が普通ですから、1億円というのは少なすぎると思います。「被保険者には甲も追加されるものとする」というのは、いわゆる保険の担保人にライセンサーも加えるということです。PL保険の場合、このような担保人の追加の要望が多くないので、保険会社の代理店がこの意味を理解しないこともありますが、難しいことではありません。逆にGL保険では担保者のリストがあることが多いです。この項目が役に立つ時は、ライセンシーが倒産した後で、その商品の瑕疵で損害賠償がライセンサーに廻ってきた場合にも、当該保険でライセンサーが担保されていれば、保険で賠償がカバーされるということにあります。

■乙は甲に対し、本契約締結後30日以内に、前二項に定める製造物賠償責

任保険にかかる保険証書の写しを提出しなければならない。

■乙は、本条に定める製造物賠償責任保険に加入した後でなければ、許諾商品を製造・販売してはならない。

この2つの条項は当然な事項ですが、前述したように、意外にライセンサーとライセンシーの間で忘れられてしまうことが多く、ライセンス商品の発売後も保険証書の写しが提出されていないことがあります。いざ事故が起きた時には大きな問題になりますので、とくにライセンサー側は、ライセンス契約が続く限り、これをカバーする賠償責任保険の保険証書のコピーは必ず、入手しておくようにしましょう。

なお、製造物賠償責任保険に関する情報は、今やインターネットで多数入手することが可能です。ライセンスビジネスの本筋ではないために、保険代理店に任せっぱなしという企業が多いと思いますが、時間を作って、製造物賠償責任保険についての情報を収集して勉強をされることをお勧めします。

6—品質管理

ライセンサーが、ライセンス契約を通じてライセンシーの商品の品質を管理するというのは大変重要なことですが、実際にはライセンシーの生産する商品をリモートコントロールするような歯がゆい行為でもあります。

契約書上は、一般的には次のように記載されることが多くなります。

■本契約に基づき乙により製造・販売される許諾商品は、日本における最新最良の品質基準を満たし、乙により製造・販売される同種または類似の他の商品と同等の高品質を保たなければならない。

法務的には、これで充分ということになりますが、実際に危険性の高い商品、例えば食品や、口に触れる食器などは、実際に、時々毒性の問題などが指摘されて、商品の回収が行われることもあります。この場合にその商品が、ライセンス商品であれば、ニュースなどの映像には、その商品の契約プロパティがはっきりと映ってしまうことでしょう。このようなリスクを防ぐには、少なくとも食品衛生法で規定

されている毒性については、ライセンサーが抜き打ちの検査をするか、少なくともライセンシーから詳細なレポートを提出させるべきと考えます（書式例：巻末資料参照）。

食品衛生法で規定されている毒性が含まれる重金属は、亜鉛、アンチモン、カドミウム、スズ、セレン、銅、鉛、ヒ素、メチル水銀、クロムの10種となり、幼児用商品の場合はホルムアルデヒドも重要な検査項目となります。その他、ライセンシーが属する各業界の業界団体が自主的に定めている安全に関する基準をクリアし、何らかの標章を取得することを義務づけることもひとつの安全に向けての策となります。最近では、ライセンサーが独自にライセンシーに使用を禁止する添加物も出てきています。ディズニーなどが積極的に排斥しようとしているのが、「トランス脂肪酸」です。この食品添加物は食品の一部に使われており、肥満の原因になるとして、今や「健康の敵」のようにいわれてライセンサーもその使用の禁止をライセンシーに求めるようになっています。

その他、業界の設定基準の例としては次のようなものがあります。

- ▶ SGマーク（Safety Goods）（一財）製品安全協会
  https://www.sg-mark.org/
- ▶ STマーク（玩具安全基準）（一社）日本玩具協会
  https://www.toys.or.jp/
- ▶ BAAマーク（Bicycle Association Approved）（一社）自転車協会
  http://baa-bicycle.com/
- ▶ JEMA（学校教材・教具の自主安全基準）（一社）日本教材備品協会
  http://www.jema.or.jp/
- ▶ SPマーク（遊具の安全に関する規準）（一社）日本公園施設業協会
  https://www.jpfa.or.jp/

7—流通販路

どのような流通販路にライセンス商品を流通させていくかは、ライセンサーとライセンシーの間で、商品の発売前によく話し合いをしたほうがよい事項です。ただし、ライセンシーには「ここに売れ」と強制される義務はなく、法的に出荷されて店頭に並んだ商品を、その店が商品のイメージに合わないから、などという理由で商品の配荷を中止することは独占禁止法に違反する行為となってしまうことをライセンサーやエージェントはしっかりと理解しておくべきです。あくまで、商品をどの店に展開していくかというプランについてのライセンシーの考え方を聞いて、具体的な販売予定店舗リストを提出してもらい、これに対してライセンサー、あるいはライセンスエージェントとして閲覧することだけが可能なのです。

例えば、キャラクターで玩具関係の新しいライセンシーが商品をローンチ（はじめての出荷）する際に、すでに同じキャラクタープロパティの商品が販売されている小売店に商品が展開されるようにライセンシーに依頼することはごく自然なことです。これによりプロパティの顧客吸引力が増すことになるからです。また、コーポレートライセンスのプロパティで飲料や菓子の場合、それらの商品が入っているGMSやスーパーマーケットに、同じプロパティのライセンス商品を展開してほしいというのも、ライセンサー側からの合理的な要望です。

このように具体的に流通経路から、実際の店舗名、また、売り場名までについて、とくにローンチ段階ではライセンサーとライセンシーが情報を共有しておくことが必要です。消費者は、新しい商品が販売された際には、その商品を製造しているライセンシーの企業名が分からずに、ライセンサーに問い合わせをしてくることが多いのです。この場合に、どの店に行けばその商品が買えるかをライセンサーが消費者に教えられれば、最も親切な対応になります。次善策としては、ライセンシーを消費者に紹介し、そこから情報を得てもらうことです。最悪なのは、「卸売問屋から先の販売先は分かりません」という答えです。とくに、コーポレートライセンスビジネスの場合、ライセンサーたる企業は、自身が商品の販売を直接行っているわけですので、その商品から派生したライセンス商品について、展開店舗が分からない、場合によっては商品が出たことも知らないとなると、ライセンサーの担当者は社内で批判の的になったり、必ず大きなトラブルとなります。

コーポレートライセンスのエージェントは、そのような情報を詳細にライセンサーに必ず報告しておかなければなりません。日本も次第に欧米のように、卸売りを通さずに、ライセンシーからリテールへ、またはライセンサーが直接リテールとコンタクトする時代になっていますので、このような情報は、少なくとも四半期ごとには更新して、新しく店が増えたり減ったりした場合に、その情報がライセンサーまで上がってくるようにしたいものです。

ところで、流通経路の中で、契約書で規制をしても違法にならないものがあります。それが、契約で販売国と規定してある国以外への販売です。契約書で販売地域を「日本」とした場合、ライセンシーが確信犯的な行為をしない限りは、直接海外に商品を売ることはないと思います。しかし、海外への輸出を事業とする企業に日本国内でライセンス商品を卸すというのは、比較的、ライセンシーにとっては違法行為を行っているという意識が少なく、このルートを通って商品が海外に流通することがままあります。とくに、卸先の商社、問屋、小売店が日本国内の販売用に購入した商品の一部を海外に販売することは、ライセンシーにも知り得ない場合もあり、これを防ぐために、契約上に次のような項目を入れておくべきです。

■本契約地域外への販売等の禁止の事項

(1) ライセンシーは、許諾商品を、本契約地域外の国または地域に輸出、販売または頒布（有償・無償を問わず、許諾商品の広告、宣伝および告知の目的での頒布を含む）してはならない。

(2) ライセンシーは、本契約地域外の国または地域への輸出、販売または頒布を目的とする第三者に対して、商品化権の再許諾ならびに許諾商品の販売および頒布をしてはならない。

また、ライセンシーとその先の卸売業者、小売業者とも販売契約書がある場合に、同様に海外への販売を禁止する条項をその契約書に記載させるようにすべきであると考えます。

実際には、日本でライセンスアウトしているライセンス商品が他国に販売されてしまうというケースよりも、他国でライセンスアウトしている自社のプロパティを使ったライセンス商品が、日本に入ってきてしまうというケースの方が多いといえます。これがいわゆる並行輸入ですが、これを防ぐには上に記した方法を、その商品が本来生産販売されている国のライセンシーやライセンスエージェントに課して、現地からの海外流出を防がなくてはなりません。豚インフルエンザのように日本の港や空港で水際阻止ということはできません。

8—契約の解除、終了

ライセンス契約の解除と終了は、両方とも「終わる」という面では同じ効力を発すると考えてよいのですが、実際には、「解除」は、ライセンサーとライセンシーのどちらかに、契約の違反や、倒産もしくはそれに準ずるトラブルがあった場合に、契約を終了せざるを得ない状況になった場合に取る法的手段であり、一方「終了」は、契約書上の契約期間を満了しての終了である点が大きく違います。

このようにいうと、「契約の終了」は円満な終了で、何もトラブルが起きることがなさそうに思えますが、実際には多くの契約上のトラブルはこの「終了」の前後に発生するのです。契約の終了について、項目ごとに説明していきましょう。

8-1　本契約終了後の処理（甲はライセンサー、乙はライセンシー）

■乙は甲に対し、本契約終了後直ちに、本契約終了時点における許諾商品の在庫（以下「本在庫」という）に関する在庫一覧表を交付する。

この一覧表の提出は、とくにロイヤルティを販売ベースで支払うライセンス契約では重要な契約終了時のポイントです。つまり販売されていない商品、ライセンシーの在庫商品は、すべてがロイヤルティが支払われていない商品ですので、その詳細をライセンサーは把握する必要があります。

■乙は、本契約終了後３カ月間（以下「セルオフ期間」という）は、本契約地域内において、非独占的に本在庫を販売することができる。

このセルオフ期間は6カ月になることもありますし、1カ月になることもあります。また、在庫の量によっては契約書の規定をもっと柔軟に変更する場合もあります。ライセンシーが非常に大きな数量の在

庫を抱えて契約が終了した際に、セルオフ期間が３カ月では、ライセンシーはこの大量の在庫を非常に安い金額にディスカウントして売るしか方法がなくなる場合があります。その場合の悪影響のリスクはライセンサーが負うことになりますので、あえてセルオフ期間を延ばして在庫を市場にソフトランディングさせる方法を取ることもあり得ます。場合によっては、契約終了後１年間、販売だけの条件で契約を更新するという手もあるのです。逆に、在庫が少なければ、セルオフ期間中に、次に契約している同じ商品分野を扱う新ライセンシーの商品を早めにローンチさせることも可能です。

■本契約の各条項はセルオフ期間中の本在庫の販売に対しても適用され、乙は甲に対し、同期間中に販売された許諾商品についてのロイヤルティを、同期間の末日から30日以内に甲の指定する銀行口座に振り込む方法により支払う。

これは、契約終了後についてのロイヤルティの支払いについて定めた条項で、通常の契約通り在庫を販売した時点でロイヤルティを課金することを再確認した条項ですが、契約終了時に在庫になっている商品を、その販売前に一括してロイヤルティを課金してしまう方法もあります。この場合の条文は次のようになります。

■乙は、契約終了時点に甲に交付した在庫一覧表に基づき、すべての在庫商品のロイヤルティを一括して、契約終了後30日以内に支払うものとする。

この方法が有効であるためには、ロイヤルティ課金の基準が、希望卸売金額である必要がありますが、そうでなくて卸売販売金額である場合は、セルオフ期間に販売される時の卸売金額を想定して、甲乙が合意したその金額にロイヤルティを課金して一括して支払う方法もあります。

しかし、いずれにしろ契約が終了した場合には、在庫数量の確認のために、ライセンサーはライセンシーの倉庫または配送センターなどを訪問して、棚卸しを点検したりすることが望ましいと思います。

まとめますと、典型的な契約終了時のトラブルは次のようなことです。

① ライセンシーが在庫商品を非常に安値でいわゆるダンピング販売してしまう：これが起きると、そのプロパティのイメージが低下し、他のライセンス商品にも悪影響が出ますが、このような廉価販売を禁止することは違法であるので、起きてしまった場合には止めようがありません。

② 同様にライセンシーが在庫商品を海外に安値で売ってしまう：この場合も、特殊な業者を使用するために、監査を入れない限り、その証拠を把握することは難しいです。

③ ライセンシーが在庫商品を正確に報告しない：このほかにも、セルオフ期間をすぎても焼却処分などにしないで、ずるずると売ることもあります。

④ 在庫商品の色やサイズが欠けているために、セルオフ期間になっても商品の生産を行ってしまうこと。

このようなトラブルには、法的な処置ができるものと、できないものがありますが、いずれにしろ契約の終了よりもかなり前からライセンシーの在庫状況などを把握して、きちんと契約が終了するようにライセンシーとの話し合いを早めに始めるべきです。もちろん、契約が更新される場合は、上記のような手続きは不要であることはいうまでもありません。ひとつのライセンシーが長く続いてくれること、そのライセンシーをきちんと管理することが、ライセンサーにとってもライセンシーにとっても安定して大きな利益を出すことの秘訣です。

8-2 ポスト・ターミネーション

このため、ライセンスエージェントは、契約の終了後（ポスト・ターミネーション）の条項について、自身の利益を守るために、ライセンサーとの契約内容をできるだけ有利なものにしようという動きがここ数年強くなってきています。前述のコーポレート＆トレードマークプロパティの項で述べたように、現在の米国のこの分野ではライセンスエージェントの力は非常に強くなってきており、これを背景にして、エージェントとライセンサーの間の契約（ライセンスエージェント契約）のポスト・ターミネーションの項目には次のような条項が記載されるようになってきています。

■サブライセンシーからの一定期間のロイヤルティコミッションの継続徴収

契約が終了した後も、そのライセンスエージェントの紹介で契約をしたサブライセンシーまたはライセンシーからライセンサーがロイヤルティ収益として上がる金額のコミッションを1～3年の間、漸減しながら受け取るというものです。例えば、契約時は50%だったコミッションが契約終了後の1年は30%、2年目は15%というシェアでエージェントに支払われるというものです。

■サブライセンシーへの再契約の禁止

これは、契約が終了したライセンスエージェントが、その契約期間中に、ライセンサーに紹介して契約が成立したサブライセンシーとは、契約終了後3～5年の間は、ライセンサー、またはライセンサーが契約した新たなエージェントは、再契約ができないという条項で、かなりエージェントサイドが強い場合に成立します。しかしこうなると、困るのはライセンシーで、ライセンスエージェントが変わると、自身がそのプロパティのライセンス契約の更新ができなくなってしまいます。この場合、前のライセンスエージェントがそのまま既存のサブライセンシーの管理を継続するという逃げ道があり、これも絶対的にエージェントに有利な条項です。

■競合他社へのエージェント行為の禁止

上記はいわばライセンスエージェント側の利益を考えたポスト・ターミネーションの項目でしたが、これに対してライセンサー側からもいくつかの条項案が出ています。そのひとつがこの条項で、契約終了後3～5年の間のコミッションの漸減的な支払期間は、エージェントはライセンサーと競合関係にある、つまり同業他社のライセンスエージェントにはなれないという項目です。ただし、この項目が法的に有効であるかについては疑問も生じます。どこかで判例が出ないとその点ははっきりしませんが、今のところ判例はないようです。

■その他

その他にも、外部コンサルティングスタッフの契約後の移籍にまで制限を加えたり、漸減的コミッションを支払う代わりにそれなりのサブライセンシーの管理、営業行為を課したりと、いろいろな案がライセンサーとライセンスエージェントの双方から出てきます。したがって、現在のライセンスエージェント契約のポスト・ターミネーション条項は、非常に複雑に、またそれだけで数ページにわたるような量になることもあるほどです。契約の終了は、いわば不動産業でいえば、賃貸を終了して店子が家を出るようなものです。出て行った後の家の状態などが悪ければ次にその家を貸すまでに余計な出費もかかるし、場合によっては裁判沙汰になることもあるでしょう。ライセンスビジネスの契約の終了もこれと同じと思って、契約条項については充分に注意して目を通してください。

9—準拠法と合意管轄

この項目は、ライセンス契約書に限らずどのような契約書でも必ず最後の方に記載される条項であり、要は「問題があった時にどの国の法を根拠に解決を図るのか？　それでも解決しない時に、訴訟を起こすのはどこの裁判所か」というものです。日本の会社同士で契約する場合は、当然日本法を準拠法とし、合意管轄裁判所はたいていライセンサーの本社のある場所の地方裁判所となり、これに対してライセンシーもさほどの異論もないだろうと思います。

しかし、これが海外のライセンサーとの契約だと、状況は変わってきます。米国の場合はまず準拠法が州法となります。知的財産権に関する法律の解釈や適用が州によって大きく違うことはありませんが、税金や、訴訟などについては州によって若干の差があります。そのため、カリフォルニア州とかニューヨーク州、フロリダ州あたりであれば州法の原典自体を日本で手に入れるのも難しくはありませんが、これがウィスコンシン州とかアイオワ州となってくると州法を手に入れ、何が他州と違うのかをチェックするだけでも大変な行為で、弁護士に頼めば大変な費用がかかります。また、管轄の裁判所についても、実際に裁判が起こった場合には、米国の裁判所というのは日本の企業にとっては、現地の裁判所に行く出張費だけを取っても非常に不利になります。

とはいえ、ライセンス契約ではどうしてもライセンサーが強い立場をもっていて、プロパティを「貸してやる」という態度ですので、日本のライセンシーは、先方の言うままに合意して署名をしてしまう場合も多いと思います。このような時に、私がコンサルティングの立場としてライセンシーにアドバイスをするのは、訴訟に関しては、訴訟を起こした側が、相手側の国の裁判所を管轄裁判所とするという、提案だけはしてみた方がよいということです。いわば「ダメもと」的な提案ですが、今までの結果では意外と5割くらいの確率で海外のライセンサーがこの条件を受け入れてくれています。

こうすると、米国側のライセンサーが日本のライセンシーを訴えた場合は、日本に乗り込んできて日本の裁判所で訴訟を起こすということになり、逆の場合は日本のライセンシーが米国の裁判所に乗り込むというわけで非常にフェアではないかと思います。すべて契約書は、このように少しでも自身に有利なように、修正を提案するということが必要ですが、日本人にはその態度が欠けているような気がします。そのことについては後で述べることにしましょう。

10―契約条件確認書

以上前節までが、ステップ2の「契約内容、その交渉と確認」の概要ですが、契約の作成前にその契約の重要内容をライセンサーとライセンシーが「契約条件確認書」で念のために確認するという書式があります。この書式は、いつでも使われるとは限りませんが、大変便利なものなので、ここで説明をします。

① 巻末の「契約条件確認書」の雛型（巻末資料参照）は、ライセンサーとライセンシーの間にライセンスエージェントが入る形式になっている。このため、署名者はこの三者となる。もちろんライセンサーとライセンシー、あるいはライセンスエージェントとライセンシーのような二者の確認書に流用してもかまわない。

② この「契約条件確認書」は契約書ではないので、これに署名をしたからといって、ライセンス契約が成立したということにはならない。あくまでも契約書に盛り込む主要内容がどのようなものかを三者で確認する目的の書類である。
③ 書類に記載される主な項目としては、プロパティ、ライセンシーまたはサブライセンシーの簡単な会社情報、契約商品内容、契約期間、契約地域、契約が独占か非独占か、ロイヤルティレート、アドバンスロイヤルティ、ミニマムロイヤルティ金額、アドバンスロイヤルティの支払時期、商品のローンチ時期、提出サンプル個数（最終生産サンプル）、製造物賠償責任保険の種類、保険会社などである。

ここまでくると最終の契約締結まであと一歩となります。この「契約条件確認書」はだいたいの場合、ライセンサーかライセンスエージェントの営業が作成し、ライセンシーの署名が入ると、これがライセンサーの法務部に廻り、この内容に基づいてライセンス契約の本契約書が作成されるのです。

そして、最後に契約書に当事者が署名することで、契約が成立します。

11—ライセンサーはオールマイティか？

ライセンス契約の初めの方にこのような記載をする場合があります。

甲は乙に対し、次条に定める本契約の有効期間中（以下「本契約期間」という)、第４条に定める契約地域（以下「本契約地域」という）において、本プロパティを使用して、別紙２記載の商品（以下「許諾商品」という）を製造・販売する独占的権利を許諾する。

甲はライセンサーで乙がライセンシーであることはいうまでもありませんが、甲より乙へ「許諾する」という言葉が何度も出てきます。この「許諾」という言葉は、『大辞泉』によれば「相手の希望や願いを聞き入れて許すこと」とあります。つまりライセンス契約は、ライセンサーがライセンシーの願いや希望を聞き入れて、プロパティの使用を許す契約である、という意味が読み取れます。さらに、別の契約

書の雛型にはこのような文句で始まるものもあります。

乙は、自分が製造販売をする商品に甲の所有する商品化権を使用して、その商品の販売を促進することを欲し、商品化権使用許諾申請を行った者である。甲は乙にこの商品化権を許諾する用意があり、当事者甲と乙は、次の内容の契約を締結する。

これも大変一般的な契約書の前文の一部ですが、これになると、ライセンサーはほとんどお殿様のように見えてしまいますが、それほどライセンサーはライセンシーに対して優位を保っているのでしょうか？

ライセンシーやライセンスエージェントの方には申し訳ありませんが、これはある程度 “Yes” といえるのです。プロパティを所有していることは、それを借りている立場よりは強いというのが、ライセンスビジネスでの実情といってよいと思います。もちろん、プロパティの人気が、まずは最初にライセンサーとライセンシーの力関係を決めますので、魅力のないプロパティをもつライセンサーはライセンシーに対して営業的には立場が強いとはいえません。それでもいったん契約した場合には、ライセンサーの立場は一般的にはライセンシーよりも強いといわざるを得ません。

これを象徴するのに、有名な実話があります。日本のスポーツメーカーが長い間海外のスポーツメーカーのブランドのライセンシーとして、日本でそのブランドを商品化してビジネスを広げてきました。ミニマムロイヤルティも毎年クリアしていました。売上げの実績もかなり誇れる数字になり、ライセンサーとの契約更新の時期を迎えたので、ライセンシーは、日本でのその実績を盾に、ロイヤルティの値下げをライセンサーに交渉しました。ライセンシーとしては、交渉を成功させるのにかなりの自信があったのですが、ライセンサーは、逆にロイヤルティのアップを申し出てきて、いわば戦争状態になったのです。ライセンシーとしては、自社がライセンシーとして活動しなければ、ライセンサーは今の売上げは保てないから、必ずライセンサーは妥協してくると思ったのですが、ライセンサーはすぐに他のスポーツメーカーと新しいライセンス契約の可能性について交渉を始め、当時契約していたライセンシーとの交渉を絶ってしまいました。その結果は当時のライセンシーの完敗になりました。契約の更新後にはロイヤルティは大幅に上げられ、しかもプロパティの商標の使い方には制限を加えられ、海外のスポーツメーカーがその部分を自社で商品化することになったので、独占権も失った形になりました。この日本のメーカーは、ライセンスビジネスの基本的な理論を知らなかったのだと思います。つまりライセンシーはあるプロパティで商売を大きくすればするほど、そのプロパティのオーナー、ライセンサーの手中から逃げられなくなるということです。

このような状況をよく見ている賢いライセンシーは、決してひとつのライセンサーの契約を増やしすぎたり、売上げのシェアを大きくしすぎないようにしています。何社かのライセンサーと付き合い、いつでも何かあれば他のライセンサーにビジネスをシフトできるようにしているのです。これはひとつの見識といえるでしょう。最近は、ライセンサーの方も、ライセンシーのやる気をそがないように、契約の年数を長くしたり、ライセンスの再許諾（サブライセンス）を許したり、契約更新の際の条件変更の幅をあらかじめ決めておいたりと、できるだけフェアな契約になるようにしています。

しかし、契約の締結時だけでなく、実際のライセンスビジネスの諸作業についても、ライセンサーはいつでもイニシアチブを離しません。例えばマニュアルで、承認の返事は稼働日（土日祝日を除く実働日）で、10日間で返事がライセンサーからライセンシーに来ると規定されていても、もしも返事が来ない場合は自動的に非承認になるという文章は必ず入ります。また、商品デザインで承認されたアイテムを正確に再現したプロトタイプサンプルでも、その段階で新たな問題に気づいたという理由で非承認にすることもできるという条文も、とくに海外のライセンサーには多いのです。

どちらも悪い見方をすると、忘れていて承認の返事をしなかったら非承認、デザインで見落としていたものがあったら次のステップで非承認ということになります。

このようなライセンサーの優位性は、プロパティのオーナーというライセンサーの本質に依存していますのである程度やむを得ないものですが、ライセンシーやライセンスエージェントとしてライセンサーと同等の立場に立ってできる限り対等なポジションをキープしていくためにはどのような方法があるのでしょうか？
私は10のポイントがあると考えています。

11-1　まずは交渉ありき、その戦略

一番重要なのは、交渉をする姿勢です。その姿勢の強弱の加減は下記で述べます。あまり強い交渉姿勢はケンカになってしまいます。しかし、契約の締結時の交渉は最初の真剣勝負になります。ライセンス契約書を作成するのは99％ライセンサーですから、契約書は当然ライセンサーに有利にできています。これに対してライセンシーが何の主張もしないで署名をしてしまうというのは、まずは、戦わずに負けるというようなものです。とくにこのライセンサーの出す契約書が自身に有利にできているという傾向は、海外のライセンサーに強く、彼らは「ダメもとでもいいから出してみよう」くらいの気持ちで、自分自身に有利な契約書を提示してきます。欧米諸国、とくに米国は、契約の交渉がスポーツのような国ですから、激しいやりとりは当たり前なのです。ですから契約書をきちんと読んで、「できないことはできない」、「変えてほしいことは変えてくれ」と、その旨を先方に伝えるべきです。
例えば、ロイヤルティの支払いの期日などはよく問題になります。海外では締め日から30日程度ですが、日本のとくにライセンスエージェントはそのような短い期日内には支払いができません。最低でも45日は必要でしょう。そして、承認サンプルの数量、承認の日にちの短縮、重量の重いサンプルは写真で代用する、オーディットの費用の負担の割合変更、当然ロイヤルティや、そのコミッションの交渉など、変更について交渉する点は多くあるはずです。

11-2　キーになる担当者個人の気持ちを掴み、立場を理解する

読者がライセンシーだと仮定した場合に、相手方のライセンサーやライセンスエージェントで、一番やりとりの多くなる先方の担当者は、営業かもしれませんし、ライセンスコーディネーターかもしれません。いずれにしろ、彼らの社内的な立場を掴んで、こちらのリクエストが

通りやすくする方法がビジネスの成功への大きな鍵になります。
例えば、ライセンスエージェントにデザイン承認などで難しいリクエストをすると、エージェントは通常、そのようなリクエストをライセンサーに上申することはできないと考えがちで、門前払いになってしまうことがあります。こういう不満はライセンシーからよく聞くことです。そのような場合は、ライセンスエージェント宛か、ライセンサー宛にリクエストの内容を手紙形式の文書にしてエージェントに渡します。エージェントはその手紙をそのままライセンサーに「こんなリクエストが来てしまって困っている」というようなコメントを付けて転送してくれるでしょう。
こうすれば、ライセンサーがそのリクエストにダメを出した場合にも、あるいはオーケーの場合でも、エージェントは、自身の立場がライセンサーに反する立場にはならないようにできます。
ただし、この方法をライセンシーが多用すれば、何のためにエージェントがあるのか分からないとライセンサーは思うかもしれませんから、伝家の宝刀と考えてください。しかしそれ以外にも、難しいリクエストはまず口頭で伝えた後に、メールなどで柔らかい表現ながらはっきりとした依頼の文章にしてライセンスエージェントの担当者に送ることによって、担当者はライセンシーの代弁者をするというポジションからはずれて、楽な立場でライセンサーと交渉ができます。
また相手がライセンサーであっても、当然難しい問題は上司や法務部に相談をしますので、同じように上手な文章にして送ることが効果的です。いずれにしろ、常に相手側だったらどのようにしてこのリクエストを通すだろうか、ということを念頭に置いておくことが必要です。

11-3　明確なビジネスプランのやりとりをする

ここまでに本書で述べたライセンスビジネスのビジネスプランを作るのには、慣れていない方なら相当の時間がかかるでしょう。しかし、これはライセンスビジネスのプロジェクトの基本です。これをしっかり作りライセンサー側に渡して熟読してもらうことにより、「貴社はどういうつもりでこのビジネスをやっているのですか？」というような初歩的な質問をすべてスキップして、レベルの高い話し合いに早い段階で入れます。まずはビジネスプランの提出が何よりも、ライセンサーと同等の位置での話し合いのスタートには欠かせないものになるのです。

11-4　話し合いをオープンエンドにしない

ミーティングを実際に顔をつきあわせて行ったり、電話で行ったりした場合、その最後に話し合った事柄のフォローを、どちらがどのようにするかを明確にしましょう。本来これはライセンサー側がやるべきことですが、もし相手がそれをやらないならライセンシーがやらなければなりません。例えば次のようなことです。

- 今回約束した書類やサンプルの提出、回答などはいつを期限にどちらから連絡するか？
- 次回のミーティングはいつにするか？　その時の議題は？
- ミーティングのまとめ“Minutes/ミニッツ”を作って送る。

一番いけないのは、「では、また状況が変わりましたら連絡します」とか「出来上がり次第連絡します」ということです。実際にそのような返事でも、言葉通りすぐにフォローの連絡が取り合えればよいのですが、実際には期日を切らないと連絡が来ないことが多いのです。また自分自身も期限があった方が、ズルズルとアクションが遅れることを防げるものです。

11-5　どちらにボールが渡っているかを把握する

これはよくありがちなトラブルです。ライセンサーとライセンシーの間の話に限りませんが、話し合い中のある問題の次のステップについては、一体どちらから連絡があるのかがはっきりしないので、両方共に相手側からの連絡を待っているという場合があるのです。

メールや電話の最後には「では、来月初めの貴社からのご連絡をお待ちしています」とか「今月末までには当方からご連絡差し上げます」などと、どちらがボールをもっていて投げ返す方かをはっきりさせるべきです。さらにいうならば、できるだけミーティングでは、

9

ボールを相手に渡して、こちらはそれを待つ立場で終わらせることが、仕事を効率的にこなすコツです。

11-6 eメールの効果的な使い方

メールとは大変便利なものです。手紙やファックスほど重い連絡手段という印象を与えませんし、一度に多くの人に、しかもccやbccという手段を使って連絡できます。ですから、ミーティングが終了して、ボールを投げ返す側からの連絡があるべきなのに、それがない場合には、相手側に遠慮せずにメールで連絡をしましょう。次のような場合はとくに必要です。

- あなたがもしライセンシーで、ライセンサーからの承認の連絡がミーティングや電話などの口頭では来ているものの、文書では来ていない場合。通常口頭連絡の後24時間後までに、文書での連絡が来ない場合は、こちらから礼状のメールという簡単な形を取り、「昨日は、下記のアイテムについてのご承認を頂き有り難うございました」とスタートし、承認された個々の内容を箇条書き形式で記入した後、「上記にて万一、当方に誤解や間違いがありましたら急ぎメールにて御返信ください」とします。そして、このメールをミーティングに出た関係者にccをしておくことも必要です。
- 逆に、あなたがライセンサーの立場であれば、ミーティング後に必ず、口頭で伝えた内容を要約して、ライセンシーにメールで連絡をすることです。できればミーティングをしながら、パソコンに文章を打ち込んでしまうのが一番です。そして、デザインの変更を要請した場合などは、日付けを切って再提出の要請をはっきりと記入します。そしてミーティングに出席した人すべてにccを入れるとともに、メールで連絡する問題が重要な場合は、自分の上司や営業などの自分サイドの関係者にもccを入れます。ただしこうなるとccの数が多くなりますので、相手には名前の見えないbccで配布してもよいと思います。ちなみにccとはcarbon copy〔カーボンコピー〕、bccはblind carbon copy〔ブラインドカーボンコピー〕の略で、カーボン紙を敷いてコピーを取っていた頃の一時代前の表現がそのまま残っているのです。

- e メールのバックアップは必ず取っておきましょう。送受信のデータを自分のコンピューターのハードディスク内の他に、サーバーや外付けのハードディスクに保存しておくのは非常に有効な方法ですが、簡単なのは、cc に自分自身を入れておくことです。メールでのコミュニケーションにおいては、受信よりも送信の記録の方が重要になることが多いのです。自分から送信したメールを自身に cc しておくと、そのメールはそのまま自分の受信ホルダーにも入ります。メールのアプリケーションにトラブルが起きた場合でも送受信の両方のデータが消えてしまうことは少なく、どちらかが残ることが多いのです。これは当然ライセンサーにもライセンシーにもいえることです。

11-7 法的知識のバックアップ

これも非常に大事なことです。本書の巻頭に書いた著作権、商標権の基礎知識なくしては、ライセンサーの権利の存在を確認する術も分かりません。また、不正競争防止法や、景品法、独占禁止法の基礎も勉強しておくべきでしょう。簡単な「～法入門」のような本はいくらでもあり、2～3 時間で読めますので、ぜひ知識を補充しておきましょう。実話ですが、以前私のところにある酒類の製造会社から問い合わせがあり、その内容はキャラクターを作ってノベルティプロモーションを始める予定なのだが、事前のキャラクターの評判が良さそうなので、そのキャラクターをライセンスでも活用できないか、というものでした。しかし、酒類のノベルティに明らかに 20 歳以下の消費者が欲しがるキャラクターを使用して、公正取引委員会からお目玉を食らった例は過去にけっこう多いのです。その会社には、そのことを伝えたところ、弁護士とも相談した結果、そのプロモーション自体を中止にしました。同様な例は、2014 年にも大手の酒造メーカーが缶チューハイのテレビコマーシャルにキャラクターを使用し、教育団体やリテールからの大クレームを受けて、すぐにコマーシャルを中止した例もあります。メーカーには立派な法務部がありながらこのようなことが起きるというのは、実際に大学院で講義をもっている私からすると「あり得ないことではない」と思うのです。判例がないことは判断できない企業内法務担当者が多いので、「あれ？」と思ったことを広告代理店に任せるのではなく、会社として気軽に相談できる弁護士やコンサルタントを外部に備えておくことも、大きな問題の発生を防ぐには大変有効な環境作りといえます。

11-8 へりくだらない対応、パワフルな立場の維持

ライセンサー、ライセンシーのどちらにもいえることですが、ミーティングや交渉の立場で必要以上にへりくだるのは、長い付き合いでの位置関係を定着させてしまうことになりますから、できるだけ意識して避けるべきです。契約書上でライセンサーが優位にあるとしても、あるいはライセンシーがその優位性を覆していたとしても、実際の交渉では、あくまでクールに、しかしできるだけ自然にイニシアチブを取るように心がけましょう。そのためには、ミーティングの議題を事前にリストアップしておくこと、出席者が複数の場合、誰がどこで発言をするかなどもある程度決めておくことも必要です。先方のプレゼンテーションを聞く場合は、当然プレゼンテーションをする側の発言時間が長くなりますが、通常のミーティングの場合、一方の発言時間が極端に多いというのは、そちらの側がイニシアチブを取ってしまっているということです。できるだけ発言量は50％：50％くらいになるようにすることがよいと思います。また、ミーティングの最後に上記11-4、11-5で述べたように、ミーティングのミニッツを作って、ボールを相手に渡した方が、どんなにミーティング中に丁寧な言葉を使っていたとしても、そのミーティングのイニシアチブを取ったといえます。つまり柔道などの判定でいえば3本旗が立っての判定勝ちということになるでしょう。

11-9 破談になる場合も、相手に後悔させるような終わり方をする

これは変な言い方ですが、とても重要なことです。実際の契約の交渉では、話がまとまらずに破談になるというケースが成約するケースよりは多いかと思います。契約は、結局は数字を基本にした条件の羅列ですから、お互いの許容範囲が重なって同じ円にならなければ、破

談もいたしかたないことです。ただ、その際に後味の悪い破談だけは避けたいものです。今回は残念だったが、また良い話があればぜひ声をかけてほしいというような終わり方をするように努力すべきです。

これは、なかなか難しいことです。多くをしゃべればしつこくなりますし、何もしゃべらなければ気持ちは伝わりません。ややドラマチックな終わり方を演出する必要もあるでしょう。要はライセンサーもライセンシーも、「あそこと仕事をしたかったなあ」という後悔の念を残した破談であれば、必ず次のチャンスでは契約につながると思うのです。何か男女の関係の話のようですが、実際私もこれで随分と、敗者復活戦を勝ち上がった記憶があります。

11-10 そして、最後に日本語力、英語力

ライセンスビジネスに限ったことではありませんが、コミュニケーションにおいて言語の高い能力は交渉には常に必要です。ミニッツを書くにしても、非承認の連絡をするにしても、きっぱりと用件が相手に伝わり、しかも不快感を与えない文を口頭でも文章でも簡単に作れる能力というのは、非常に大事です。読者自身がそれができなくても、その能力をもったスタッフがいればよいのです。また、欧米では、契約書の作成や、その交渉には弁護士やコンサルタントが最初の段階から付いています。日本でもできるだけ同様にすることが得策といえます。

最初に書きましたように、ライセンサーはかなりの分野でオールマイティです。しかし、すべてライセンサーが正しいわけではありませんし、ビジネスをうまく進行させるためにはライセンシーの信頼感を得て、実際のライセンス商品の生産販売をやってもらわなければ、ライセンサーは、プロパティをもっているだけの「宝の持ち腐れ」状態になってしまうのです。一番大切なのは、プロパティという串に刺さったプロジェクトチームとして、ライセンサー、ライセンスエージェント、ライセンシーのコミュニケーションが、上記の10のポイントを中心に、スムーズかつ正確に流れることなのです。

Chapter 10 ライセンスビジネスを組み立てる―ステップ4 契約書に潜む落とし穴

実際にライセンスビジネスを始めてから、契約書の不都合や、チェックミスからくる契約上の問題に行き当たることは、残念ながらライセンサー、ライセンシー共に時々あることです。ここでは、とくに見落としがちなライセンス契約書の落とし穴を説明します。その落とし穴は偶然にできたものではなく、相手方が戦略的に作ったものであることも多いのです。フェアな契約書などはビジネスでは存在しないと思ってください。

1―契約期間の設定方法

ライセンシーにとってとくに重要なポイントです。すでに述べたように、契約期間には必ず生産の準備期間を加えるようにしなければなりません。契約の初年度は1年プラス何カ月というようにするべきです。

2―ミニマムロイヤルティ、アドバンスロイヤルティの支払時期

これはすべてのパーティーに重要な事項です。既述したようにミニマムロイヤルティやアドバンスロイヤルティは、支払いの期日が契約書に明記されます。例えば、契約時と四半期最終月の翌月末というような具合です。通常はこれで問題ないのですが、承認に非常に時間がかかったり、非承認になるアイテムが多すぎるために、アドバンスロ

イヤルティを支払っても、全く商品が出せないというケースもまれにはあるのです。こうなると、アドバンスロイヤルティやミニマムロイヤルティを支払わされたライセンシーは詐欺に遭ったようなもので、訴訟になることもあります。このリスクを防ぐために、間に入るライセンスエージェントが時に使う手は、アドバンスロイヤルティの支払時期を、ライセンサーの承認とリンクさせる方法です。例えば、1回目のアドバンスロイヤルティの支払いは、「ライセンサーがライセンシーより提出された最初のプロトタイプを文書で承認してから2週間以内」、2回目のアドバンスロイヤルティの支払いは「最初の本生産商品がライセンシーに入荷してから2週間以内」などとするわけです。ライセンサーとしての事業の実績が少ない企業と契約をする場合は、このような配慮も必要です。

3―承認の期間

これはすべてのパーティーが気をつけるべきポイントです。承認の期間について、①契約に記載される場合と②ライセンスマニュアルに記載される場合、③どちらにも記載されない場合の3つがあると思ってください。記載される場合の日数は7日から14日間くらいですが、これを1週間か2週間で返事が来ると思うのは間違いです。たいていの場合は、この日数は稼働日の計算になり、土日とライセンサーが本社を置く国の休日は除かれるのが常だからです。土日だけを抜いても1週間の稼働日は5日しかありませんので、14日というと実際には3週間分になります。

また当然、申請するものが届いてからの日にち計算になりますので、海外にサンプルなどを送った場合には航空便でも運送と通関で5日から1週間くらいが加算されます。ですので、契約書で14日とあっても、プロトタイプサンプルの場合、最長で4週間、ライセンシーと海外のライセンサーとの間にライセンスエージェントが入ると、日米の両方の休日が加算されますので、1カ月を超える承認期間が必要な場合もあります。海外のライセンサーの場合、クリスマスやサマーバケーション、サンクスギビングデーなど、担当者の1～2週間単位の休暇は普通で、「承認申請を受け付けない期間」として連絡してきます。ですから、あなたがライセンシーであれば、この期間をできるだけ具体的に決め、かつ短くするように交渉しておくべきです。

4―プロダクションサンプル

これはライセンシーが注意すべきポイントといえます。本生産商品から抜き出してライセンサーに送付するサンプルをプロダクションサンプルといいますが、通常は契約書には1～3個程度、多くても5個と記載されていますので、そのくらいの数なら問題ないと署名してしまうケースが多いのです。しかしその個数が、アイテムごと（per item）なのか、カラーごと（per color）なのか、あるいはSKU（stock keeping unit/ストックキーピングユニット）という、アイテムの種類と色、サイズまで分類した区分ごとの数字なのかによってトータルのサンプルの個数は大きく違ってきます。例えばTシャツの場合、ひとつのデザインでだいたい3色くらいはカラーバリエーションがあり、さらにサイズはS、M、L、LLと4サイズはあるでしょう。そうすると1アイテム当たりのSKUは3×4で12SKUとなります。この12SKUごとに5枚のサンプルという契約条項になっていると、1アイテムについて、ライセンサーに送る必要のあるサンプルは60枚となり、かなり大量です。また、単価の高い宝飾類や、搬送コストのかかる自転車などもサンプル数が多いとライセンシーには大変な負担になります。希望小売価格がある金額を超える商品のサンプルは2点とするとか、数キログラムを超えるサンプル、あるいは自転車や大型家電製品は、その商品の詳細が分かる写真を1点につき撮影の方向を変えて10枚送るなどの特別な条項か、そのような商品については別途協議という条項を契約書に入れることも考慮に入れた方がよいでしょう。

5―ライセンシーが破産した場合

このような最悪ともいえる場合、契約に従ってライセンサーはライセンシーとの契約をすぐに解除できますが、ライセンシーの在庫になっているライセンス商品について、ライセンサーは差し押さえる権利はあるのでしょうか？　これは、法務関係者によっても見方の異なるところですが、原則的には、すでにライセンシーがライセンサーに対してロイヤルティを支払い終えた商品については、ライセンサーは全く手を出すことはできません。しかし、まだロイヤルティが支払われていない商品については、差押え、または非承認商品として、契約の解除後の販売を差し止める権利があるとみられています。

そうなると問題は、通常ライセンサー側に有利とみられ、生産時のロイヤルティ課金は、ライセンシーが破産した場合には裏目に出てしまうことになります。生産時にロイヤルティをもらっているということは、すべての在庫商品はロイヤルティ課金済みであるからです。むしろ、販売ベースのロイヤルティ課金であれば、まだ破産したライセンシーやその倉庫にあるライセンス商品や、船積みされてライセンシーに向かっている商品はロイヤルティを支払われていない商品ですので、ライセンサー側もそのようなライセンス商品に何らかの法的手段を取る可能性も残されるわけです。

このライセンシーの破産の場合の想定は、決して契約書の落とし穴というわけではありませんが、契約時のロイヤルティ課金方法の判断基準として頭に入れておいた方がよいと思います。

6—海外との契約書の署名

欧米のライセンサーとの契約は当然英語の契約書となります。契約の印章は会社印ではなく通常は代表者や役員の手書きによる署名（サイン）です。そして最終頁にのみサインされた分厚い契約書をただホチキスで留めただけのものが封筒に入って、一部ライセンシーに返送されてきます。

日本の場合なら、当然契約書自体が製本され、割り印が入れられて戻ってきますので、調印後に契約書の中身の署名の入っていない頁が取り替えられたりする可能性は考えられませんが、海外のライセンサーから契約書が戻ってくるたびに何やら不安にかられるのは私だけでしょうか？　このリスクを防ぐには、まず契約書自体に頁の番号を入れること。そしてすべての頁に小さく手書きのイニシャルを入れるのです。このイニシャルとは「草間文彦」であればFKを簡略な筆記体にした手書きのサインのことです。これを手間はかかりますが、契約書全頁に入れておくようにしましょう。こうすると、ライセンサー側も署名する場合に（カウンターサインといいます）同様に署名者の手書きのイニシャルを各頁に入れてくるでしょう。おそらくは「面倒なことをしてくれたなぁ」と思いつつやるのだと思いますが、このイニシャルがあるかないかで契約書の信頼性はだいぶ違います。なお、海外の企業がライセンシーの場合は、当然日本流に製本をすべきであると思います。

7―契約書送付の記録

海外との契約書のやりとりで、私が何度も経験しトラウマになっていることは、送った契約書が届かないということです。実際には届いているのですが、先方の社内で書類ごと迷子になることのなんと多いことでしょうか。とくに米国でこのようなことが起きるのが多いのです。日本ではちょっと考えられないことです。米国の大企業のライセンサーを相手にビジネスをした時は、本当に契約書をなくされてしまい、再度送り直したというのも一度ではありません。

ですから、契約書を送る際は、署名した状態の契約書のコピーを取っておくのはもちろんのこと、送付の伝票のコピーも取っておきましょう。そして運送方法としては、日本の郵便局のEMSサービスをお勧めします。値段が安いということもありますが、インターネットホームページのトラッキング（追跡）のサイトに伝票番号を打ち込むことによって、今書類がどこまで届いているのか、配達中であるのか、先方で受領されたのか、その受領の際に誰が実際に受け取ってサインを入れたかなどまでが分かります。

他の海外系の書類空輸サービスも同じような機能をもってはいますが、EMSが最も簡単に配達のトラッキングができます。ですから、万一「契約書が届いていない」という先方からの問い合わせが来た場合にも、「いや、何月何日の何時何分に、そちらのMs. June Smithが署名して受け取っているから、絶対に届いているはずだ、彼女に聞いてみてくれ」ときっぱり答えることができます。

それにしても契約の国米国ですが、製本の件、配達の件、ややお粗末ですので、こちらでそれなりの対応が必要です。

以上が、だいたい「契約書の落とし穴」のよくある例ですが、落とし穴というくらいですから、見えにくいところにあるかもしれません。他の穴にも充分にご注意を。

Chapter

11 ライセンスビジネスを組み立てる―ステップ5 その他の申請書、契約書

1―ライセンス申請書

本来、ライセンス申請書については、もう少し前の段階で説明すべきではないかと思う読者もいらっしゃるかと思います。これはすべてのパーティーにとって重要なポイントだからです。しかし、実際のライセンスビジネスでは、申請書は必ずしも一番初めに出すものとは限らず、ある程度契約内容の交渉をしたり、プロパティの資料を検討したりしてから、申請書に記載すべき事項についてライセンサーとライセンシーの考え方の合意の目鼻がついたところまでいってから、ライセンスエージェントがライセンシーに提出を求めるということもよくあります。そういうことで、ここでは便宜上、契約の主要部分を先に説明してからライセンス申請書の項に入りました。

「ライセンス申請書」と一口に言っても、紙っぺら１枚の非常に簡略な申請書のフォーマットしか用意していないライセンサーもありますし、見ただけでうんざりするような分厚い書式をもち出すライセンサーもあり、その内容はさまざまです。巻末資料の書式は、どちらかというと後者であり、これをもっと簡略化することも可能です。ただし、ライセンスビジネスというのは契約書のビジネスであって、契約後も多くのレポートや承認の伝達などの書面が数多く各パーティー間を行き来します。ですので、最初にライセンシーが書かなくてはならない「ライセンス申請書」が多少面倒なシロモノであったからといって、それが「書けない」ような企業であれば、その後のライセンス契約の実行も難しいと考えてよいと思います。

そのようなことを頭に置いて、巻末資料をご覧ください。

2—秘密保持契約

秘密保持契約はとくにライセンサーにとっては「守らせる」重要な事項になり、ライセンシーにとっては「守るべき」重要な事項となります。英語では“non-disclosure agreement”といい、NDAと略されて称されることが多いです。この契約は、ライセンサーとライセンシー候補の間で早い段階で調印されることが多く、この時点で両者の間でライセンス契約が成立するかどうかが決定していることは、必ずしも秘密保持契約調印の前提とはなりません。この契約を交わす目的は、一般に公開されていない情報をライセンシー候補が入手する場合に、その情報が外部に漏れないようにするということにあります。

図表 11-1　秘密保持契約の要点

①契約上で規定される「秘報」の伝達の方法は、書面または有形、口頭もしくは視覚手段、その他方法の如何を問いません。

②秘密情報とは、秘密であることの明示の有無にかかわらず、ライセンサーのプロパティの情報（グラフィック、動画、商標登録、開発計画、映画の公開時期、ライセンシーの契約状況等）、営業上の情報（事業活動、資産状況、財務・会計上の情報、人事、顧客情報、販売計画、商品計画等）、技術上の情報（製造計画、発明、設計、研究開発、調査、クレーム等）、その他未公開であることを明示した情報です。

③ただし、次のような情報は上記の秘密情報には含まれないのが普通です。
□ライセンサー側から開示を受ける以前にすでに保有していた情報
□正当な手段により、第三者から受けた情報
□すでに公表されており、一般に入手可能な情報
□開示の前後を問わず、秘密保持義務を負うことなく乙が第三者から適法に入手した情報
□秘密情報を使用することなく、乙が独自に開発、作成したものであり、そのことを書面により甲に証明できる情報

④秘密保持契約は、ライセンス契約が実際に調印に至らなかったとしても、秘密保持契約の調印から３～５年継続します。

⑤秘密保持契約に違反が生じ、ライセンサーが損害を被った場合、相手方の調印者に対しては損害の賠償が請求されます。

11

コンピューター関係のソフトウェアの開発や、企業の合併交渉などの場合は、非常に重要な契約となり、当事者以外にも関係するコンサルタントなど多くの企業が調印する必要があります。ライセンスビジネスでもとくに、公開前の映画のビジュアルや、発売前の自動車の図面などをライセンシー候補やライセンシーに供与する場合には非常に重要な約束事となります。

現在では、例えばアルバイトに名刺の情報をデータ化してもらう際にも、秘密保持契約を結ぶことさえ一般的になっていますので、読者の皆さんにもなじみの深いものであると思います。ここでは要点のみ簡単に説明します。

本契約の要点は先に示した図表 11-1 のようになります。

以上が、秘密保持契約の重要点を抽出したものです。いったん、ライセンサーとライセンシー候補が秘密保持契約を締結した後は、実質的なライセンス契約について、安心してじっくりと協議ができる環境になったと思って頂いてよいと思います。

Chapter

12 いよいよビジネスに参入、初動戦略

ここで、やっとエージェント契約の締結、またはライセンスエージェント契約の締結に至りました。まずは祝杯を上げたいところでしょう。しかし、多くの場合、ここに至るまでに思ったよりも時間がかかっており、商品のローンチまで急がないといけない事態になっていることが多いのです。

1 —契約締結から商品発売までのタイムテーブル

契約に基づいて、ライセンサーの承認を得て商品を実際に発売し、市場に出すには少なくとも次のステップが必要になります。

図表 12-1　契約締結から商品発売までのタイムテーブル

商品開発の指針およびグラフィックマニュアルの付与および承認プロセスの説明
（ライセンサーからライセンシーへ）
ライセンサーから、ライセンス商品に使用できるプロパティの各種のグラフィックや、新しいグラフィック制作の指針、そして承認を得るための過程の説明が書かれたマニュアルが渡されます。

↓

プロジェクトのビジネスプランの提出
（ライセンシーからライセンサーへ）
そのプロパティのライセンスビジネスをどのように展開していくかのマーケティングプランを詳細に記入したものを提出します。

↓

ライセンサーによるビジネスプランの承認

↓

商品コンセプトマップの提出
（ライセンシーからライセンサーへ）

12

↓

開発する商品のイメージおよび大まかな仕様の提出
（ライセンシーからライセンサーへ）

プロパティを商品化する大きなイメージをマップにしたもの、また、商品開発の指針などを提出します。

↓

ファイナルプロダクトデザイン提出と承認
（ライセンシーからライセンサーへ）

生産を予定する商品の詳細なデザイン、商品の設計書に近い、詳細なデザインを一目で分かるカラーのグラフィックにして提出しライセンサーの承認を得ます。

↓

下請け生産工場リストの提出
（ライセンシーからライセンサーへ）
国内外で生産を担当する工場のリスト

↓

広告、販促物、パッケージ、プレスリリースなどの承認

↓

商品以外でプロパティのグラフィックが付くアイテムすべてに承認が必要です。

↓

プロトタイプサンプルの提出と承認
（ライセンシーからライセンサーへ）
承認されたデザインの原型サンプル

蝋型（ろうがた）、ハンドメイドなどによる、本生産に限りなく近い原型サンプルの提出しライセンサーの承認を得ます。

↓

契約上で約束したPL保険、GL保険などの証書のコピーの提出。

↓

品質基準検査の報告書提出

プロトタイプサンプル、使用する素材などの検査結果報告書の提出しライセンサーの承認を得ます。

↓

本生産の開始

↓

上記工程を終了し、フイセンサーの承認が出てから、ライセンス商品の本生産が開始できます。

↓

プロダクションサンプルの提出

本生産商品から抜き出した商品サンプルを契約上の規定数、ライセンサーに送付します。プロトタイプサンプルから大きな相違がある場合は、出荷は停止されます。

2―効率的に承認のスケジュールをこなすコツ

上記にはライセンサーの承認にかかる時間や、ライセンシーが行う企画会議や、社内サンプルの作製、展示会、内示会の開催などは入っていませんので、これらも加えてタイムテーブルを完成させ、商品開発の進行状況のチェックシートとするのがよいでしょう。進む段階に沿って、注意すべき点を以下に示します。

まず最初の段階では、最初の商品デザインから最終の本生産商品までを同じデザイン番号なり商品番号で通して、ライセンサーとやりとりをすることです。通常、ライセンシーサイドでは、デザインの番号と本商品の番号が変わってしまいますが、これはライセンサー側の混乱を招き、承認に余計な時間をかけさせることになります。なかにはプロトタイプサンプルには品番さえ付けずに提出するライセンシーもありますが、これでは素早い承認を期待するのも難しくなります。

そして次の段階に進んだら、平面デザインのやりとりはできる限りeメールとそれに添付したPDFもしくはJPEGのデータで行うことです。よほどの細かい指示をやりとりするのでなければ、高い解像度やイラストレーターデータは不要ですし、だいたい、ライセンサーの営業サイドのコンピューターではイラストレーターデータはおそらく開くことができません。

ただし、プロパティのグラフィックやロゴはしっかりと見えるように、必要なら吹き出しを付けるか別紙にして正確に描き起こします。また、ライセンスエージェントがそのデザインをさらに海外のライセンサーに送る場合は、日本語を入れると邪魔になることがあります。要は平面デザインの提出、承認などはほとんどがメールでできるのですから、そのための下準備をしっかりして無駄なミーティングを省くことが重要なのです。これについてはさらに詳しく後で述べることにします。

3―ビジネスプラン

ライセンスビジネスに限らず、「ビジネスプラン」というのはビジネスをスタートする際に必ず必要なものです。「マーケティング」というと、日本では「宣伝、広報」のことのように思われていますが、実は「生産」から「販売」までのビジネスを支える法務以外の要素をすべてが「マーケティング」なのです。

ビジネスプランは政治的に何度か目的が変わって使われます。最初は、プロパティを取るためのビジネスプラン。ライセンシーからライセンスエージェントやライセンサーへ、またはライセンスエージェントからライセンサーに提出されます。そしてプロパティを獲得した後に、企業内でそのライセンスビジネスを実行するチームが共有するためのビジネスプラン。これは最も詳細で、良いことだけでなく悪いことと、それを克服する方法もカバーしてあるプランでなければなりません。

最後は、外部のクライアント、ライセンシーにとってはリテールや卸売業者になり、ライセンスエージェントにとってはライセンシー、ライセンサーにとってはライセンスエージェントやライセンシーがクライアントになりますが、これらのいわば顧客に対するモチベート（やる気にさせる）ビジネスプランです。

ここでは、最も内容が複雑で多岐にわたる2番目の企業内のライセンスビジネスチームのためのビジネスプランの作成について説明をしていきます。いわば、企業でのそのライセンスビジネスの「バイブル」と思ってください。

3-1 ビジネスプランを構成する要素

●── Overview（オーバービュー／近況）

これは、「業界を取り巻く状況」という大きな見地からの説明です。その中で、このビジネスに○○のようなチャンスと、希望があるので、それに参入をする（あるいはしたい）ということを書きます。いわば前書きのようなもので、読んだ人が、なるほどその状況なら、このビジネスをやるのは良いアイデアだ、と思うような文章にすべきです。なるべく簡潔にしてあまり長くしません。

●── Mission（ミッション／ビジネスの設定）

日本の企業には、この「ミッション」という考え方がなく、どのように訳すかも困るところです。企業にとっての「社会的責任」、あるいは「恒久の目標」と言えるかもしれません。日本では、ビジネスプランを作成する場合もいきなり、上記のオーバービューから売上げ目標に行ってしまうことが多いのです。しかし、この「ミッション」ビジネスで、最も重要なことに位置付けられます。

トム・クルーズ主演の映画に「ミッション：インポッシブル」というものがありますが、これは「不可能とも言えるミッション」とも意訳できると思います。読者の方はミッションを設定するのに、最初から「インポッシブル」と決めつけてしまっては困るのですが、企業がそのビジネスをやることの大きな意味や重要性について記すべきです。例えばこんな感じに……「当社が創立50周年を迎え、新しい事業として知的財産権のビジネスに挑戦するタイミングと考え、このプロパティのライセンスビジネスを50周年記念事業としてスタートします。当社はこの事業に係わる商品のリサイクル性を高め、環境保護にも貢献していきたいと考えています」などです。最近は、ビジネスが社会に貢献する面というのを、このミッションの中に入れていくという企業の姿勢が求められていると思います。

●── Objectives または Goals（ビジネスの目標、ゴールなど）

ここからは、生々しいビジネスの設定の記入の段階に入ります。企業によっては、前述のミッションの内容をこの「目標」の項目に抽象的に入れてしまうところもありますが、ここにはあくまでも具体的な目標を入れます。例えば、3年後の販売目標、配荷店舗数、利益率、業界でのシェア率、新製品の開発目標など数字を示して記入します。

●── Organization（ライセンスを行うチームの組織図）

これは、いわゆる組織図ですが、あくまでこのライセンスビジネスのための図ですから、トップが社長である必要はありません。プロジェクトのリーダーを任された人がそこに来るのです。それが課長であっても係長であってもかまいませんし、その下に部長が来てもかまわないのです。実際の仕事の流れの表を作ってください。そこには外部の弁護士やコンサルティング、商社、配送センター、倉庫なども記入してください。そして絶対に忘れてならないのは、担当者の個人名を入れることです。単に「生産担当」と書くだけではなく、「生産担当、鈴木一郎（生産第2部3課課長）」というようにして、個人の仕事の位置と責任が分かるようにしてください。

●── Operating Logistics（組織構成と役割）

上記の組織図の中に入れてしまってもよいのですが、A4判の書類などではスペースが足りないでしょうから、別途、各担当者の仕事の範囲、具体的にこのライセンスビジネスプロジェクトで何をやるのか、どのような責任をもつのかを担当ごとに詳しくリストアップしてください。

●── Sales & Royalty Plan（セールス＆ロイヤルティプラン）

これは、読者の皆さんも常日頃からよく作っている表だと思います。とくに営業の方なら毎日のようににらんでいる書類ではないでしょうか？　ビジネスプランにおいては、商品カテゴリーをできるだけ詳細に記して、最低でも向こう3年、できれば5年間の売上げの計画を出します。そして、ライセンサーやライセンスエージェントの場合は自社で商品を作らず、ライセンシーを設定するわけですので、売上げプランとともに、商品カテゴリーごとの開発の優先度をA、B、Cというように記しておくとよいと思います。雛型は、本書の巻末に添付しましたので、ご覧ください。

また、このビジネスプランがプロパティを取得するためのプロポーザルとしてライセンサーやライセンスエージェントに提出される場合、いろいろな制約や経済状況により、向こう3年、5年の売上げプランをひとつに定めて提出することには、大変不安を感じると思います。「そんな先のことは分からない」というのが本音でしょう。その場合は、3つのプランを出すことをお勧めします。これは米国でもよく行われている方法ですが、3つのプランとはbest（ベスト／最良）、most likely（モーストライクリー／多分このくらいはいくだろう）、conservative（コンサバティブ／最低限）というものになります。このやり方に慣れること、これはライセンスビジネスには非常に重要なことです。

そして、各プランの数値の差は最大で30％くらいが妥当なところだと思います。また、どのような条件がそろったら、“Best”になり、何が起きたら“conservative”になってしまうのかという予測についても、文章で簡単に記す必要がありますが、このようなプランの出し方の方が、実際の予測としてライセンサーやライセンスエージェントに対しては、現実味と説得性があると思います。

3-2 Marketing Plan（マーケティングプラン）

冒頭に述べたように、マーケティングとは、生産から企画、営業、販売までのすべてをカバーしますので、それらの時系列的なプランを作成します。

●── MD Philosophy（商品フィロソフィー、日本語では商品コンセプト）

日本で商品コンセプトというと、季節のテーマを言うこともありますが、これは“seasonal concept”と言うべきで、ビジネスプランにはそこまでを記入する必要はありません。むしろ商品のミッションとも言うべき、終始変わらない哲学的な考え方、指針を記入してください。例として挙げれば、「老若男女に愛され、家族の一員になるような有効性と暖かみを持ったキャラクターをおもちゃ中心にライセンス商品化する」という感じです。

●── Priority（商品開発の優先性）

どのような商品を開発するのか、その中で優先度の高いものはどれか。繰り返しになりますが、とくにライセンサーやライセンスエージェントにおいては、サブライセンシーをリモートコントロールして商品を生産販売しますので、その優先度がはっきりとしている必要があります。

●── Pricing（プライスレンジ）

ハイプライス、ブリッジ、ミディアムなどという抽象的な表現ではなく、代表的商品を抽出して、そこに希望小売価格を記入してください。ですから、プライスレンジとして独立した表を作らなくても前述のセールスプランや、商品開発の優位性のリストのところに併記することも可能だと思います。

●── Distribution（販路）

申請書の項などでも説明をしている販路ですが、ビジネスプランでは、実際に販売のターゲットとなる店名や口座名を具体的に記入してください。口座名の場合は店舗数とその店舗の位置〔何々店〕までの記入が望まれます。ですので、この販路のリストだけでも数ページ、あるいは数十ページに及ぶものになるのが普通です。

●—— Advertising, Promotion, PR（広告、プロモーション、PR）

この部分が、日本で一般的にマーケティングプランと思われている項目です。具体的に雑誌などの媒体名、露出する予定の号や、プロモーションの具体的プランと実施期日、広告、ポスター、ポイント・オブ・セールス・マテリアルなどのラフ案があればこれも別紙などで添付してください。

以上のような事項を基本として、後はとくに強調すべきマーケティングプランを付加していけばよいかと思います。

●—— Licensee Communication（ライセンシーとのコミュニケーション）

ライセンシー会やデザイン開発ミーティングの組織化、ライセンシーへの会報発行などを予定している場合はそれらを記入します。

●—— Retail Development（リテール開発）

店舗への働きかけ、提案について記します。例えばプロパティのコーナーの設置、リテールでの店頭プロモーションなどのプランを記入します。とくにライセンサーやライセンスエージェントの場合は、ライセンシーや卸売問屋などに直接店舗への働きかけをするプランについて説明すると効果的です。

●—— Business Trade Show（展示会）

業界のショーや、社内外の展示会への出展、出品予定の記入です。

4—Critical Success Factors（成功への重要条件）

これも日本の企業のビジネスプランにはあまり見かけない点ですが、実は非常に重要な項目です。いわば「この項目が実現しないと、ビジネス自体の成功が危うくなってしまう可能性のある条件」というものです。

このビジネスプランの記入方法のすべてに言えるように、この項目も具体的に記さないと意味がありません。例えば、ライセンサーがライセンシーに自社が直営しているキャラクターグッズのショップに、そのライセンシーのライセンス商品を導入することをほのめかしていたら､「ライセンサー直営のキャラクターショップを本ライセンスビジネスの商品のショーケースとして利用し、広報やパブリシティを行う」と書くのがよいと思います。

また、アパレル商品などで、主要な展開先とかなり早いペースで商品の開発をしなくてはならない場合には「主要な販売先であるカジュアルウェアーチェーンに年最低6回の商品ライン提案を行えるよう、ライセンサーの迅速な商品デザイン、プロトタイプサンプル、品質基準レポートに対する承認をお願いしたい」と書くのもよいでしょう。「この項目が実現しないと～」という部分で、ライセンスエージェントやライセンサーに、プレッシャーをかけられるのがこの項目であるともいえるのです。

5 — Control & Compliance（規則遵守）

ここ10年くらいの間に､「コンプライアンス」という言葉が非常に脚光を浴びるようになってきました。ですから、ビジネスプランにも、この項目を入れないわけにはいきません。ただし、これをどの程度厳しくするかというのは、ライセンサーがライセンスエージェントに求めるもの、ライセンサーやライセンスエージェントがライセンシーに求めるものをよく把握してから決めるべきです。実際にできないことをビジネスプランに盛り込むと自分で自分の手足を縛るようなことになってしまいます。

5-1　行動規範

英語では code of conduct とか corporate social responsibility（CSR と訳されることが多いです）といいます。ミッションが会社にとってのビジネスの意義であるとするならば、行動規範は、個人が会社の一員として倫理的、道徳的にどのように行動するかの規範になります。行動規範を公にしている会社は多いので、ウェブサイトなどで、その例を知ることができます。短いもの、長いものといろいろありますが、例えば、コカ・コーラ、ユニクロ、味の素、イオングループ、イケア、博報堂DYグループなどの多くの会社のホームページに「行動規範」、「行動指針」などの名称で掲載されています。スウェーデンの家具メーカー“IKEA”のそれは、一見の価値があります。今では、これが決まっていない会社は一流企業とはいえないというくらい一般化しています。このことは非常に重要なので、最終章「これからのライセンスビジネス」でもう少し詳しく述べます。

5-2 品質基準/保険

これらに関しては、ステップ3（Chapter 9）で述べた通りです。

5-3 Reporting（レポート）

ライセンシーがライセンサー、ライセンスエージェントへ、またはライセンスエージェントがライセンサーに報告の種類とその書式を添付します。この書式は多くの場合、プロパティをライセンスする側であるライセンサーかライセンスエージェントから提示されます。後で詳細を述べるロイヤルティレポートが最も重要なレポートになりますが、その他、デザイン申請書、品質基準検査レポート、マーケティング費用報告書、そしてビジネスプランの書式も提示される場合があります。

以上が、およそのビジネスプランの記入方法となります。

6―プラン、モニター、コントロール（PMC）の重要性

話がビジネスプランのところにきましたので、ここでついでに、ビジネスのマネジメントで大変重要な3つの要素についてお話ししておきましょう。それが表題の「プラン、モニター、コントロール（plan, monitor, control）」です。これも、ライセンスビジネスに特有の事項ではなく、すべてのビジネスに有効な方法で、私自身、このマネジメント方法を取り入れることによって、ライセンスビジネスでいくつもの危機を乗り越えた経験があります。個人の人生のプランにもこれを

応用しているくらいです。このPMCの手法は決して複雑な戦略論でも何でもなく、ただ「プランを作って、そのプランを、現状を直視して把握し、最後は力業である程度格好を付けた状態に修正していく」というべきものです。そう言うと実は、そんなことは誰でもやっているではないかと言われそうなことなのです。

しかし、これを書式にして、いわばシステム化して行うということに本書で解説する意味があります。書式の雛型については、巻末資料のIPS書式というものを見てください。やたらにマスの数が多いこの書式ですが、これは商品の在庫（I = inventory）、生産（P = production）、販売（S = sales）の年間プランをアイテム別、月別に管理する書式です。別の書式であるビジネスプランでは、5カ年の販売計画を作成しましたが、このIPS書式では、まず年間の販売金額をアイテム別の数量に変えて、各月ごとの販売個数を出し、これを各アイテムの各月ごとのマスの最上段のプランの一番左のS（販売）に入れます。この場合、実数をそのまま入れないで、1000個単位に省略してよいでしょう。そして、一番右のマスの合計には、年間の売上げプランの合計（＝各月のSの合計）が入ります。次には、企業によって目標になっている商品の回転率、在庫日数により、各月のプランの一番右側のI（在庫）を入れます。例えば、年に在庫が6回転するのであれば、月末の在庫は翌2カ月分を記入するわけです。そうすると自動的に真中のP（生産）の個数が出てきますので、これを記入し、プランが完成します。

この最上段のプランは年間プランとして1年間決して変更はしません。そして2段目の「見直し」というところに1月の時点（あるいは会計年度の初月）では、年間プランと同じものを入れます。そして1月が終わった段階で最下段の実績を入れます。多くの場合実績はプランや見直しと違う数字になりますので、これを反映して翌月以降「見直し」の行を毎月変更していくのです。この時に最も重要なのは、販売個数の見直し目標の変更です。

ここに、IPS書式に、年間プランのみを入れたものと、1月時点での見直しプランを加えたもの、そして1月の実績を入れて、2月以降のプランを見直した3つのサンプルをお見せしておきましょう（図表

図表 12-2　IPS（在庫、生産、販売）予測レポート

報告月

		JAN 1 月			FEB2 月			MAR3 月			DEC12 月			TOTAL		
		S	P	I	S	P	I	S	P	I	S	P	I	S	P	I
品番 12345 バッグ（S サイズ）	プラン	1.5	5	3.5	1.7	2.2	4	2	2	4	1	1.5	2.5	15	17.5	
	見直し															
	実　績															
品番 12567 バッグ（LL サイズ）	プラン	0.3	1	0.7	0.3	0.6	1	0.5	0.5	1	0.7	1	1.3	6	7.3	
	見直し															
	実　績															
合　計 TOTAL	プラン	1.8	6	4.2	2	2.8	5	2.5	2.5	5	1.7	2.5	3.8	21	24.8	
	見直し															
	実　績															

年間プラン（単位は 1,000 個）

		JAN 1 月			FEB2 月			MAR3 月			DEC12 月			TOTAL		
		S	P	I	S	P	I	S	P	I	S	P	I	S	P	I
品番 12345 バッグ（S サイズ）	プラン	1.5	5	3.5	1.7	2.2	4	2	2	4		1.5	2.5	15	17.5	
	見直し	1.5	5	3.5	1.7	2.2	4	2	2	4	1	1.5	2.5	15	17.5	
	実　績															
品番 12567 バッグ（LL サイズ）	プラン	0.3	1	0.7	0.3	0.6	1	0.5	0.5	1	0.7	1	1.3	6	7.3	
	見直し	0.3	1	0.7	0.3	0.6	1	0.5	0.5	1	0.7	1	1.3	6	7.3	
	実　績															
合　計 TOTAL	プラン	1.8	6	4.2	2	2.8	5	2.5	2.5	5	1.7	2.5	3.8	21	24.8	
	見直し	1.8	6	4.2	2	2.8	5	2.5	2.5	5	1.7	2.5	3.8	21	24.8	
	実　績															

1 月スタート時の見直しプラン

		JAN 1 月			FEB2 月			MAR3 月			DEC12 月			TOTAL		
		S	P	I	S	P	I	S	P	I	S	P	I	S	P	I
品番 12345 バッグ（S サイズ）	プラン	1.5	5	3.5	1.7	2.2	4	2	2	4		1.5	2.5	15	17.5	
	見直し	1.5	5	3.5	1	0	3.2	1.2	0.5	2.5	1	1.5	2.5	11	13.5	
	実　績	1	5.2	4.2												
品番 12567 バッグ（LL サイズ）	プラン	0.3	1	0.7	0.3	0.6	1	0.5	0.5	1	0.7	1	1.3	6	7.3	
	見直し	0.3	1	0.7	0.4	1.6	1.5	0.7	0.5	1	0.7	1	1.3	8.5	9.8	
	実　績	0.5	0.8	0.3												
合　計 TOTAL	プラン	1.8	6	4.2	2	2.8	5	2.5	2.5	5	1.7	2.5	3.8	21	24.8	
	見直し	1.8	6	4.2	1.4	1.6	4.7	1.9	1	3.5	1.7	2.5	3.8	19.5	23.3	
	実　績	1.5	6	4.5												

1 月終了時の見直しプラン

12-2)。

この項でお話しするプラン、モニター、コントロールの「プラン」の部分はまさしくこの最上段のプランで、いかに年間をよく見通して実現性のある目標を作るかということにつきます。通常、その年度の始まる1カ月くらい前までには確定しておきます。

次のモニターという行為を行うのが、2行目の「見直し」のところになります。毎月変わる卸売販売状況、セルスルーといわれる前売の状況、前受注状況（予約）、返品や生産の進行状況を見て、その実績に変化があれば、大胆に翌月以降の予測も変更します。この段階で、もともとの年間プランはいったん忘れてしまって、現実を直視しなければいけません。どうも日本の企業は「対プラン比」、「前年比」などという亡霊のような数字を基準に「これだけはやらなくてはならない」という数字をキープしたがる傾向があります。そのようなことから、年間のプランがあまり変わらないのを良しとする傾向がありますが、いつも優秀な経営者は、そのような亡霊の数字にまどわされることなく、現実に起こっている事態を把握して、将来のプランを大胆に見直します。これが英語で言えば「モニター力、フォーキャスト力」ともいうべきものです。売上げのプランが見直されれば、すぐに生産も調整されます。英語にもなっているトヨタの「カンバンシステム」はまさにこれを毎日毎時行っているようなものなのです。

しかし、実際のビジネスで毎月のようにプランが倍になったり、半分になったりというような変更があっては、いろいろと差し支えが出てきます。最低これだけはやらなければならないという数字もあるでしょう。その数字に、実績をもっていくのを、「コントロール」といいます。コントロールにはありとあらゆるマーケティング的な手法を使います。ライセンサーやライセンスエージェントはライセンシーと頻繁なミーティングを行って、ライセンシーのアシストになるような方法を提案します。私が長年やっていた、コカ・コーラのマスターライセンシー業務では、ライセンシーの商品をノベルティとしてコカ・コーラのボトラーに売り込んで使ってもらったり、ライセンス商品のショップを全国展開して売上げを伸ばしたこともあります。またライセンシー自身も広告販促を増やしたり、新たな問屋を探したり、インターネットの販売を強化したりというような、「コントロール策」を取ります。ですから、モニターとコントロールは非常に密接に関連していると言ってよいでしょう。

この、プラン、モニター、コントロールというのは、米国的な名前の付け方ですが、名前の付け方は何でもよいのです。「報連相（ほうれんそう＝報告、連絡、相談)」という日本的なマネジメント方法もありますが、これもPMCに非常に似たもので、悪いことからまず報告をしなさいということです。一番いけないのは、実際の販売が実績として落ちているのに、年間プランを変更せずに、気合いだけで「必ず売上げ目標は達成させます」と叫んでいるような企業体質です。この場合、売上げが落ちるだけでなく、これを現実の流れとして捉えないために、不良在庫がふくらんでしまうのです。

ライセンサーにとって、非常に怖いのは、ライセンシーが知らない間に過剰な不良在庫をもつことです。Chapter 9の「契約の解除、終了」の項でもお話ししたように、このような状態になると契約の終了時には、ライセンス商品がダンピングされて、考えられないような低価格で市場に出回ることがあり、その規模があまりにも大きいとそのプロパティのライセンスビジネス自体が破綻を来すこともあるのです。近年も、欧米のバッグのライセンサーと日本のライセンシーが契約を終了した際に、そのライセンシーの多大な在庫が市場に非常に安く出回り、ブランドのイメージを多いに落とした例があります。

このような状態になるのは、ライセンサーもライセンシーも怠慢であったと言わざるを得ません。毎月とは言わないまでも、せめて四半期ごとにIPSの表を利用して、ライセンサーとライセンシーが売上げと生産、在庫について把握して、これらの調整をしていれば、このような事態は起きなかったはずです。近年はバブルの頃と違い、IPSのような管理業務に時間も人も割けなくなってきていることは充分承知しています。しかし、ただ入ってくるロイヤルティを眺めているだけのライセンサーと、売上げを計算して自動的にロイヤルティを支払っているだけのライセンシーの関係というのは、その無関心の裏でふくらんでいるリスクに気が付かない可能性が高いということは、常に頭に入れて、リスクに注意をしておくべきでしょう。

7—ライセンスマニュアル

ライセンスマニュアルは、ライセンス契約を補完するべき重要な書類で、ライセンサーからライセンスエージェントやライセンシーへ、またはライセンスエージェントからライセンシーに対して供与されます。この中には、プロパティの実際の商品への使用方法や、承認の手続き、各種レポートの書式とその記入方法など、実際のライセンスビジネスを行う際に必要なノウハウが詰め込まれており、いわばプロパティの「取扱説明書」というべき冊子です。このマニュアルは、エンターテインメントプロパティでは、ほとんどの場合ライセンサーが作成しますが、コーポレート&トレードマークプロパティは、ライセンスエージェントがライセンサーから任されて作成することも多くあります。これはマニュアルを作る母体の企業が、ライセンスビジネスを本業としているか、そうでないかの違いによるのです。とはいえ、なかにはマニュアルらしいマニュアルを用意していないライセンサーやライセンスエージェントもあり、その都度必要なものをライセンシーの要望に応じて手渡したりするのですが、これは非常に非効率的です。

まずは、ライセンシーが基本的に知っていなければならない知識を、分かりやすくまとめた「取扱説明書」としてのライセンスマニュアルを、ライセンスビジネスの商品たる「プロパティのライセンス契約書」に付けて渡さなければ、顧客であるライセンシーは、いちいちその商品の使用方法をサポートセンターであるライセンサーに、電話やメールで質問することになり、質問を受ける方もそのために相応の人員を教育して対応させなければなりません。家電製品やコンピューター製品と同じで、取扱説明書なしに、すべてそのように個々に対応していたら、ビジネスは停滞してしまいます。というわけでライセンスマニュアルを提供するのはライセンスを供与する側の義務であるともいえます。

ライセンスマニュアルは、ビジネスの早い段階から作成をしておいた方がよく、ライセンシーが決まってから作り始めたのでは遅いのです。ここでは、まずその内容の一例を挙げてみましょう。

7-1 プロパティの発祥、歴史などの記述

まずは、ライセンシーにプロパティの理解を深めてもらうために、契約したキャラクターや、コーポレートブランド、アートプロパティなどがどのようにして誕生したのか、またその作者や製作者の逸話、

プロパティが有名になってきた過程などの歴史をマニュアルの最初に載せます。

とくに“since XXXX”などと、その歴史の長さを特記できるブランドは、この部分で契約をしたライセンシーをプロパティのファンにしていくことも重要な目的です。歴史が50年以上ある場合は、工場や、配送センターなどの古い写真を文章に添えると効果的です。私は長い間米国の石油会社、テキサコ社のエージェントをやっていましたが、1920年代のオイルドリラーと呼ばれる石油の探索業者の写真は非常に人気があり、これを使った商品もいくつか生産されました。「うんちく」のあるブランドはそれを出し惜しみせずに、ここに表現してライセンシーに開示をしましょう。要は、これを読んだライセンシーがブランドの奥深さと魅力に感動し、できれば涙のひとつでも流してくれることがあれば完璧なのです。

7-2　ライセンスビジネスの概要

ここでは、説明のポイントをプロパティ全体から、そのライセンスビジネスに絞って記述します。ライセンスビジネスの歴史は、プロパティの歴史に比べてライセンシーにとってはインパクトが少ないと思われますから、その記述は簡潔でよいと思います。それよりも、現在のライセンスビジネスがどのようになっているかを、ライセンシーのリストや、オンリーショップ（そのライセンス商品だけを扱っている店）のリスト、コーナー展開の実例、イベント、プロモーションの例を具体的に掲載して紹介します。

7-3　マーケティングの方針

これは、前述の「ビジネスプラン」の項で説明したものの中から、ライセンサーやライセンスエージェント自身その内容を記入してライセンシーに供与できる下記の項目を抽出して、文章やビジュアルマップでマニュアルとして提供するものです。この項目は、そのライセンスビジネスを実行するチームが共有するための指針となる部分ですので、各ライセンシーに同じ方針を伝えるのは言うまでもないことです。

●――ビジネスの設定（Mission）

前述したように、この「ミッション」には適当な和訳がありません。ここではあくまでライセンサーがこのビジネスを行う、企業としての意味、さらには社会的な意味を分かりやすく記しましょう。詳しくは本章の第3節をご参照ください。

●――商品開発の指針（フィロソフィー）

これは、そのプロパティを商品化していくのに必要な商品フィロソフィーやコンセプトのうち、シーズンごとに変わるものではなく、商品哲学のようにずっと変わらないスローガンや、イメージを文章と、できればビジュアル化したマップで見せるようにします。例えば、コカ・コーラの場合はRefreshing「さわやかさ」というのが、ずっと変わらないフィロソフィーであると思います。

●――グラフィック、スローガン

ライセンス商品に使えるグラフィックやスローガン（キャッチフレーズ）などをできるだけ多くライセンシーに提供しましょう。商品開発の助けになるとともに、承認作業をスムーズにします。

●――販売ルート例

商品のフィロソフィーを体現するのにふさわしい売り場の例を挙げます。ここには、売り場のカテゴリー名を列記するだけでなく、できれば、什器などを含めた売り場のパース（見取り図）や実際の売り場の代表的な写真を見せられると、ライセンシーは具体的なイメージを把握できると思います。

●――広告、パブリシティ

雑誌の記事、広告やタイアップ記事は、とくにプロパティのことを詳細に書いてあることが多く、ライセンシーにプロパティを理解させる助けになります。

●――品質基準

契約書では、「日本における最新最良の品質基準を満たし」という文章で済まされてしまうことの多い項目ですが、Chapter 9の第6節「品質管理」でも述べたように、とくに安全性に慎重にならなければならない食品や、食器などについては詳細な基準とその数値、またはその基準の具体的名称を個々に示すようにします。

●——組織図

ビジネスプランでライセンシー内の組織図は示されますが、ライセンサー、ライセンスエージェント、法律関係の外部組織、直販店などの組織図はライセンサーがここで示します。ビジネスプラン同様に、ここには担当者の氏名やコンタクト先（電話番号、e メール）などもできるだけ記入するようにして、実際の仕事にすぐに役立つようにしてください。

7-4 販売プラン

これは、ビジネスプランの中の上記の「マーケティングの方針」のように、ライセンサーやライセンスエージェントがライセンシーに、その内容を供与できるものではなく、ライセンシー自身が数字を作製しなくてはならないものです。そのため、書式だけをマニュアルに入れて、実際の販売計画の数字はライセンシーが記入します。巻末にある５カ年売上げ計画と１年の売上げ計画を月別に、生産、在庫の計画とともに記入できる IPS レポート（月別在庫、生産、販売予測レポート）の２種を使います。

7-5 報告書、契約書関係

本書でここまでに説明した書式や報告書、契約書を含め、次のようなものを入れます。

●——ライセンス契約書雛型

これは、具体的な条件（ロイヤルティパーセントやミニマム、指定商品など）を除いた雛型となります。ライセンスビジネスのチーム全員が、契約の内容を把握するのはよいことですが、一方で、何かの機会に、具体的数字は載っていないとしても、契約の骨子を外部に見せたくない場合は、この項目はマニュアルから除外することもあります。

●——ロイヤルティレポート（巻末の書式参照）

報告書中、最も重要なレポートの書式です。当然データでも支給します。この際、計算式もデータの中に埋め込んでおくと親切でしょう。

●——品質検査レポート（巻末の書式参照）

具体的な検査項目や合格数値などを入れた、アイテムごとの品質検査レポートの書式です。

●――その他のレポート

IPSレポート、ロイヤルティ証紙発行依頼書、契約終了時に主に提出される在庫報告書などです（以上、巻末の書式参照）。提出の時期を明記しておきましょう。

7-6　承認手続き

この部分は、ライセンスマニュアルで最も重要なパートになります。

●――承認の事務手続きの流れとスケジュール表

まずは、どのような承認の段階があるかをその順番に沿って記します。これは、本章の第1節に記載されていますので、それをご参照ください。

●――著作権、商標権の表記方法

非常に大事な要素です。知的財産権の表記については第1章で、著作権には©、商標権には®を付けることを述べました。しかし、消費者にもっと分かりやすく権利の存在を知らしめる方法はこれだけでは不足することもあり、日本語や英語で詳細に表記することが推奨されます。

例えば下記のような表記例があります。

- この商品は、商標 “XXXXX” と “XXXXX” および “XXXX” の著作権の所有者である “XXXXXX” の承認のもとに、“XXXXX” により生産されたものです。

また、この表記をしているということを海外のライセンサーに知らしめるためにも、同じ文章を英語にして付記することも有効です。また商品の販売地域に、日本以外が含まれている場合は必須となりますし、ライセンサーが海外の会社の場合は、和英両方での権利表記をすることをお勧めします。

- Produced under the authority of XXXXXX Company, owner of the trademarks of “XXXXX” and “XXXX” and the design of “XXXXX” ©年号 XXXXX Company.　All rights reserved.

また、この表記は製品や商品のパッケージだけでなく、製品の写真やイラストが記載される、カタログやPOSマテリアル、ポスター、

12

広告などにも記載されなければなりません。

●──申請すべきアイテム

商品のデザイン以外に、ライセンシーがライセンサーに承認を申請しなければならないものとしては、プロパティのグラフィックや商標、スローガンなどを使ったものすべてになります。例えば次のものです。

- 商品
- 広告（平面広告、テレビ広告、インターネット動画広告、ラジオ広告など）
- 販売促進物（カタログ、ポスター、POP類、ディスプレー器具など）
- パッケージ、ハングタグ（下げ札)、取扱説明書など
- プレスリリース、展示会案内状、プロパティの入った名刺、レターヘッドなど

●──各アイテムの申請方法

各アイテムの申請の段階については本章ステップ3（Chapter 9：図表9-1）の冒頭に記載してありますが、この段階のひとつひとつについて申請方法を説明しましょう。

① 商品コンセプトマップ

開発する商品をグループ単位でまとめ、そのフィロソフィーやシーズンコンセプトとデザイン、機能、プライス、カラー、プロモーションなどを、できるだけ一括してビジュアルなマップにして、ライセンサーに提出して承認を取ります。最も適当なのは、いわゆる「コンセプトマップ」といわれるもので、承認用であるとともに、ライセンシー内でもそのまま商品開発のベンチマーク（基点）として使用できるマップです。これにはとくに大きさや書式の規制はない場合がほとんどです。このマップが、ライセンサーを満足させるものとなってライセンシーから提出されるには、まずライセンサー側がライセンスマニュアルに入れるプロパティのフィロソフィーマップをきちんと作成して、ライセンシーに渡され、理解されていることが大前提となります。

② プロダクトデザイン提出と承認

生産を予定する商品の詳細なデザインを通常A4判またはレターサ

イズの紙面に、線画にカラーで色づけをしたもので提出します（書式例：巻末資料参照）。この際、一番きちんと表現されなければならないのはプロパティですので、グラフィック、商標、ロゴ、スローガンなどは、そのサイズが小さい場合は吹き出しにして、拡大したものを画面の中に挿入してライセンサーが見て判断できるようにしてください。よくある「悪い例」では、商品のディテール、例えばジッパーの形状、素材の特徴、動力部分の説明などを詳しく表現、説明する一方で、プロパティのグラフィック、商標は手書きの粗いものだったりすることがあります。このプロダクトデザインは必ずイラストレーターやフォトショップなどの、コンピューターのアプリケーションで製作し、これを圧縮したデータファイルをｅメールでライセンシーからライセンサーに提出できるようにしてください。その際に、商品名、後々最終商品まで続くデザイン番号、提出の年月日、カラー展開とそれによるプロパティのグラフィックとの色の構成の違いも入れるようにしてください。また、出来上がったデザインはシーズンラインごとなど、ある程度まとめてライセンサーに送るべきです。

③　下請け生産工場リストの提出

国内外で、ライセンス生産を担当する工場のリストを提出してください。ライセンス契約書の内容によっては、各工場と下請け生産契約書の締結が必要な場合があります。

④　プロトタイプサンプルの提出と承認

承認されたデザインの原型となる試作サンプルです。試作といっても、このサンプルは本生産の商品と完全に同じ形状と色彩をもっていることが要求されます。ただし、稼働部分や素材は、試作品独自のものでダミーであっても許容される場合もありますので、例えばフィギュアやミニチュアカー、キーホルダーなどの場合は蝋型などでの提出も可能でしょう。

アパレル商品の場合も、プロパティのロゴの刺繍が商品サンプル自体に付けられない場合は、別途同じ素材に刺繍をしたものをピン留めして提出するなどの策が考えられます。しかしながら、このプロトタイプサンプルの段階で承認された商品と、本生産商品のサンプルに、品質やプロパティの表現上に差異がある場合には、本生産商品サンプルの非承認という形で、実際の販売にストップがかけられる場合がありますので、プロトタイプサンプルは非常に重要な承認段階であるといえます。

⑤　製造物賠償責任保険の証明書の提出

契約上で約束した保険の証書のコピーを提出します。これはできるだけ早い段階で行っていた方がよいでしょう。契約してから実際の保険証書が来るまでに、数週間、場合によっては1カ月以上かかるのが普通だからです。

⑥　品質基準検査の報告書提出

ライセンス商品の検査結果報告書です。これは本生産商品を検査することが理想ですが、これができない場合、全く同じ原材料と生産工程を経たプロトタイプサンプルの検査報告書を、その旨を明記して提出します。

⑦　本生産の開始

上記工程を終了し、ライセンサーの承認が出てから、ライセンス商品の本生産が開始できますが、ここで契約書によって取り扱いに差異が出てくるのが次のプロダクションサンプルです。

⑧　プロダクションサンプルの提出

プロダクションサンプルは、本生産商品サンプルという意味で、実際の本番の生産商品でライセンシーに実際に入荷した商品から抜き出した完成品サンプルを契約上の規定数、ライセンサーに送付します。

契約書によって差異があるというのは、このプロダクションサンプルの承認があって初めて、商品の本出荷が許諾される場合と、本生産商品はそれまでの承認で出荷が可能で、プロダクションサンプルはあくまで、ライセンサーに出荷済のサンプルとして提出される場合です。

前者は、何らかの理由でサンプルが承認されないと、すでに生産された何百個、あるいは何万個という商品が無駄になるという大変に大きなリスクをライセンシーが負うことになりますので、通常は後者の契約形態が多くなっています。それでもライセンサーは、プロダクションサンプルの形状や色にプロトタイプサンプルから大きな相違があり、これが承認上不都合である場合は出荷を停止する権利を保有します。

再度申しますが、プロトタイプサンプルでいい加減なものを作って承認を取ると、ライセンシーにとっては後で大きな問題を抱える原因になる場合があります。

⑨　グラフィック、ロゴ、スローガンなどで使用可能なものの例

これは、ライセンサーやライセンスエージェントからライセンシーへの商品企画へのアシストという意味で、必要なものです。実際にライセンス商品に使用が可能なグラフィック、デザイン、ロゴとその変形バージョン、歴史的なスローガン（広告文句）などをできるだけ提供することが、商品デザインの幅を広げます。

ただし、ライセンサーは比較的、この点については保守的なことが多く、ライセンスエージェントやライセンシーが、ライセンサーから供与される点数が少ない場合は、交渉をしてできるだけ多く使用可能なものを引き出すことが必要です。とくに、歴史の長いプロパティの場合、過去のグラフィック（retrospective graphics／レトログラフィック）が使用できるかどうかというのは、商品ラインの幅を広げられるかどうかの生命線になることもありますので、そのようなグラフィックの使用希望がある場合は、契約前にライセンサーへの確認が必要でしょう。

⑩　使用できないものの例

逆に、使用できない例というのは、ライセンサーは禁止事項として比較的多くの例をグラフィックや文面でもっているケースがありますので、これも分かりやすくマニュアルに入れておくべきです。とくにライセンシーが判断に苦しむのは、プロパティのグラフィックのカラーの変更、逆転、モノクロ化、商標のフォントの変更、皮の商品などの場合にエンボス化することの可否などです。

12

7-7　グラフィック描き起こしについて

キャラクターなどのポーズを変更する場合、ライセンシーでは技術的に、新しいグラフィックの描き起こしができないことがあります。このような場合は、ライセンサーやライセンスエージェントのスタッフまたは契約しているデザイナーに、グラフィックの描き起こしを有料で依頼できることがほとんどです。そのコストは、グラフィックの

大きさ、2D か 3D か、色づけをするかしないかによって違いますが、だいたい一点１万～５万円くらいからというケースが多いようです。

それゆえ、マニュアルには描き起こしの依頼書を付けておくべきです。本書の巻末に描き起こし依頼書の雛型を添付しました。

以上が、ライセンスマニュアルの概要ですが、これだけの内容をゼロから一度に作るということは、かなりライセンサー、ライセンスエージェントサイドとしても大変な作業です。そこで、マニュアル自体をリングファイルにしておいて、できたものを先に渡し、後から新しいものをそのファイルに差し込んでもらうという方法を取ることが最も合理的でしょう。

Chapter

13 権利侵害品

権利侵害品とは「偽物」とシンプルに言い換えられます。つまり勝手に権利者の許可を得ないで作られた商品を総称する言葉です。これらの商品に対して、法的な手段を取ったり、その他の手段でこれをなきものにするのはプロパティホルダー、つまりライセンサーの権利（または義務）となります。ライセンス契約書の雛型にも、下記のようにうたわれています。

■権利侵害に対する対応

(1)本プロパティに対する知的財産権またはその他一切の権利が第三者により侵害されまたはその危険が生じたときは、甲が、その費用負担において、これに対応する権利を有する。

(2)乙は、本プロパティに対する知的財産権またはその他一切の権利が第三者により侵害されまたはその危険が生じたときは、直ちに甲に対しかかる事実を通知しなければならない。

(3)乙は、甲の要請があった場合、かかる侵害行為に対する対応措置に関し可能なかぎり協力する。

本来、上記(1)の「甲の対応」は権利ではなくて義務ではないかという気がするのですが、20年以上前のライセンス契約書には「義務」という表現が多く見受けられました。現在は、「権利を有する」以外で、甲の責任をやや重くしている例文としては「侵害行為の排除を甲・乙共同して行うものとし、これに要した費用は、甲の負担とする」というものがある程度です。これもやはり、ライセンサーの強い立場を表している一例といえましょう。中国のような偽物がひとつの業界として定着している国では、ライセンサーが「義務」を果たせないという現実もあるのです。また、マーケティング的に見た場合には、プロパ

ティの市場における流行のきっかけは偽物によって火がつくという皮肉な現象があることは否定できません。とくに公式のライセンス商品がまだ市場に出ない前には、海外からの輸入の正規のライセンス商品と、権利侵害品で品質の良いもの（？）が、消費者へのプロパティの知名度と人気を上昇させるツールとなることが多いのです。ライセンサーは、ある程度偽物の業者を泳がせておいて、その面のメリットを利用しておきながら、公式のライセンス商品が出る頃に、一斉に法的な手段を取るという手も使います。いずれにしろ、いつまでも野放しにしておくことはできないからです。

法的手段とは、警告文の送付から、不払いになっているロイヤルティ支払いの命令、警察への訴え、民事訴訟などがありますが、たいていの場合は、ライセンサーの法務部や弁護士からの強い警告文をメーカーならびに、権利侵害品を販売している店舗に一斉に送付すると、そのような商品の市場での流通は止まるものです。

そして、リテールからは、「正規の商品はどこから仕入れられるのか？」という質問が寄せられ、一部の偽物商品の業者からは、正式のライセンシーにして欲しいという要請が来ることもあります。なかには、まず偽物を作って売っていればそのうち必ずライセンサーがコンタクトしてくるので、そうしたら契約をしてライセンシーになるという強者もいるほどです。

このように、完全な権利侵害品への対応というのはある程度マニュアル化している感があるのですが、困るのはグレイ商品という偽物とも本物とも見分けのつかない商品です。

例えば、Chapter 10の「契約の落とし穴」でお話しした、破産したライセンシーの在庫商品ですが、この商品がまだロイヤルティが支払われていないにもかかわらずに、債権者の手から市場に出回ってしまったら、これは権利侵害品といえるのでしょうか？　また同様に、破産したメーカーが所有していたシルクスクリーンの版などが他社に渡って、それを使って商品が作られてしまった場合、それは明らかに権利侵害品なのですが、どうすれば正規に生産された商品と見分けがつけられるのでしょうか？　これらは正直なところかなり難しい問題で、実際に解決するためには、探偵を雇ったり、弁護士と協力して調査に当たったりと、相当に力を入れなければなりません。しかし、解決するかどうかは別にして、このような問題を放置しないで、常に何らかの対応をしているということが、業界に周知されることが、さらなる権利侵害品の蔓延を防止します。これは業務監査を行うのと同じような抑止効果といえるでしょう。

13

Chapter

14 ライセンスエージェントの役割

ライセンスエージェントの役割は、ライセンサーとライセンシーの間にあってその両者を調整し、ビジネスが円滑に進むキーとなる重要な機関である。このエージェントの役割をもう一度ここで整理してみましょう。

図表14-1がライセンスエージェントの主な重要な仕事になりますが、これはすべて重要なマーケティング戦略に基づいて行われるべきです。

図表14-1　ライセンスエージェントの主な仕事

①ライセンサーのために、優良なライセンシーリストアップ（スクリーニング）して、プロパティのライセンス契約のための申請書を各社に提出させる。

②その上で申請書を検討し、契約すべき優良なライセンシーを決定して、ライセンサーの承認のもと、契約書の作成から契約の締結までを行う。

③ライセンシーに対してプロパティをライセンス商品化する正しい指針とその方法を詳しく教え、良質のライセンス商品が市場に出るまでを指導管理する。

④また上記③を実現するためのツールとしてのライセンスマニュアルやグラフィックマニュアルをライセンサーと共同して作成し、ライセンシーに供与する。

⑤各ライセンシーに契約プロパティをライセンス商品化するビジネスプランを提出させ、それをレビューした上でアドバイスと指導を行い、最も適切なマーケティング戦略が行われるようにする。

⑥各ライセンシーの販売とロイヤルティの発生額をレポートの提出により把握、チェックし、ロイヤルティが期日までにきちんと入金されることを確認し、そこからライセンサーの取り分を送金する。ライセンシーのロイヤ

ルティ報告に不審な点があれば、業務監査（オーディット）をライセンサーと協力して行う。

⑦ライセンサーの、マーケティング、広告、プロモーション、パブリシティ活動にライセンシー共々協力する。

⑧プロパティの商標の登録、権利侵害品の問題においてライセンサーに協力する。

⑨ライセンサーがライセンシー会の組織などを発足させる場合、その運営に協力する。

以上のライセンスエージェントの役割の大きさと仕事の分量は、ライセンサーからの期待度と、コミッションの量で決まってくるわけですが、エージェントの役割の内容は、扱うプロパティによって多少変わってきます。主にエージェントが活躍する場のあるプロパティと、それを扱うライセンスエージェントの特徴は次のようなものです。

1―コーポレート&トレードマーク

エージェントの役目の実際の働きを象徴するのが、米国のコーポレート&トレードマークのライセンスエージェントでしょう。ここでは図表14-1に挙げたエージェントの役目に加え、次のような業務が行われます。

① ライセンサーとのエージェント契約の上で、エージェントがライセンシーの管理や商品の品質など多くの責任を負い、また、高額な賠償責任保険に入ることによって、ライセンサーにとっての法的なリスクのクッションになっている。

② エージェントは、ライセンスビジネスの開始前から、メーカーに対して、商標登録から、ライセンスビジネスのプランの作成、ライセンスマニュアルや、ライセンシーが使用できるグラフィックの開発などを、コンサルティングとして請け負えるだけの能力をもっている。

③ 偽物やグレイグッズ（真贋がつきにくい商品）に対する調査、警告、法的措置なども、エージェントがメーカーに代わって行うか、メーカーに対して適切なアクションのアドバイスをすること

ができる。

④　ノベルティの代理店とのコラボレーション（商品の共同開発、ライセンス商品の納入など）や、ノベルティの代理店とライセンシーの共通化などをエージェントがリーダーシップを取って行う。

図表 14-2 は、コーポレート＆トレードマークプロパティを扱うライセンスエージェントの組織図の一例を示しています。このような能力を備える実力派のライセンスエージェントは、それだけスタッフも多く抱えることになります。米国では 200 名を超えるスタッフを抱えるライセンスエージェントも存在します。このエージェントのコミッションはコーポレートでは、40 ～ 50％と高めに設定されることが多

図表 14-2　ライセンスエージェントの組織図（例）

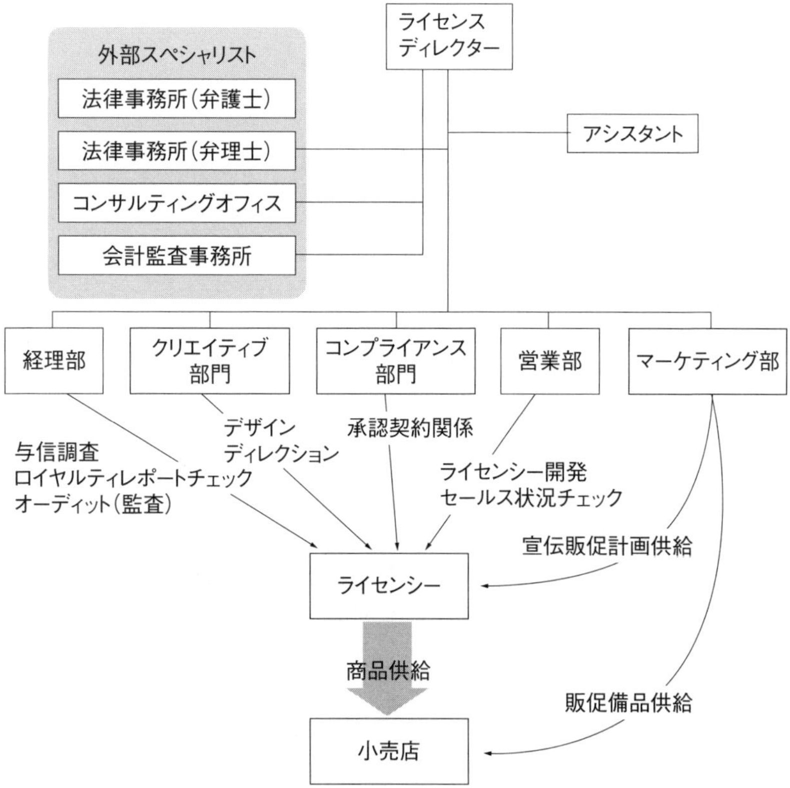

ライセンス
ディレクター
外部スペシャリスト
法律事務所（弁護士）
法律事務所（弁理士）
コンサルティングオフィス
会計監査事務所
アシスタント
経理部
クリエイティブ
部門
コンプライアンス
部門
営業部
マーケティング部
与信調査
ロイヤルティレポートチェック
オーディット（監査）
デザイン
ディレクション
承認契約関係
ライセンシー開発
セールス状況チェック
宣伝販促計画供給
ライセンシー
商品供給
販促備品供給
小売店

く、エンターテインメントでは20〜35%です。エージェント契約書はライセンス契約書比べると複雑になってきています。それだけ、エージェントの仕事量多くなっているのです。しかし、それによりライセンサーにとっては、自社内で同じような組織をもつよりはずっと効率的にライセンスビジネスを行うことができ、またリスクの軽減もでき、最終的にはロイヤルティも入ってくるので、力のあるエージェントにはますます良いプロパティが集中するという傾向が生じています。

2—エンターテインメント

映画分野のエージェントは、ライセンス営業に最も力を入れる必要があります。とくに新作映画は、大きな予算を割いてプロモーションを行うので、ライセンスエージェントが別のプロモーションを行う必要はありませんが、封切りというタイムリミットとの戦いで、素早くて精力的なライセンシー開発が必要とされます。

また、前述の「プロダクト・プレイスメント」の営業もこのエージェントの役割になることが多いので、営業は、広いネットワークをもっていなければなりません。

また、キャラクターのエージェントは、そのプロパティを商品化するためのノウハウを常に更新してライセンシーに与えるとともに、B toCのイベントなどを行い、常にプロパティのフレッシュさを消費者にキープすることが重要な役目となります。そして、キャラクターのグラフィックの描き起こしの能力など、ライセンサーに代わる業務もこなせる受容性が必要になります。

3—スポーツ

スポーツ分野のライセンスエージェントは、数は多くありませんし新規の参入も少ないのです。それはスポーツの業界、団体、組合との特殊で強力なコネクション、またスポーツ選手との同様なコネクションが必要であることが主な原因です。それだけに確立した地位を築いているスポーツプロパティのライセンスエージェントは、強力なイニシアチブをもち、単なるライセンスだけでなく、商品を生産するマスターライセンシーの権利、またショップを経営するリテールの権利までもっていることも多いのです。それだけに、ほとんどのライセンスエージェントがグローバルに権利をもっている場合が多いといえます。

Chapter

15 ライセンスビジネスとブランドマーケティング戦略

ここまで、本書ではライセンスビジネスのいろいろな面にスポットライトを当ててお話をしてきました。世界で約28兆円というその業界規模と参画している企業の多さと立派さから見ても大規模産業ということができますが、そこまでの産業に成長したもうひとつの理由は、このビジネスがブランドビジネスのマーケティングのひとつの戦略として非常に有効な手法であるということです。そこで本章では、ブランドマーケティングとライセンスビジネスの関わりについて解説します。

1—ブランドとは

1-1 ブランドの起源

「ダ・ヴィンチ・コード」の続編ともいうべき、ダン・ブラウン原作の「天使と悪魔」という映画がありますが、この映画の中でバチカンの枢機卿が誘拐され、科学の四大元素、土、空気、火、水を表す焼き印を胸に押しつられて暗殺されるというシーンがありました。この時にその焼き印を指さして、主人公を演ずるトム・ハンクスが「胸にブランドを焼き印されている」と言っていました。

残忍な例で始まって申し訳ないのですが、ブランド（brand）とはもともと「焼き印」という意味で、そもそもはbranderという古いノルウェー語から発生しているともいわれています。また他の説では、ローマ時代の煉瓦職人が自分の作った商品を他と差異化するために煉瓦の表面に刻印したり、英国で他者の家畜と区別するために記されたものが発生だともいわれています。どれを取っても、自身の商品を、見かけが似た他の商品と見分けるために記されていた商標や記号だったわけです。

1-2　心の中の蓄積

日本でブランド品とかブランド好きというと、何か有名で人気のある商品のことだけをいっているように思えますが、これは狭い意味でファッション分野での高級なイメージのついた一部のメーカー品を示すもので、本来のブランドという言葉自体は、ある商品やサービスを、他と区別するための「印」といえます。ブランドをつけて商品やサービスを競合他社の同様のものと差異化する際には、文字や図形で表現された商標が使われることが多いのですが、キャラクターや、アート、デザインなどの著作権も、差異化のツールとして充分に機能しているのであれば、それは立派なブランドです。

消費者はその商品が優れている印としてのブランドを認識して、同じような商品やサービスがある場合は、そのブランドによって、自分の欲しい「優れた商品」やサービスを他から差別、選択できるようになったのです。しかし、その優れた商品が多くの消費者に使われるようになるにつれて、ブランド自体が、それだけで優位性の代名詞になってきました。つまり、デパートなどの売り場で下げ札を見てブランドを確認している消費者は、商品を見て、その優秀さとしてのブランドを確認しているのではなく、逆に紙に印刷されているブランド名を見て、その商品が優秀であるということを確認するという「近道」を取っているのです。ブランドという観念が熟成してくる中で、ブランドは単に「優れた商品」、「良質な商品」という意味だけでなく、もっと多くの意味を内包するようになってきました。「使い勝手が良い」、「リーズナブルな価格で買い得である」、「直して長く使うことができる」、「素材が一流である」――というような商品の品質的なものから、「知的で大人の女性の持ち物という雰囲気がある」、「静かで落ち着いたムードを提供してくれる」、「人目を引く大胆なデザインである」などというイメージ面を示唆するもの、「精巧で技術的な先進度が高い」、「耐久性が高く壊れにくい」、「安全性に優れている」などの性能に関するものなど、ブランドが消費者に示す意味は多用に広がってきています。つまりブランドとはメッセージの集積といえるのです。しかし、そのメッセージとは実際には一体どこにあるのでしょうか？

ブランド商品の下げ札の後ろに、そのようなメッセージが書いてあるから消費者はそのようなイメージをもつのでしょうか？　そうではなく、すべてのブランドのメッセージは消費者の頭の中、心の中に記憶されているのです。

ブランド研究の権威であるデューン・E・ナップ氏はその著書『ブランド・マインドセット』（翔泳社刊）の中で「本物のブランド」を次の３つに定義しています。

■ナップ氏による「本物のブランド」の３つの定義
- ○「インプレッション（印象）」のこころの中への蓄積
- ○「こころの眼」に映る「とんがった」位置づけ
- ○認識されている、機能的、感情的ベネフィット

つまり、ブランドとは企業が市場に打った広告やメッセージの結果もたらされるものだけではなく、生活者の心の中で認識されるものである、とナップ氏は訴えています。世の中には多くのブランドがありますが、実際、そのブランドがマーケティング的に意味をもっているのは、消費者の心の中にブランドのメッセージが数多く記憶されているからなのです。ですから、そのメッセージは上記のように必ずしも良いことばかりではなく、「よく壊れる」、「嘘くさい」、「品質の割に値段が高すぎる」などのネガティブなブランドのメッセージも、消費者の心の中に記憶されるのです。

先にも述べましたが、ブランドはもともと、ローマ時代の煉瓦職人が自分の作った商品を他と差異化するために煉瓦の表面に刻印したり、その後にはヨーロッパや米国で自分の家畜に焼き印を入れて、他者の家畜と区別するために記されたものです。つまり、自身の商品を、見かけが似た他の商品と見分けるために記されていた商標や記号、それがもともとのブランドの姿であったのですが、それが後になると下げ札や織りネームなどの付属物に記されるようにもなってきました。

2―ブランドエクイティ

2-1 ブランドエクイティとは

ブランドエクイティ（ブランド資産）という考え方はカリフォルニア大学バークレー校のデービッド・A・アーカー教授が1991年に最初に提唱した考え方です。ブランドエクイティを構成する要素としては、ブランドロイヤルティ（そのブランドへの好意度や、忠誠心）、ブランドの認知度（知っている率）、消費者が感じている品質、そのブランドに関する特許・商標登録などが挙げられています。人の心の中に記憶されているブランドを数値化して、その資産の価値を確かめることは、ライセンスビジネスにとっても、他の多くのブランドに関わるビジネスにとっても非常に重要なことです。例えば、あるブランドをいくらで買うかというような直接的な問題に関しても、資産の価値を金額できちんと算出できれば、買い取りの交渉はスムーズになるでしょう。しかし、実際に、ブランドエクイティを算定するためには、その構成要素を数値化する必要があります。ですが、まずは構成要素が非常に多いこと、また各構成要素の強弱をどのように計算し、複数の構成要素をひとつの価値にまとめることの困難さから、ブランドエクイティの数値化は非常に難しいといわれています。

世界には何社か、この難しいブランドエクイティの算出を行い、それを数値化し、評価をしている企業があります。彼らをブランドエクイティ・エバリュエイター、またはブランドアセット・エバリュエイターと呼びます。

エクイティとアセットの違いは大きくはありませんが、アセットの方がより金額的な意味に寄っていると思います。またエバリュエイターというのは評価者という意味です。主なブランドアセット・エバリュエイターには下記のような企業があります。

① インターブランド（米国）

1974年にロンドンで設立された、世界最大のブランドコンサルティング会社です。同社は英国に多い歴史の長い企業の「のれん代」をブランド価値として数値化し、クライアントの企業価値を上げたことで有名です。またそのブランド価値評価手法は、世界で初めての

ISO（国際標準化機構）からの認定を受けています（ISO 10668）。

② ランドーアソシエイツ（米国）

ランドーの歴史はさらに古く1941年にサンフランシスコに創立されていますが、本業は企業のブランドネーム、シンボルマーク、ロゴのデザインや商品名などを提案する、どちらかというとデザイン会社です。2003年に郵政事業庁から日本郵政公社になった郵便局のロゴマークもランドーのデザインです。同社は、ブランド価値のエバリュエイターとしても定評があります。

③ ヤング・アンド・ルビカム（米国）

世界的には中堅の広告代理店のひとつですが、比較的最近1990年代の半ばからブランド価値の算定業務を開始しました。米国だけでなく世界中で多数の消費者を集めて膨大な量のアンケートやインタビューを駆使して、ブランド価値をさまざまなアスペクトから分析しています。

ここで、公表されているインターブランドの2019年度のブランド価値のベスト50をお見せしましょう（図表15-1）。

近年で最大のトピックは、2011年まで、10年以上にわたって第1位をキープしていたコカ・コーラが、第5位に落ち、コンピューターの最大手2ブランドがトップに入ったことでしょう。上位10位の中の常連に大きな変化はありませんが、50位まで見ると日本のブランドはトヨタとホンダだけになってしまいました。1996年には第5位にいたソニーは、2007年にはサムソンに抜かれ、2019年には第56位まで順位を下げています。順位全体としてはここ10年の間にインターネット系や、リテール系のブランドが上昇してきていることは間違いなく、逆に食品系や米国の自動車系のメーカーブランドは順位を次第に下げてきています。これらの、資産価値の高いブランドを一般に「パワーブランド」といいますが、これを算定する方程式は各エバリュエイターの企業秘密になっています。おそらくはアーカー教授の提唱した、ブランドへの好意度や、忠誠心、認知度、消費者が感じている品質、そのブランドに関する特許・商標登録などの他に、より多くの消費者のブランドに対する感情、例えば、憧れ、親しみやすさ、尊敬などの感情や、現在の同業におけるシェア率、過去の累計売上げ、

図表 15-1　インターブランド「Best Global Brands」

ランク 2019	ランク 2018	ブランド	業種	ブランド価値 (US $ million)	前年比
1	1	Apple	Technology	234,241	9%
2	2	Google	Technology	167,713	8%
3	3	Amazon	Technology	125,263	24%
4	4	Microsoft	Technology	108,847	17%
5	5	Coca-Cola	Beverages	63,365	-4%
6	6	Samsung	Technology	61,098	2%
7	7	Toyota	Automotive	56,246	5%
8	8	Mercedes-Benz	Automotive	50,832	5%
9	10	McDonald's	Restaurants	45,362	4%
10	14	Disney	Media	44,352	11%
11	13	BMW	Automotive	41,440	1%
12	12	IBM	Business Services	40,381	-6%
13	11	Intel	Technology	40,197	-7%
14	9	Facebook	Technology	39,857	-12%
15	15	Cisco	Business Services	35,559	3%
16	17	Nike	Sporting Goods	32,376	7%
17	18	Louis Vuitton	Luxury	32,223	14%
18	19	Oracle	Business Services	26,288	1%
19	16	GE	Diversified	25,566	-22%
20	21	SAP	Business Services	25,092	10%
21	20	Honda	Automotive	24,422	3%
22	23	Chanel	Luxury	22,134	11%
23	24	American Express	Financial Services	21,629	13%
24	22	Pepsi	Beverages	20,488	-1%
25	26	J.P. Morgan	Financial Services	19,044	8%

26	27	IKEA	Retail	18,407	5%
27	29	UPS	Logistics	18,072	7%
28	32	Hermès	Luxury	17,920	9%
29	25	Zara	Apparel	17,175	-3%
30	30	H&M	Apparel	16,345	-3%
31	34	Accenture	Business Services	16,205	14%
32	33	Budweiser	Alcohol	16,018	3%
33	39	Gucci	Luxury	15,949	23%
34	31	Pampers	FMCG	15,773	-5%
35	35	Ford	Automotive	14,325	2%
36	36	Hyundai	Automotive	14,156	5%
37	28	Gillette	FMCG	13,753	-18%
38	37	Nescafe	Beverages	13,605	4%
39	51	Adobe	Business Services	12,937	20%
40	41	Volkswagen	Automotive	12,921	6%
41	45	Citi	Financial Services	12,697	10%
42	42	Audi	Automotive	12,689	4%
43	49	Allianz	Financial Services	12,078	12%
44	38	eBay	Retail	12,010	-8%
45	50	adidas	Sporting Goods	11,992	11%
46	47	AXA	Financial Services	11,830	6%
47	46	HSBC	Financial Services	11,816	5%
48	57	Starbucks	Restaurants	11,798	23%
49	43	Philips	Electronics	11,661	-4%
50	52	Porsche	Automotive	11,652	9%

（注） インターブランド「Best Global Brands 2019」より抜粋。

現在と未来に予測される投資額なども加味されて算出されているものと思われます。

ライセンスビジネスのプロパティをブランドとして捉えた場合、やはりこのパワーブランドの価値は非常に大きいものがあります。デューク大学教授でブランドの権威であるケビン・レーン・ケラー氏は、その著書『戦略的ブランド・マネジメント』(東急エージェンシー出版部刊)の中で、「強いブランドは、他の製品カテゴリーにおいても望ましい連想を有することが多い」と言っています。

上記のインターブランドの資料にあるブランドはほとんどが社名としての商標ですが、この中でもコカ・コーラは1980年代の終わりから、ライセンスビジネスを世界的に展開し、コーポレート&トレードマークライセンスの成功例として金字塔を打ち立てています。また第10位までの中で、マクドナルドも、そしてもちろんディズニーも強力なプロパティとしてライセンスビジネスを展開しています。

2-2 パワーブランドの強さとは

パワーブランドには具体的に、次のような強さがあります。

① コミュニケーション力

ブランドにはぎっしりと良いメッセージが詰まっています。それはイコール消費者の心の中にあるのですから、ブランドが存在する時点でもうコミュニケーションが充分に始まっているといえます。

② 価格競争力

パワーブランドは市場から求められています。ですので、値段を崩すことをしなくても、市場で優位な売り場が獲得できるのです。

③ 販売チャネル&顧客獲得力

同じように、販売チャネルも顧客もいわゆる“プル・マーケティング(顧客を引っ張ってくるマーケティング)”の力で自然とパワーブランドに集まってきます。

④ 新規参入者を排除する力

パワーブランドは、その商品カテゴリーで代名詞のようになっており、上記のコミュニケーション力、価格競争力、販売チャネル&顧客獲得力をもっていますので、その時点ですでに新規参入者のモチベーション（やる気）を喪失させてしまうのです。

⑤　失策をリカバーする力

小さな失策であれば、きちんとした対応をすれば、顧客はパワーブランドに戻ってきます。

おもしろい例を挙げましょう。2000年にフォードのレジャーカー、「エクスプローラー」のタイヤが走行中に破裂することが相次ぎ、死者が出る事件が起きました。この時のタイヤが、米国ではパワーブランドと思われていたファイアストン（Firestone）で、その親会社が日本のタイヤメーカーだったので、日本でも大きなニュースとなりました。

この事故の責任問題でフォードとファイアストンは泥沼の論争を繰り広げましたが、ある日突然ファイアストンは自社の責任を認め、まだフォードと交渉中であるにもかかわらず、社長のジョン・ランペは、被害者への謝罪と賠償の話し合いに入ったのです。彼は、全被害者とその家族に謝罪の手紙を書きました。フォードは、これでエクスプローラーの責任は回避できたと理解し、時のフォードの社長ジャック・ナッサーはほくそ笑んだと思います。

しかし、数年後に米国の消費者の支持を得て見事に蘇ったのは、ファイアストン。フォードはその後も主力車種のエクスプローラーの不振が続き、またこの問題に対して責任逃れを続けているということに対しての消費者の反感も強く、結局ナッサーは2001年の末には辞任に追い込まれました。

これは、パワーブランドでも、失策をリカバーする方法を間違えると、大きな失敗につながることを示唆していますが、きちんとした対応をすればパワーブランドは蘇るということも証明しています。

3―ブランドトランスファー

私自身が1990年代に、10年近くコカ・コーラというビッグブランドの日本でのライセンス業務にマスターライセンシーという立場で関わった経験からすると、コカ・コーラのライセンスビジネスの強さは、ライセンシーの数の多さにありました。日本だけでもアパレルから、食器、自転車、カメラ、ゴルフグッズ、傘から、はては家具まで50を超える商品カテゴリーを30社近いライセンシーで生産販売し、そのライセンスビジネスは大きな数字になっていました。およそコカ・コーラの名前を付けて不自然に思える商品群というのは考えられないほどでした。

しかし、その前の1980年代には私はリーバイスという著名な米国のジーンズメーカーの日本支社でライセンスビジネスに携わる機会がありました。当時のリーバイスのライセンスビジネスは、コカ・コーラのライセンスビジネスの半分程度の売上げでしたが、それをたった5社程度のライセンシーで稼ぎ出していました。それは靴、バッグ、ベルト、靴下、下着、子供服というもので、プロパティのそもそもの商品であるジーンズを着用する消費者の体の位置から数センチも離れない場所で使用される商品ばかりでした。

この2つのプロパティのライセンスビジネスの対照的な実態は、コカ・コーラが広い商品カテゴリーにそのブランドを広めて、ひとつひとつのカテゴリーの売上げは大きくなくても、総合的には非常に大きな固まりになっていたのに対して、リーバイスはごく少ない商品群にしかブランドが広められない代わりに、ひとつひとつの商品群を深く掘り下げて個々のライセンシーが大きな売上げを創成していたという違いでありました。

ブランドマネジメントの世界では、ブランド自体の拡張を「ブランドエクステンション」と呼びますが、ライセンスビジネスにおけるブランドのいわば腕の長さ、傘の広さを、ここでは「ブランドトランスファー」と呼ぶことにしましょう。「トランスファー」とは、そのブランドがどのくらい他の商品に転化できるかということを意味します。ライセンサーが自分のビジネスプランを作成する際に、プロパティのブランドトランスファーの力がどのくらいあるかを知っておくことは大変重要なことです。つまり広く浅くビジネスを展開するのか、狭く深く展開をするのかということの見極めです。ブランドトランスファー力の強いプロパティのライセンシー数を絞ってしまえば、実現の可能性のある売上げを失うことになってしまいますので、この場合はできるだけサブライセンスを許容する方向で、ライセンシーを増やすべきでしょう。一方、ブランドトランスファー力が弱いブランドを無理矢理多くの商品としてライセンスアウトすれば、ライセンスビジネスがうまくいかないだけでなく、親ブランドのイメージを傷つけてしまう可能性もあります。こちらの場合は優秀でやる気のある少数のライセンシーとコンタクトを密にして、商品と市場の開発をしていくべきです。

このようなブランドトランスファーの幅の違いは何から来ているのでしょうか？　私は、消費者がいかに多く、またどのようにそのブランドを経験しているかということから来ていると思います。「ブランドの経験」とは、コカ・コーラでいえば、飲料としてのコカ・コーラを購入して飲む、コカ・コーラの宣伝を見る、コカ・コーラの自動販売機で飲料を買うという行動がすべてそれであると思います。世界で一番売れている飲料であり、日本でも最も自動販売機（あの赤い自動販売機です）が多いコカ・コーラを経験する機会というのは、消費者にとっては、リーバイスを経験する機会よりはずっと多く、消費者の記憶に広くまた長期間にわたって「刻印」されていると思うのです。しかしリーバイスは5000円は下らないプライス、ものによっては1万円をはるかに超える高いプライスを付けた商品であることが、経験の少なさよりも経験の深さに突出したものを作り出し、消費者の記憶に焼き付いているのでしょう。いずれにしろ「経験」とは最も効果的なマーケティング戦略なのです。このことは、後のChapter 17で詳しく述べます。

4—ライセンスビジネスにおけるブランディング戦略

ライセンスビジネスにおけるブランディング戦略を、複雑に奥深く考えて極めようとすれば、いくらでも時間をかけることができます。ブランドがトランスファーする商品カテゴリーの売上げの可能性を調べたり、そのブランドの価値を高めるのにどのような戦略が最も必要かを探ったり、ブランドエクイティを管理する方法を短期的、長期的にプランしたり、確立したブランドを崩壊させる可能性のある要因を調べて、ひとつひとつつぶしていくことなど、やるべきことは数限りありません。
　しかし、ここでそれらひとつひとつについて説明していくと、もう1冊の本が出来上がってしまいますので、意外に忘れられていること、学者もあまり述べていないブランディング戦略についてお話をしたいと思います。

4-1　ブランドミックス

　意外と知られていないこと、それがブランドミックスです。これはライセンサー、ライセンスエージェント、ライセンシーのすべてに共通することですが、それらの企業のブランドをお弁当箱に詰めたと仮定しましょう。とても美味しいハンバーグがあったとすると、他にも美味しい卵焼き、スパゲッティ、野菜、ちょっとしたデザートがきれいに詰まっていて、見た目もきれいになっていてほしいものです。あるいは、サンドウィッチが入っていたとしたら、見た目は全く同じでもはさんでいる中身は野菜や卵、ツナ、ハム、など変化に富んでいてほしいものです。これを私はブランドミックスと呼び、実際にお弁当箱スタイルとサンドウィッチボックススタイルがあると考えています。
　ブランドマネジメントに関する本は多数ありますが、大概は単一のブランドや、ブランドという大きな枠についての話が多く、一企業が扱うブランドの全構成をどのようにすると具合が良いか、またどうすると「食べ合わせ」が悪い状態になるのかについて書かれた書物には出会ったことがありません。しかし、ブランドミックスは、とくにライセンスエージェントとライセンシーにとって、商売の成功の鍵になる重要なキーポイントだと思います。いくら良いプロパティでも似たようなものをいくつもそろえていると、売上げにブランド数をかけた倍増を見込むより、ブランドの食い合いのリスクの方が大きくなります。世界一の自動車メーカーのGMなどは、ライセンスビジネスはサンディエゴのEMIというライセンシングエージェントが非常にうまく展開して成功しますが、自動車自体のブランドミックスの戦略には疑問がたくさんあります。「キャディラック」、「シボレー」、「オールズモビル」、「ビュイック」というような素晴らしいイメージと歴史を誇るブランドをたくさんもちながら、部品の共用という合理化の下、高級車キャディラックのシャシー（車体）にGMCというトラックのものを使うというようなことをし、今、世界の主流となっている1600ccクラスの燃費の良いエンジンがどの車種にもないという状況です。

これでは、いくら米国政府が日本に「自動車の非関税障壁の撤廃」を30年来叫んでいても、商品自体の性能とブランディングがきちんと成り立たない限りドイツ車のように成功することはおぼつかないのです。一方で2015年から高級電気自動車として日本に右ハンドルで登場するシリコンバレー生まれの“テスラモーターズ”の新車は発売前からすでにGMの1年分の予約を前金とともに受けているというのは皮肉なことです。この“テスラ”は、米国の課金サイト“PayPal”を立ち上げたイーロン・マスク氏が、自動車関連の技術車をほとんど使わずに短期間で立ち上げたメーカーで、米国では第2のスティーブ・ジョブズとも呼ばれています。高い理想と、そこにつながる明確なブランディングの思想が他の米国の自動車メーカーが30年以上できなかったことを1～2年で成し遂げてしまう可能性があります。

ライセンスビジネスの商品は、プロパティの契約、つまり無形のものです。車や、バッグや、アイスクリームなどのように、大きさや機能、味などで差異化ができるものではなく、まさにブランドとしてのイメージを、クライアントの心の中の記憶に訴えかけて販売していくのです。在庫の心配はありませんから、数は多くそろえてもよいのですが、各々のブランドがまさしく高いレベルで、ブランディング（差異化）されていないと、長続きはしません。ブランディングのスタイルには次の2つがあります。

4-2　お弁当箱スタイルのブランディング

このスタイルは、いろいろ性格の異なるプロパティ、ブランド力の違うプロパティをそろえるスタイルをいいます。まずは主食となるご飯になるようなブランド、トランスファー力が広く、販路もあまり選ばずに長いこと売れるようなプロパティがあるとよいのです。アパレルでいえば、襟ネームや胸のワンポイントにプロパティを付ければそれだけである程度は売れるようなプロパティです。またキャラクターでいうなら、息の長い絵本キャラクターのように、テレビや雑誌などの露出に左右されない人気をもつプロパティです。これが、いわば主食のプロパティになるのです。

そして副食のプロパティはこの主食と取り合わせのよいものをそろえましょう。味付けは洋食なのか和食なのかぐらいはそろえた方がよいですが、すべてがトマトケチャップ味でそろえたような、同じようなプロパティでなくてもよいのです。例えば米国という味付けで、スポーツ、コーポレート、テレビ、アート、音楽などをそろえます。それらのプロパティの価値、人気度も違ってもかまいません。すべてが無名で誰も知らないプロパティをそろえるというのはあまりお勧めできませんが、ある程度それがミックスされた状況になっているのはよいことです。

捨て駒というプロパティがあってもよいのです。あるいは、あまりお勧めできることではありませんが、競合他社に取られたくないために、ある程度ミニマムを積んであるプロパティを獲得するという決断もしなくてはならないかもしれません。お弁当箱スタイルのブランディングは、もうひとつの言い方をすれば、野球チームのオーダー式ブランディングともいえます。

ライセンスエージェントとして9つのブランドを取って、ライセンシー候補にプレゼンをするとしたら、1番バッターは、ある程度知名度とパワーがあるもので、相手の反応をよく見る役割があり、2番、3番は、相手が契約を考慮してもよいようなものを出しながら結論を後に回しておいて、4番バッターが真打ちということになります。しかし4番バッターが空振りしてしまったら、アート、音楽、NPOなどというやや小振りなプロパティをその後小出しにしていき、いろいろと小技を見せるのです。そして最後にもう一度1～3番バッターのプロパティの検討に戻るというわけです。

ライセンスエージェントとしても、ライセンシーとしても、ある程度バラエティに富んだプロパティをそろえた場合は、このように各プロパティの役割をきちんとしておくこと、そして戦力外になったプロパティは早めに取り替えるというブランディング戦略が必要です。

4-3 サンドウィッチボックススタイルのブランディング

上記のお弁当箱型のライセンスプロパティのブランドミックスと、サンドウィッチボックス型のブランドミックスには大きな違いがあります。サンドウィッチは、見かけはだいたい同じで、はさんでいる中身の具だけが違うのです。つまりこちらのタイプのライセンスエージェントやライセンシーは、同じカテゴリーのプロパティを中心に扱う専門店型のライセンスエージェントやライセンシーが取るスタイルだといえます。この場合のブランドミックスは、同タイプのプロパティを多くそろえ、ブランドの価値やトランスファー力でプロパティ間の差をつけ味付けも変えます。つまり、ハンカチ売り場で、シルクのハンカチから綿のハンカチまでいろいろな大きさと価格の商品をそろえているような感じになるのです。このタイプの専門ライセンスエージェントは、コーポレート＆トレードマークプロパティやアート、あるいはスポーツプロパティでとくに多く、欧米では、下記のようなライセンスエージェントが有名です。

▶コーポレート＆トレードマークエージェント
- ○ Global Icons（グローバルアイコンズ / 米国）
  https://www.globalicons.com/
- ○ CAA-GBG（グローバル・ブランド・グループ / 米国）
  http://www.caa-gbg.com/
- ○ Beanstalk（ビーンズトーク / 米国）
  http://www.beanstalk.com/

▶スポーツエージェント
- ○ IMG（アイエムジー / 米国、日本）
  https://imgjapan.com/

先ほどの、お弁当箱型のブランディングミックスが、野球のオーダー型だとすると、こちらはいわばバレーボール型といってもよいと思います。

背の高い、低いはあっても、どのプロパティもサーブもレシーブもスパイクもでき、相手に対してプロパティとしての特徴と強みを出してアピールしていくのです。ただし、やはりテイスト的には、食品飲料関係のコーポレートブランドとか、自動車系とか、ポップアート系とか、プロパティの幅は定めておいた方がよいと思います。

プロパティの性格から、コーポレートやアートはライセンサーやライセンスエージェントにも専門の知識が多く必要になりますので、営業もそろえてあるプロパティへの深い造詣が必要になります。ブランド力をきちんとアピールし、プレゼンテーションができ、ブランドミックスの優位性をきちんと利用できることが、このタイプのエージェントには必須です。

日本では、お弁当箱型のブランドミックスをもったライセンスエージェントはありますが、サンドウィッチボックス型のエージェントはほとんど思い浮かびません。日本人だからお弁当箱型ということはないでしょうが、専門型のエージェントが活躍するだけの環境がそろっていないということがいえるでしょう。この場合の環境というのは、どちらかというとライセンサー側の方の問題で、日本ではコーポレート＆トレードマークライセンスプロパティ、アートプロパティ、スポーツプロパティのライセンサーが極端に少ないことが、それを扱うエージェントを成り立たせていないという現実があるといえるでしょう。

5—調査の重要性

ブランドミックスを含むブランディング戦略を、ライセンスビジネスで積極的に行っていくためには、ブランドであるプロパティの力と性質、そしてその顧客吸引力をよく知るべきです。

顧客吸引力とは、その名の通り、プロパティの有名度と魅力が顧客を引きつけて経済的利益や価値を得る力をいいます。これらをできるだけ正確に把握するためには、そのプロパティに関する市場と顧客の調査を行うことが有効です。まず、このような調査で調べるべき項目は下記のようなことです。

① プロパティの認知率：知っているか、知っていないかという質問に対する答えです。

② 想起率：第一想起＝キャラクターなら何を知っているのかという質問に対して一番に出てくる名前、助成想起＝絵などを提示し

て名前を知っているかを尋ねます。

③　認知経路：どのようにしてそのプロパティを知ったかを尋ねます。

④　好意度：好きか、嫌いかという質問です。

⑤　イメージ調査：可愛い、シャープである、力強い、弱々しいなど、プロパティを表現する形容詞に対して3～5段階程度の評価を入れてもらいます。

⑥　ブランドトランスファー調査：そのプロパティをのせたいろいろな商品を購買する気持ちになるかどうかを、言葉またはデザインで質問します。

以上のような調査を、地域（例えば、東京、名古屋、大阪など）で分け、また男女別、年齢別で分けます。年齢はプロパティによっても違いますが、3～5歳の間隔で分けると、約10の年齢区分は必要だと思います。そうすると、3地域×2性別×10年齢層となり、全部で60の調査分野（クラスター）が存在することになります。標準的には各クラスターで50名から100名の有効調査が必要と考えると、合計では3000名から6000名のサンプルの調査ということになり、莫大な手間とコストがかかりそうに思われますが、昨今は、このくらいの基本的な調査はインターネットを使って充分にできるようになり、手間もコストも手軽なものになっています。インターネット調査とは、インターネット上のサーバーに設定したウェブページ画面に、質問者に自宅のパソコンからアクセスしてもらい、示された質問票と回答欄に回答を記入した後に送信してもらうスタイルが一般的です。調査対象者が事前に登録されているクローズド型と、不特定多数を対象とするオープン型がありますが、最大の特徴は、集計結果が得られるまでの期間が、アンケート用紙を郵送する方式に比べて圧倒的に短くて済むことと費用も抑えられることです。

すべての調査で非常に大事なのは、調査を行う前にある程度、このような答えが出るのではないだろうかという想定（assumption/アサンプション）をいくつか調査者側の方で事前に出しておいて、その想定の正しさ、間違えを絞り込んでいくような調査設計をすることです。

優秀な調査設計者というのが調査の成功のキーになります。「分からないのだから調査をするのだ」という考え方から、想定は何もしないという調査者もいますが、これでは国勢調査のような漠然とした、とらえどころのない結果だけが浮き上がってくることになってしまいます。

そして、上記のアンケート調査を行った結果、事前の想定に裏付けがある程度できたが、もう少し消費者のプロパティに対してもっている印象や想いを、より深く、かつ細かく知りたい場合は、時間と予算に余裕があればぜひやりたいのが、「グループインタビュー」です。

グループインタビューは、少人数（1グループ当たり6～10名程度）の対象者を集めて、モデレーターと呼ばれる調査専門のプロの司会者が座談会形式でインタビューを行い、そこで引き出した回答や会話から対象者の深層心理を捉える調査手法です。被調査者の本当の声をストレートに確認することが可能であり、アンケート調査などでは捉えられない消費者心理の深い部分を把握することが可能です。

通常、グループインタビューをしている部屋のすぐ横の別の部屋で、ビデオやマジックミラーを通じてインタビューの様子を生で見られますので、調査者にとっては、対象者の表情や、口調までを知ることができます。しかし、ここでも調査設計者がどのような対象者を集め、どのような質問を設定するかが非常に大事なキーポイントになります。また、対象者同士がお互いの発言によって刺激されて、交互に働きかける作用が得られて話題が発展されていくために、その発展の具合を自然にコントロールできる、優秀なモデレーターもなくてはならない存在です。

いずれにしろ、調査は、ライセンスビジネスを正しい方向に導いていく道しるべです。道に迷う前にぜひ行ってみてください。

6―プロパティのイメージコントロール

ライセンスビジネスにおいてのブランディング戦略が、プランの段階では成功したように見えても、実際にプロパティをライセンスアウトしてライセンス商品が市場に出ることによって、そのプロパティのブランドイメージが消費者の間で大きく変わってしまっては、最初の目論見が大きくはずれてくることになります。プロパティのイメージをキープし、できれば上げていくことがライセンサーとライセンシーの共同作業として重要なことになりますが、その指針は、ライセンスマニュアルでまずライセンサー側から明確に示されるべきです。しかし、実際にそこで文章で示されたマーケティングの指針を実行して、ブランドのイメージをキープする一番大事な要因は何でしょうか？

イメージとは、非常に抽象的で雰囲気的で、つかみどころのない言葉に聞こえますが、それは違います。マーケティング的によるとブランドのイメージを構成するものははっきりしていて、それは「売り場」と「プライス」、そして「商品の品質」の３つです。この３つが調和して、良い売り場に良い品質の商品が、それに適合したプライスで販売されれば、商品のブランドのイメージ、すなわちプロパティのイメージは確保されるといっても過言ではありません。

しかし、ここで充分に気を付けなければいけない点は、すでに本書で何度も述べたように、売り場とプライスという２点を管理しようとすると、独占禁止法に触れる可能性があるということです。

独占禁止法は正式には「私的独占の禁止及び公正取引の確保に関する法律」と呼ばれ、自由な市場においては、競争が自由であり、製造業者・販売業者はいろいろな工夫をして、適正な手段を駆使して、販売量を増加させるべく競争するものであるという考え方が立法の基本になっています。

それに対して、ライセンサーが、プロパティのイメージを管理する目的で、この店に売ってはいけない、価格はこれ以上下げてはいけないというようなことをライセンシーに指示すれば、完全な犯罪になってしまう可能性が高いのです。しかし、売り場とプライスに関しては、商品のイメージをキープするために、狙うべきリテール、狙うべきプライスというのがあるわけで、そこをライセンサーとライセンシーとが充分に話し合って、最初の商品のマーケティングプランから、そのターゲットを逸脱しないようにプランしてターゲットを攻略していく以外に方法はありません。不可抗力であっても、そのプランから逸脱した場合には元に戻す方法というのはないのですから。

ただ、独占禁止法の効力というのは国によって大分強弱があるようで、私が英国のライセンサーのコンサルティングをした時に、その企業が日本のライセンシーに提示したライセンス契約書に、商品を納入してはならない店のリストが具体名で掲載されていたのには驚きました。

そして、次にここでいう商品の品質とは、物理的な品質基準に合致しているかという意味ではなく、見た目や、触感、商品の素材などをいうのです。

この3つのイメージの要素は、レベルが高ければ高いほど良いというものではありません。プロパティのマーケティングプランに沿って、ジグソーパズルのピースのように、ぴったりとはまる場所にはまるべきなのです。例えば私が携わっております“ハインツ”のライセンス商品は、高級なデパートに、高い値段で入る必要はないでしょう。商品のイメージ同様に、買いやすいプライスで、すぐれた機能をもつ商品品質で、マスだがお洒落なイメージのある売り場というのが、ターゲットの要素になるかもしれません。ライセンサーは、プロパティのイメージをコントロールするためには、ライセンシーとの頻繁なコンタクト、そしてDTRによるリテールへの直接のコンタクトを行うことが望まれます。

Chapter

16 ライセンスディレクター誕生への期待

1—ライセンスディレクターの条件

ライセンスビジネスの今後の発展のキーになる要素は、もちろん経済の状況がどうなるかということや、良いプロパティが業界に多く誕生するか、またライセンシーがプロパティをうまく使用して魅力的な商品を生産販売していけるかということもあるでしょう。しかし、それらの好機を生かし、ライセンスビジネスの業界を引っ張っていくのは何よりも人材なのです。今までお話ししてきてお分かりのように、ライセンスビジネスとは、無形のプロパティという素材を契約という商品にして、ライセンサーからライセンスエージェントへ、またライセンシーへとリースしていく業界ですが、最終的なライセンス商品、それも素晴らしい商品が市場に出て、その商品のイメージがマーケティング的に適切にコントロールされなければ、結局、業界は衰退してしまうのです。そして、そのキーとなるのが人材なのです。プロパティから商品のローンチ、そしてその商品のビジネスを、ライセンシーを通じてコントロールする指揮者のような職種を、私は「ライセンスディレクター」と呼びたいと思います。

実際に「ライセンスディレクター」という職種や、タイトルは、まだ日本では少ないと思いますが、ライセンスビジネスという総合的な産業を引っ張っていくには、ライセンスディレクターが次に掲げるような能力をもって先頭に立っていく必要があると信じています。

●——ライセンスに関する法務知識が豊富なこと

知財権全般、とくに著作権、商標権の知識、またそれに関連する不正競争防止法、独占禁止法など法律全般にわたる知識をもっていることは必須です。そして、それらについて、欧米諸国と日本の法律の違いの概要についても知っている必要があります。

●——契約書関係について精通していること

ライセンス契約、エージェント契約、マスターライセンシー契約、サブライセンシー契約、秘密保持契約などについて精通して、そのおよその項目の文面について内容を把握しており、クライアントにきちんとした説明ができることです。

●——商品の企画生産の知識をもっていること

これは、すでに述べましたが、ライセンサー側のスタッフが商品の企画生産の知識をもっていて、適切な質問や疑問点をライセンシーに投げかけられることは非常に大事なことです。

法務関係の知識をもっているというのは、どちらかというと当たり前なことですが、この企画生産の知識の有無というのはライセンスディレクターの“格”の違いになってくると思います。ただ、誰もがそのキャリアの中で、企画生産の仕事に携わった後にライセンスビジネスの業界に入ってくるわけではないでしょう。その場合は、ライセンスビジネスに携わるようになってからできるだけ早い段階でライセンシーの企画部門や、工場を訪問する機会を得るように心がけることです。その訪問がそのまま、ライセンサーのオーディットというような形を取ることは、当然知識の問題から難しいでしょうから、まずは見学という形での訪問をライセンシーに打診しましょう。

そしてその際には、商品のパーツを組み立てて最終工程として完成商品を作っている工場よりも、原材料を扱っている工場、例えば、型の成形、原材料の染色、生地の裁断などの初期段階の工程を見る方が、全体のスケジュールの中で時間のかかる部分を見られるので有効だと思います。そういう場所はだいたい暑くて、刺激臭がするという過酷な場所が多いことは覚悟しておきましょう。そして、逆に最後の工程である、完成品の検査工程も見ておくと大変勉強になります。

ライセンスディレクターは、すべての工程に入り込んで、自分で作業をするわけではありませんから、およその商品の企画から完成までの流れが理解できればよいのです。そのためには、現場を訪れることが一番の早道、というかそれ以外に有効な方法はないといっても過言ではないでしょう。

ライセンシー会などでゴルフコンペをやるのも悪くはありませんが、そのような機会に、幹事のライセンシーの工場を訪問するのも良い方法です。工場のスタッフにとっても、ライセンサーが訪れて、自分たちが作っているライセンス商品に興味をもって見学に来てくれるというのは、モチベーションにつながるものです。

●――品質関係の基礎的知識をもっていること

上記の企画生産の知識とも関連しますが、ライセンシーの各商品の品質に関連する基礎的な品質の知識をもつことも重要です。とはいっても品質の専門家になるわけではないのですから、あまり細かい点、引き裂き強度が何グラムだとか、色落ちの検査の際のランドリーの温度が何度だとか、そこまでの知識が必要なわけではありません。

ただ、商品によってどのような検査や基準があって、何が安全性や品質で一番重要なのかについては常に細心の情報を仕入れておくことが大切です。「日本経済新聞」や「日経 MJ（流通新聞）」などの記事にも非常に役立つものが毎日のように載っています。

また、SG マーク（セーフティグッズマーク）の管理者である、一般財団法人製品安全協会のホームページ（https://www.sg-mark.org/）では、各種の商品の安全に関する情報や、最新の商品のリコール情報が、毎週のように更新されていますので、非常に良い情報源になります。それから損害賠償保険でを契約している保険会社によっては、契約している法人に、「PL ニュース」のようなものを配信しているところがあります。これは、その時々に、新聞を賑わすような品質関係の事件を扱って保険の見地からコメントをしているものですが、なかなか役に立つものです。

●――クライアントと良好で対等な人間関係をもち、コミュニケーションが取れること

全く当たり前なことをあえてここで書いているという感がありますが、もともと利害関係が相反することの多いライセンサー、ライセンスエージェント、ライセンシーの、どの立場にいても、対等な立場での交渉ができるポジションを保ちつつ、同じプロパティを扱っているという同一性（例の串刺しの串の部分です）を強調することによって、同じ目標に向かっているという強い気持ちをクライアントとの間に共有することが大切です。

これは、ライセンスディレクターに求められる営業面としては、非常に難しい、しかし必要な素質です。もちろん方程式などはなく、その人のもともともっている性格、資質で勝負するしかないのですが、肩に力を入れずにこのような立場を確保するには、相手側からの尊敬が得られるかどうかというのも大きな助けになります。ですから、上記で説明したいろいろな知識をきちんともっていることは、このポジションを獲得できるかどうかの要因となるでしょう。性格をさらけ出して好かれようというよりは、まずは勉強が必要だということです。

●——状況に合わせた分析ができること

これはできれば英語で理解していただいた方が分かりやすいと思います。このような分析を「センシティブアナリシス（sensitive analysis）」と呼びます。

第7章の「ビジネスプランを構成する要素」の中のセールス&ロイヤルティプランで、将来の環境の変化によって3つのセールスプラン（best, most likely, conservative）を作るという話をしましたが、これなどはまさしく、センシティブアナリシスの最たるものです。

例えば、ライセンス契約の交渉が合意して、締結できるかについても「できる」、「できない」の2種にしか判断できないのが、まずは最低のレベル。

合意できるための項目をすべて並べられるのが、次のレベル。

そして、その中で、何と何が合意できたらどの程度の条件で締結できるだろうというのを、当事者双方の妥協のレベルをいくつか出してリストアップできるのが、「センシティブアナリシスができる」レベルなのです。ライセンスディレクターという名前が付くからには、このくらいの判断レベルが必要であると思います。

●——危機の認識と、問題解決ができること

これも前述のセンシティブアナリシスと似た能力ですが、ビジネスに危機が迫っているときに、それを誰よりも早く察知することがライセンスディレクターには求められます。契約の締結ができない、商品ができない、ライセンシーが倒産する、ライセンサーが別会社に乗っ取られる、ライセンス商品がリコールに相当する事故を起こす、ライセンシーがロイヤルティを正当に支払っていない、こういったことがいわば考えられる「危機」ですが、できるだけその危機の問題が起きる前にその可能性を察知し、自分の管理する分野での事故の芽を摘んでしまうことです。

そのための第一歩は、自分のクライアントから何らかのレポートやお知らせが来た場合には、それをただ見て「そうか、そうか」と頷くだけでなく、必ず何らかの質問を相手に返すのです。もしあなたがライセンサーだったとして、ライセンシーからビジネスプラン、販売プラン、IPSレポート、ロイヤルティレポート、品質検査レポートなどを受け取った場合に、その内容にもし何の問題がないとしても、ミーティングを開催するか、少なくとも電話でそれらのレポートに対して何らかの疑問を投げかけます。

そうすると、ライセンシーからはほとんどの場合、レポートに書ききれなかった情報が出てくると思います。例えば、現在の在庫は少ないが、実際には工場に仕掛かり中の半製品在庫が増えてきているとか、商品は順調すぎるくらいにセルインできたのだが、その反動の返品が怖いとか、品質を上げるためにコストの高い素材を使っているが、このままその素材を使うかどうかを悩んでいるとか、そのようなことです。こういう情報に潜んでいるリスクを探偵のようにかぎつける力がライセンスディレクターには求められます。

●――競合他社の動向をよく知っていること

ライセンサーであってもライセンスエージェントであっても、ライセンシーであっても、競合他社（competitor/コンペティター）は必ず存在します。

競合他社の状況をその会社のライセンス商品の開発と売上げ、プロモーションや宣伝から会社の組織、人事に至るまで、その現在の状況と今後の変化の予想を知っておくこともライセンスディレクターの役目です。

何も産業スパイを送り込めと言っているのではありませんが、ありとあらゆるルートを駆使してそのような情報を集められるようなコミュニケーションルートをもっていなければなりません。つまり、競合他社にも、ある程度秘密は守りながらでも、話のできる友人（？）がいるくらいの、広いコネクションをもっていないといけないのです。

他にも、このような素質や技能、知識がライセンスディレクターに欲しいという点は多々ありますが、一応、上記が最低限もっていなければならない条件です。

ひとつ付け加えるならば、ライセンスディレクターは一般職というよりは技術職に近いので、マネジメント力までを多く求めるのは、やや酷かもしれません。もちろんライセンスディレクターの下にはライセンス営業や、ライセンスコーディネーターが何人か部下として付くことも多いでしょうが、そのようなスタッフを管理して仕事を成し遂げるというよりは、自分が最良、最高の技量を発揮してチームを引っ張っていくという職種だと思います。

マネジメントについて、ひとつだけお話ししたいのは、海外のライセンスビジネス業界で商談をすると最後に名刺の交換をしますが（最初に名刺の交換をするのは日本独特の習慣です）、相手の名刺に必ず立派な職種のタイトルが入っていることです。

欧米では、どの業種でも、個人は働き始めればタイトルの入った名刺をもらいます。最初は、○○アシスタントとか、アドミニストレーター（業務受付）、セクレタリー（秘書）、クラーク（事務）というタイトルですが、それがすぐに、アシスタントマネジャー、マネジャー、アシスタントディレクターというように昇格していきます。

日本では、会社に入ってからの数年、主任や係長などの職長になるまでは何のタイトルもないのが普通ですが、おそらくアジアの他の国々も含めてそのような国は日本だけだと思います。

とくに欧米のライセンサーやライセンスエージェントでは、かなり専門的な職種タイトルがスタッフには与えられます。既述のライセンスコーディネーターをはじめ、営業ではライセンスエグゼクティブ、法務ではリーガルカウンセル、会計ではフィナンシャルオーディター、マーケティングではマーケティングサービスマネジャー、マーケティングリサーチャーなど、多くのタイトルがあります。

私の考えるライセンスディレクターというのは、まさしくそのトップに位置する職種なのですが、日本でもそこに行き着くまでの職種にもきちんとしたタイトルを与えて、それを名刺に明示することにより、そのスタッフ個人のやる気を出し、かつ責任を明確にすべきではないかと、いつも思うのです。

●──ライセンスを実行する組織をマネージし戦略を実行する力をもつこと

実は前書では、この項は「ライセンスプロデューサー誕生への期待」でした。これを「ライセンスディレクター」に格上げしたのは、5年の間にライセンスビジネスがより多くの人に知られるようになり、業界も広がってきたこと。そしてライセンス関係企業の再編成により、大規模なエージェントも生まれてきたことなどを踏まえて、どちらかというと個人のスキルで仕事の成果を出す「プロデューサー」よりも、チームで成果を出す「ディレクター」が待望されていると感じたことに大きな理由があります。

もう一方では、ライセンスプロデューサーはすでに誕生してきている事実もあります。もちろんまだ人数的には足りませんが、経験のあるプロデューサー、バイリンガルなプロデューサーは日本にも以前より多く見られるようになりました。これからは彼らを束ねるディレクターが必要です。また、業界の再々編成のためにもディレクターが必要なのです。そして日本のライセンス産業は、今「グローバル化」と「独自化」あるいは「ガラパゴス化」の間でまださまよっている部分がたくさんありますが、これをハーモナイズして新しい形（例えば本書でも述べた「二次著作権キャラクター」など）を作っていけば、世界を引っ張っていく力になります。「ディレクト」という言葉には「導く」という意味があり、その通りこの業界を世界水準に導いていく人材こそ今待望されているといえましょう。

2─アウトソーシングの勧め

本章は、「ライセンスディレクター、誕生への期待」について書いていますが、「誕生への期待」というくらいですので、まだライセンスディレクターと呼べる人材はこの業界にそうはいないのが現実です。また、ライセンスプロデューサーも含めて、そのような人材を育成する場というのも日本ではまだようやくその芽が出たくらいのところにあります。米国やヨーロッパではどうかと言いますと、日本よりはそのような人材は多くいると思います。それはライセンスビジネス業界の規模が日本の3倍以上あるのですから当然のことですし、ライセンスビジネス企業の業界団体である、LICENSING INTERNATIONALのCLS（Certificate of Licensing Studies／ライセンス研修の証明書）プログラムなどもありますので、ライセンスディレクターの育成の道も整いつつあります。しかし、その一方で欧米では、日本よりも過酷な契約やビジネスの交渉の場と、競合他社との戦いを乗り越えるために、ライセンサー、ライセンスエージェント、そしてライセンシーも、アウトソーシングで必要な知識とノウハウをもったスタッフを社内外に効果的に集めて、集合的な「ライセンスディレクター体制」を築いています。

驚くべきことですが、LICENSING INTERNATIONALの世界の1200社の会員のうち約4分の1に当たる約300社が、ライセンサー、ライセンスエージェント、ライセンシー以外のサポート会員なのです。サポート会員とは、弁護士、弁理士、コンサルタント、デザインオフィス、PRエージェンシー、調査会社、会計監査、司法書士、業界誌、エグゼクティブ・サーチ（ヘッドハンター）、広告会社、翻訳者、カメラマンなど、ライセンスビジネスをアシストする立場の人たちです。事実、LICENSING INTERNATIONALの海外でのネットワーキングパーティーなどに出席すると、弁護士とコンサルタントの多さにはびっくりします。また、実際のビジネスのミーティングにも初回から、弁護士とコンサルティングが出席するのは普通のことなのです。

米国では弁護士は州ごとの登録になっていますから、何州かの弁護士と、その専門分野によって違う弁護士が入れ替わり立ち替わり出てくることもありますので、まさしくアウトソーシングの文化を痛感します。

私自身、コンサルティング会社を経営して20年になりますが、当初は欧米の企業とのミーティングを行う時に日本のクライアントに同席すると、こちら側では私がただ一人の外部のスタッフなのですが、先方でその交渉に出てくるコンサルティングや弁護士、弁理士の数があまりに多いのにやや辟易気味でした。しかし、実際に交渉を始めますと、彼らのプロフェッショナルでムダのない動きが、契約の締結へ向けての問題解決や、条件の合意のスピードを速め、交渉者同士の信頼関係を深めるのに大変に役に立っていることが分かりました。このため、私も10年ほど前からは、このような交渉にクライアントからの依頼で臨む場合は、日本側でも弁護士や弁理士にも声をかけてグループを組むようになりました。逆に私が主体になって、ライセンスエージェントとして動く場合にも、早い段階から弁護士、弁理士の協力を仰いでいます。日本と欧米のアウトソーシングスタッフの使い方の大きな違いは、日本の場合は、何か問題が起きるとそのようなスタッフを呼び集めるのに対して、欧米では問題が起きないうちから呼ぶということです。とくに弁護士については、日本の場合は問題がこじれてどうにもならない状態になってから初めて、神頼みのように依頼をするケースが意外に多いのではないかと思います。そうすると、弁護士にとっても、こんがらがった糸をすべてほどき問題を解決にもっていく手間も大きく、また時間も切羽詰まった状況にありますから、当然コストも大きくなるのは目に見えています。ですから少なくとも相手方の契約書に調印する前に、できれば交渉に入る前にまずは信頼できるコンサルタントに意見を求め、その推薦する弁護士（場合によっては２人の弁護士）の意見を聞いておくべきだと思います。その方が問題が起きてからジタバタするよりはずっとコストも安くつきます。

Chapter

17 これからのライセンスビジネス

これから日本での、また世界でのライセンスビジネスはどのようになって行くのかを、ここ10年くらいのスパンで考えて見ました。本書ではすでに日本でこれから伸びてくるプロパティとして、「コーポレート&トレードマーク」、「コーポレートキャラクター」、「アート」、「NPO、大学」を挙げました。5年前に挙げていた「ゆるキャラ」を外したのは、前述したコンプライアンスの欠乏によるものです。しっかりと管理されていないキャラクター、価格破壊的なキャラクターを私は支持しません。しかし、それ以外に挙げた上記の4つのプロパティは、現在日本の市場ではその価値を充分に発揮しきっていませんが、これからはマーケットの要望から必ず伸びてくるだろうと思います。ただし、株を買うようにそのカテゴリーのプロパティを契約し保有して、流行ってくるのを待てばよいということではなく、これもすでに述べたように、ライセンスビジネスをブランドマーケティングの中のひとつの効果的な戦略として自身が仕掛けをしていかなければならないと思います。

本書では、「戦略（strategy）」という言葉をいろいろな場面で使っていますが、この言葉はもともと、戦争で使われる用語であり、「全体の作戦計画」という意味です。戦略のもっと細かい用兵の方法がいわば「戦術（tactics/タクティクス）」と呼ばれるものです。そこで、これからのライセンスビジネスの活性化を具体的に示すために、ここでは4つの「タクティクス」をキーポイントとして示したいと思います。

1—高いクオリティのブランドの体験

ライセンス商品は、本来そのプロパティの根幹になっている商品ではなく、そのプロパティがブランド化して顧客の心の中で大きく育ち、他の商品へのブランドトランスファーが発生することにより成立している商品といえます。いわばブランドのクローンとも呼べるのがライセンス商品なのです。そして消費者自体が成熟していくにつれて、しだいにクローン商品では満足しないという現象が起きてくることは否定できません。

ここ何年かの間にヨーロッパのファッションブランドの多くがライセンスを中止し、自身で日本に店舗展開をし、自身で生産した商品を売ることをビジネスの主流にしているのは、そうしたクローン商品が、顧客に与える体験の鮮烈さ、刺激の強さに限界が見えてきたからにほかなりません。グッチやルイ・ヴィトン、プラダなどの多くの有名ブランドの自営店舗での顧客サービスのクオリティの高さ、そして購入後も続くVIPとしての待遇などは、本書で述べた、ウォルト・ディズニーが初めてディズニーランドというテーマパークで実現したブランドの体験（エクスペリエンス）の価値が、これらの有名ブランドのショップという空間でも実現していることを示しています。

ライセンスビジネスにとって、いわばブランドのクローンとも言えるライセンス商品の価値を落とさずに、消費者にブランドそのものの魅力を与えて、充分な満足感を得てもらう方法、「何か暖かい」ものを家にまでもって帰り、心に残るものにしてもらえるか、それはクオリティの高い「ブランドの経験」の場所をライセンス商品がゲストに与えられるか否かにかかっています。

『ハリー・ポッター』は、英国の作家J・K・ローリングの原作による全7巻になる大作の冒険小説ですが、その映画もこの7巻すべてが2010年までに、上映されました。ワーナー・ブラザースが製作する映画のクオリティも、また同社のコンシューマープロダクツ部門が管理するライセンス商品のクオリティも非常に高いものがあり、いわゆるマーケティング的なイメージ管理は的確に厳しく行われていると思います。そして、2009年中には、ハリー・ポッターのライセンスプログラムの頂点として、フロリダのオーランドにあるユニバーサルスタジオに、また2014年には大阪のユニバーサルスタジオジャパンに「ウィザーディング・ワールド・オブ・ハリー・ポッター」と呼ばれるテーマパークがオープンしました。そこは、小説の世界がそのまま再現され、まさしく映画を見た人や本を読んだ人、ライセンス商品を購入した人は、素晴らしいわくわくする“エクスペリエンス”を経験できる場なのです。

欧米には、このような「ブランドの経験」の素晴らしい場所がたくさんあります。英国に行けば、各地の第三セクター経営の古い鉄道で、イベントとして「機関車トーマス」が列車を引っ張って走っています。今では日本でも走っていますが、子供だけでなく大人にも大変な人気だとのこと。実は、娘を連れてこの列車に乗って一番はしゃいでいたのも私自身でした。

また、湖水地方にはピーターラビットの作者であるベアトリクス・ポッターの家と、彼女が1902年に湖水地方の美しい風景を守るために土地を買い取り、その維持管理を委ねたザ・ナショナル・トラストに守られた、まさしく「ピーターラビット」の世界に接することができます。このような「ブランドの経験」の場所の提供という面ではまだまだ日本のライセンサーは遅れを取っているのではないかと思います。ディズニーランド、ディズニーシー、そしてユニバーサルスタジオを除けば、そのようなわくわくするようなエッセンスが詰まっていて、ゲストの記憶に残る素晴らしい経験を提供してくれているのは「三鷹の森ジブリ美術館」くらいではないでしょうか。

「ジブリ美術館」には宮崎駿氏のアニメの世界と、彼が物語を編んでいくその世界が再現されており、そこだけでしか見られない短編のアニメーション映画が上映され、館内のライセンス商品ショップは、まるで「魔女の宅急便」に出てくる街の店に迷い込んだようです。この美術館を「経験」すると、日本のライセンスビジネスも、商品を売ることだけでなく、「エクスペリエンス」を提供することをもっともっと真剣に考えることが、これからのこの業界の発展につながる第一のポイントだという気がします。

この“エクスペリエンス”の再現たるライセンス商品をこれから増

やしていくべきなのです。その商品を手に取るだけで、ある世界での素晴らしい体験が再現される、ということですね。

2―DTRの完全実現

そして次に重要なタクティクスがDTR（ダイレクト・トゥー・リテール）を完全に遂行することだと思います。リテールというのは売り場という意味ですが、単にライセンス商品を販売する売り場ということだけでなく、上記で述べた「ブランドの経験」の、まさしくその場所であると思います。この場所をライセンサーがリテールと話し合ってどのような「経験」の場に変えていくか、また、その「経験」が直接的にライセンス商品の購買となって、リテールに利するかということを考えなければいけません。Chapter 6で実例として述べた“ホットトピック”はまさしくDTRの完全実現を果たし、消費者に素晴らしい「経験」を与え続けているリテールです。

写真 17-1　米国のライセンスショーでの専用ラウンジ

ここではライセンサーとリテールが直接じっくりと商談ができる環境が整えられています。

3―権利侵害品の駆逐

さて、最後に挙げる、これからのライセンスビジネスの発展のためのタクティクスはかなり現実的なもので、正直上記の2つほど話しても楽しいものではありません。しかし、今後の日本、ひいては世界のライセンスビジネスがより盛んになって、市場が大きくなっていくにはとても大事な、「成功のための重要な条件（critical success factors/クリティカルサクセス・ファクター）」なのです。

偽物のマーケット、あるいはグレイ商品のマーケットがどのくらいあるのかは不明ですが、中国の市場に行って実際に街頭を見るだけで、その数の多いことは体感して分かると思います。中国を含むアジア全体、ロシアと旧東欧諸国、そして中南米諸国では、まだこのようなマーケットが非常に大きいといえます。私見ではありますが、このような国々での偽物、あるいはグレイ商品のマーケットサイズは、正規品のマーケットの2割から国によっては、半分以上あるのではないかと思います。

一説によると北京オリンピックの時の同プロパティの偽物商品だけでも40億元（約570億円）になったといわれています。世界中の偽物、グレイ商品マーケットが、正規品のマーケットに変わることで、世界のライセンスビジネスの規模は何割も増加することは火を見るよりも明らかです。

とはいえ、日本でさえも、つい10年前、20年前までは今では考えられないほどの偽物、グレイ商品が市場にはびこっていました。このような市場を消していくためには、その国の政府機関と民間企業が協力をして、偽物商品の一掃を図るとともに、知的財産権を守るという教育を次の実務を担う世代にしていかなくてはなりません。

例えば、今や中国市場なくしてはビジネスが成り立たない製造業は日本にはとても多いと思います。ライセンスビジネスも近い将来には、そのようになってくる可能性が充分にあります。しかし、中国という市場を考えた時にそのパイの大きさと広がりだけに頼ったマーケティングをすると、知的財産権のライセンスビジネスは痛い目に遭います。自動車のミニチュアカーの偽物だけではなく、自動車の偽物まで作ってしまう国ですから、まずは権利の存在を尊重し、これを守らない輩に対して厳しく対処をするというインフラが整備されないと、この国でのライセンスビジネスは、管理コストばかりかかって、実の無いものになるでしょう。前述したように、14 億人という中国の人口と共産主義とは思えない貧富の差と就労状況の悪さを考えると、政府は真剣に権利侵害品の駆逐はしないだろうというのが私の予測です。

4—企業の社会的責任（CSR）の増大

Chapter 12 の「行動規範」でも述べましたが、ここ 21 世紀になってから、企業のよりどころになる言葉は「品質」から「コンプライアンス（法令遵守）」、そして「コード・オブ・コンダクト（行動規範）」に変わり、ここ数年は「CSR（corporate social responsibility/企業の社会的責任）」に移ってきています。企業にとって利益を追求することは当然の目的ですが、その利益にも英語ではプロフィットという金額に換算できるものと、ベネフィットという「恩恵」と訳されるものがあります。この恩恵をいろいろな形と手段で社会に還元していく責任が企業にはある、というのが CSR の考え方です。このことが大きく話題になったのは、サッカーボール商品の多くがバングラディシュやインドの工場で作られており、そのまた多数の工場で 15 歳未満の児童が就労していることが露見してからです。ワールドカップの年になると、必ずこの問題がクローズアップされ、企業はいわゆる「チャイルド・レーバー（児童労働）」を使っていないことを CSR でうたい、また監査もしています。ユニセフは自身で作る商品でも、ライセンス商品でも一切サッカーボールなどの球技とスポーツ遊具のボールの生産販売をしていないほどです。

しかし、2012 年から 2013 年にはこれに関連したいろいろな事件が起きました。ほとんどが劣悪な環境の工場で児童労働が行われており、それに加えて火災や工場の崩壊による死者や負傷者が出たというものでした。これらの事故にたいして責任をもつべきライセンス業界の企業が、それらの工場の環境改善や児童労働を行わなくていよい指導をする代わりに、ただ工場との契約を切ったことに、多くの反発が集まりました。
　私自身、「契約書」が商品であるといってもよいライセンス産業の中にいると、とくにマネジメントや法務関係の人たちは、契約書や覚え書きに署名すれば一件落着で、そこで問題が起きれば契約を切ることで、また一件落着、というような安易な考え方に陥っている例を多々見てきました。しかし、例えば児童労働の禁止条項に署名したために、職を失ったその子供の家庭はもっと貧しくなり、もっと厳しい食料や衛生の環境におかれてしまうことを、契約上の可否だけで決めてしまってよいのでしょうか？　すでに、製造業を主体とした世界の大手産業では、そのことに「企業の社会貢献」の焦点をシフトして、大がかりな寄付や、さらなる実質的な援助の手をさしのべています。ユニセフは王子ネピアやイオングループの支援を受けて、後進国で衛生環境を悪くする根源であるトイレの改善に乗り出しています。また、ハリウッドの映画産業の中からも2014年にディズニー、ユニセフと共同で、『スター・ウォーズ：フォース・フォー・チェンジ』キャンペーン（Star Wars：Force for Change）を開始しました。これは、応募した世界の人たちに10ドルから5万ドルまでの募金を選んでもらい、抽選で「『スター・ウォーズ／エピソードVII』のキャラクターとして、衣装やメイクを施し、1シーンの撮影に参加（出演）する機会」を与えられたり、募金金額によって、数々のメリットもちろん、集まった金額はユニセフを通じて恵まれない子供たちに渡っていきます。本書を執筆中に、このキャンペーン開始2カ月で、最高金額の募金5万ドルに与えられる、「地元の街での試写会」の定数5000がsold outになったというすごいニュースが飛び込んで来ました。
　ライセンス商品の多くは子供たちを幸せにするために作られます。それが不幸な子供たちによって生産されないように、また、LICENSING INTERNATIONALが脳腫瘍の子供たちへ毎年数億円を寄付しているように、亡くなることで失われる時間が大きい若い世代への「恩恵」の享受ということは、ライセンス業界が最もしなくてはならない「CSR」だと思うのです。

エピローグ——ライセンスビジネスとの40年

初めて「ライセンスビジネス」という言葉を聞いて、実際にプロジェクトに参加したのは、大学卒業後に入社した婦人アパレルの大手で、フランスのファッションデザイナーの日本でのライセンス生産販売の担当になったときですから、それからすでに40年が経ちました。その後も、リーバイスやコカ・コーラ、ワーナー・ブラザース、サンディエゴ動物園、テキサコなどの米国を中心としたライセンスビジネスに関わってきましたが、一番長い期間（10年間）働き、また、最も困難でありながら、楽しく仕事ができたのが、LIMA（国際ライセンシング産業マーチャンダイザーズ協会）の日本支部の設立と運営の業務でした。LIMAはその後2019年にLICENSING INTERNATIONALとなりましたが、同団体は世界で唯一のライセンスビジネスの業界団体として、ニューヨークのエンパイアステートビルの40階の眺望の良いフロアに本部を置いています。世界約37カ国に会員が1200社あります、と書くと、何やら非常に巨大な組織のように思われるでしょうが、本部のスタッフを入れても30名に満たない「小さな政府」です。ただし、ボードと呼ばれる役員や、コミッティー、オフィサーと呼ばれるボランティアの人たちなどが、総勢50名以上でLICENSING INTERNATIONALの活動を支え、世界各地でライセンスショーやセミナー、会員間のネットワーキングイベント、チャリティ活動などを行っているのです。

私がこの団体を知ったのは、2000年の蒸し暑い6月に、ニューヨークを訪れたときでした。初めて訪れるLIMAのライセンスショーで私のクライアントと海外の何社かの契約をまとめるタイミングだったのです。しかし、それから2年後の2002年に、今度は私自身が、まさかLIMA本体とコンサルティング契約を締結することになるとは思いませんでした。この時も、それまでは米国のLIMAのショーに商売を取りに行っていたのに、今度は日本でLIMAの支部を運営することになったのですから、まるでミイラ取りがミイラになったようなものでした。

設立当初は日本での認知度は低く、会員も十数社しかおらず、私自身も初めての業界団体の運営という経験と不透明な行先きを考えて、眠れない夜が続きました。しかしLIMA代表のCharles Riotto氏や、彼のスタッフ、そして各地の支部の代表らが、電話やメールをよこし、そしてはるばる日本までやって来ていろいろと事業の成功に向けてのアシストをしてくれたのは本当に助かりました。毎年、米国で開催されるLIMAの取締役会にも参加の機会を得、世界のライセンス業界のトップの人たちとも親しくなり、そのうちの何人かの方は自費で来日して、ライセンシング・アジアの講演を引き受けてくれました。同時通訳を入れるために、こちらは、講演の原稿が一刻も早く欲しいのですが、届くのは誰もが講演の数日前。プレゼンの内容も始まる寸前に変わったりと、まさに映画ではありませんがスリルとサスペンスを充分に味わいましたが、いつも講演は満員盛況でとても良い評判でした。

日本でも多くの方々が手弁当でLIMAジャパン（日本ライセンシング・ビジネス協会）の活動を手助けしてくださいましたが、そこには日本にライセンスビジネスを定着させるという大きな目標を共有しているという心地よい協力関係がありました。LIMAジャパンの代表をちょうど10年経た2012年4月、LIMAジャパンが日本の一般社団法人（日本ライセンシング・ビジネス協会）になったのを機会に、マネージング・ディレクターの職を退任し、後をジェネラルマネージャーの田中香織さんと6人のボードメンバーに託しました。

その後、東京理科大学大学院イノベーション研究科から講師職のオファーを頂き、2012年からは非常勤講師として、2014年から2018年までは同科知的財産戦略専攻の教授として「商品化権ライセンス実務」の講義、「ライセンスビジネスの研究プロジェクト」に携わりながら、一方では引き続き実務としてのコンサルタントを行ってきました。

私は、今年67歳になりますが、それまではだいたい5年、10年のスパンで、大きな人生の転機（転職や独立など）があったのが、このところは、小さな転機が2年スパンで訪れるようになってしまって、なんだかやたらと忙しく過ごしています。しかし、60歳になって、教職という新しいフィールドで働くチャンスを得られたことはとても幸せなことだったと思います。自分の仕事を継ぐ若い人を育てることを、本を通じてだけでなく、実際にフェイス・トゥー・フェイスでできたのですから。私自身は、40代の頃から20年以上の長い間、「C型肝炎」を患っていましたが、医学の進歩もあり、2016年に完治を致しました。ずっと飲めなかった大好きなワインも飲めるようになり、週に2回の通院もなくなりました。このような、神様の粋な計らいを受けて、もう1回くらい大きな転機をつかみ取りたいと欲張りなことを考えています。

2020年3月

参考文献

『ローマ人の物語〈1〉』塩野七生著　新潮社　1992年
『知的財産法入門』小野昌延著　有斐閣　1994年
『ブランド・エクイティ戦略』D. A. アーカー著　陶山計介・中田善啓・尾崎久仁博・小林哲訳　ダイヤモンド社　1994年
『新・商標とサービスマークがわかる12章』木村三朗・大村昇著　ダイヤモンド社　1997年
『「エスセティクス」のマーケティング戦略』B. H. シュミット、A. シモンソン著　河野龍太訳　プレンティスホール出版　1998年
『パワー・ブランドの本質』片平秀貴著　ダイヤモンド社　1998年
『ブランド資産価値革命』高桑郁太郎著　ダイヤモンド社　1999年
『オペラハウスは狂気の館』M. ヴァルター著　小山田豊訳　春秋社　2000年
『経験経済』B. J. パインⅡ、J. H. ギルモア著　電通「経験経済」研究会訳　流通科学大学出版　2000年
『コーポレートブランド経営』伊藤邦雄著　日本経済新聞社　2000年
『戦略的ブランド・マネジメント』K. L. ケラー著　恩蔵直人・亀井昭宏訳　東急エージェンシー出版部　2000年
『ブランド・マインドセット』D. E. ナップ著　阪本啓一訳　翔泳社　2000年
『Q & A 商標法入門』江口順一監修　世界思想社　2001年
『黄金の翼＝ジュゼッペ・ヴェルディ』加藤浩子著　若月伸一写真　東京書籍　2002年
『図解でわかるキャラクターマーケティング』キャラクターマーケティングプロジェクト著　日本能率協会マネジメントセンター　2002年
『最新版 図解でわかるコンテンツビジネス』コンテンツビジネス研究会編　日本能率協会マネジメントセンター　2002年
『知財立国への道』内閣官房知的財産戦略推進事務局編　ぎょうせい　2003年
『ブランド力』清丸恵三郎著　PHP研究所　2004年
『弁理士試験basic意匠法・商標法』東京リーガルマインドLEC総合研究所弁理士試験部編著　東京リーガルマインド　2004年
“101 Leading Licensors” Dawn Wilensky, *License Magazine*, Vol.9, No.3, April 2006
『最新知財戦略の基本と仕組みがよ～くわかる本』石田正泰監修　鈴木公明編著　秀和システム　2006年
『エンターテインメントビジネスの法律実務』加藤君人・片岡朋行・大川原紀之著　日本経済新聞出版社　2007年
『コーポレートブランドと製品ブランド』簗瀬允紀著　創成社　2007年

『知財戦略の教科書』藤野仁三・鈴木公明他著　秀和システム　2009年
『データでみる、キャラクター商品の戦略と展望2009』キャラクター・データバンク　2009年
『TPP知財戦争の始まり』渡辺惣樹著　草思社　2012年
『ヴェルディ オペラ変革者の素顔と作品』加藤浩子著　平凡社　2013年
『児童労働撤廃に向けて』中村まり・山形辰史編　アジア経済研究所　2013年
『CharaBiz Data ／データで見るキャラクター商品の戦略と展望2014』キャラクター・データバンク　2014年
『CharaBiz イエローページ』キャラクター・データバンク　2019年
『CSR白書2014』東京財団　2014年
『日経業界地図2019年版』日本経済新聞社編　日本経済新聞出版社　2019年
"2019 Licensing Excellence Awards" LICENSING INTERNATIONAL編　2019年
"Licensing Industry Survey（2002-2014）" LIMA&Ravi Dhar,Yale School of Management
『CharaBiz DATA 2015』キャラクターデータバンク　2015年
『CharaBiz Power Book vol.2 2016』キャラクターデータバンク　2016年
『OFFICIAL SHOW DIRECTORY LICENSING EXPO 2019』UBM ADVANSTAR 2019年
『Annual Global Licensing Industry Survey』LICENSING INTERNATIONAL 2019年

生産報告書およびロイヤルティ報告書　20XX 年　第　四半期（　月ー　月）分

ライセンサー：　XXXXXX 株式会社様

ライセンシー：xxxxxxxxx 株式会社　住所

商品内訳				生産数量	合計金額	ロイヤルティ	ロイヤルティ金額	年度累計金額	
商品カテゴリー	商品名	品番	希望小売金額			料率 (%)		販売金額	ロイヤルティ
総計 G/Total									

上記は該当する帳簿などと照合の上、正確な数字であることを証明します。（証明となる書類を添付のこと）

年間ミニマムギャランティー ＿＿＿＿

記入担当者名 ＿＿＿＿＿＿＿＿　役職名 ＿＿＿＿＿＿＿＿

担当者署名 ＿＿＿＿＿＿＿＿ ㊞

日付 ＿＿＿＿＿＿＿＿

Deal Requisition for Licensed Items for Licensee

契約条件確認書

Prepared by：	Prepared on： 日付	Lincensee ライセンシー名	Address： 住所	Phone 電話	Mail Address メールアドレス

Agreement Type：契約種類

Property：プロパティ

Licensee：ライセンシー社名

Term：契約期間（X 年間）

Territory：契約地域

Specific Products：契約商品

Advance/Fee：アドバンスフィー

Minimum：ミニマムギャランティー

Payment Schedule：支払期日

Royalty Rate：ロイヤルティ料率

Distribution：販売予定先

Latest In-Store：商品販売開始時期

Number of Samples：サンプル個数

Other：その他

Insurance Type/Company：生産物賠償責任保険

Renewal Options：契約更新条件

Approved by Licensor　署名ライセンサー

Submitted by Lincensee　署名ライセンシー

Confirmed by Agents　署名エージェント　Date：日付

Date：日付

License Application

ライセンス申請書（1/6）

I. BASIC COMPANY INFORMATION *please print legibly*　会社概要

A. Company Name：会社名

B. Key Contact：担当者

C. Address：住所

D. Telephone：電話番号　E. Fax　F. E-MAIL　ホームページ

II. Property applied for　ライセンス使用を希望するプロパティは？

III. PROSPECTIVE PRODUCT INFORMATION　展開予定の商品情報

A. Description of Properties：商品の説明

B. Estimated Wholesale Selling Price/Unit, Sales Plan to be attached separately：販売予定金額（卸売価格）と個数、販売計画は別紙にて提出のこと

C. Estimated Retail Price of representative product：代表的商品の予定小売価格

D. When will sample of proposed product to be sold be available for review?
展開予定の商品サンプルはいつ申請することが出来ますか？

E. Does your company currently manufacture or sell an item similar to the one in question?
現在この商品と同様の商品を製造または販売していますか？

F. What volume/sales figures did you achieve on this/these item(s) in the previous year?
その商品は昨年どの位の販売実績を達成しましたか？

1

License Application

ライセンス申請書（2/6）

IV. TERMS　条件

A. Royalty to be paid per contracted years：ロイヤルティー額（契約各年別に）

B. Guaranteed yen amount to be paid per contracted years：ミニマムギャランティー（契約各年別に）

C. Advance payment：前払い金額

V. OWNERSHIP/MANAGEMENT INFORMATION：株主と役員の情報

A. Principal Management：役員

President：社長	email	Phone:
Vice President(s)：専務（複数）	email	Phone:
Sales Director：営業担当役員	email	Phone:
Marketing/Advertising Director：企画/広告担当役員	email	Phone:
Chief Financial Officer：経理担当役員	email	Phone:
Product Manager：プロダクトマネージャー	email	Phone:
Art Director：アートディレクター	email	Phone:
Other：（その他役員担当者）	email	Phone:
	email	Phone:

B. Stock Holders：株主の構成

Name：氏名	Title：役職名	% of Stock Share: 株式保有率

2

License Application

ライセンス申請書（3/6）

vi. Distribution：商品流通

A. States/Regions：国と地域

B. Sales Force (number of own sales force, jobbers, reps, etc.)：
販売力（社内の営業マンの人数、代理店の数等）

C. Accounts to whom you plan to sell the proposed product(s)：
ここに申請する商品を販売する予定の販売先

D. Type of Accounts：チャネル別販売先（予定）

	% of Sales Volume 販売する割合	Leading Accounts Sold 代表的な店名
GMS：大規模小売店	0%	
Regional Chains：ローカルチェーン店	0%	
Department Stores：百貨店	0%	
Wholesale agent：代理店	0%	
High priced Drug Stores：雑貨店	0%	
Convenient Stores：コンビニエンス	0%	
Catalog Stores：通販	0%	
Toy Stores：おもちゃ屋	0%	
Internet：インターネット通販	0%	
Tourist Attractions：お土産屋	0%	
Television：テレビ通販	0%	
Discount Stores：ディスカウントストアー	0%	
Other (specify)：その他（具体的に）	0%	

3

License Application

ライセンス申請書（4/6）

vii. MARKETING INFORMATION

A. ANY ADVERTISING/PROMOTION TO SUPPORT PROPOSED PRODUCT? If yes, what type?
この商品の販売のために広告やプロモーションの予定はありますか？ もしあれば具体的に。

B. Planned marketing expenditures to support first year of proposed product's sales;
この商品の販売をサポートするための初年度のマーケティング経費；

C. Does your company have product design and artwork capability? If so, who does the design? あなたの会社は商品デザインを社内でしますか？ 社内なら担当者の名前。

D. Does your company have a formal Quality Control Program? If so, what criterion is used for quality control? あなたの会社には正式な品質管理マニュアルがありますか？ もしあるのならどんな基準を使っていますか？

viii. LICENSING INFORMATION ライセンスの情報

A. Does your company currently manufacture any other products under licensing contract? 現在ライセンス契約で商品を作っていますか？

B. Specify which licenses your company currently holds and a person to contact for references：現在契約しているライセンスブランドとその連絡先

Licensing Company 契約会社名	Property ブランド	Contact 担当者	Yrs. Under License 何年目か

ix. TIMING INFORMATION 時期について

A. Total Production Time：生産全体にかかる時間

B. Proposed Release Data：販売開始時期の予定

4

License Application

ライセンス申請書（5/6）

x. FINANCIAL INFORMATION　経理の情報

A. Bank Reference：照会先銀行

Name：銀行名
Branch：支店名
Address：住所
Phone：電話番号
Fax：ファックス番号

B. Credit References：信用照会先

Company Name：会社名
Address：住所

C. Type of Insurance Protection：加入している保険の種類

Product Liability

xi. MANUFACTURING INFORMATION　生産に関する情報

A. Will your company actually manufacture this proposed product?
あなたの会社はこの商品を実際に生産しますか？

No.

If not, who will manufacture this proposed product?
もし生産しないのなら誰が生産をしますか？

Company Name：会社名
Address：住所

B. Where will the proposed product be manufactured?
この商品はどこで生産されますか？

C. Number of factories involved in manufacturer of proposed product：
この商品を生産するに当たって使用する工場の数

D. Location of principal plants：主な工場のある場所

E. List of the contractors and signed "Non-Child Labor Agreement：下請け業者のリストと各業者の「児童労働不使用の宣誓書」の承認の提出（別紙参照）

5

License Application

ライセンス申請書 (6/6)

xii. SALES AND DISTRIBUTION INFORMATION　販売についての情報

A. Company sales volume for most recent year：会社の最新の売上高

B. Company sales volume for previous year：前年度の売上高

C. Information Supplyed By：この書類の情報を書き入れた担当者

Name：名前
Title：肩書き
Date：日付

All information provided on this Information Form is correct to the best of my knowledge. Licensor is given permission to check the credit references or other information on this form and to obtain a commercial credit report. My signature below acknowledges xxx's ability to rely on such information and grants such permission.

この申請書の全ての情報は私の知る限りの正確性をもって記載しました。ライセンサーがこの申請書に書かれている信用照会を確認したり、その他の信用情報を取ることを許可します。下記の私の署名はライセンサーがこれらの情報を信用することができることを認め、それを承諾するものです。

Name of Company：会社名　　　Date：日付

Name, print　本書類の記入者氏名

Signature：署名　　　Title：役職名

6

５カ年売上げ計画

市　場	売上げ計画								
	計画 商品数	開発 優先度 （A,B,C）	平均希望 小売価格	20XX	20XX	20XX	20XX	20XX	５カ年計
商品カテゴリー／内容				金額	金額	金額	金額	金額	金額
商品カテゴリー合計									
商品カテゴリー合計									
商品売上げ合計									
ロイヤルティ at　　%									

シーズン：
ライセンシー：
報告日付：

品質基準検査報告書（靴類）

（数値はサンプル）

規格：JIS XXXXXXXX
検査者：
承認者：

品番	本底の厚さ			本底性能				縫糸性能	甲布性能		
	踏み付け主要部	踏まず部分	かかと部	堅さ	引裂強さ	伸び	伸び残留率	引張強さ	破裂強さ	引裂強さ	熱湯移染堅牢度
合格基準	4.0 以上	1.5 以上	4.5 以上	80 以下	80kg 以上（ゴム）、30kg 以上（ポリウレタン）	300%（ジョギングシューズ）、130%（ウォーキングシューズ）	75%以上	1本の糸で2kg以上	13.0kg/cm^2 以上	4.0kg/cm^2 以上	4 以上

S：販売個数
P：生産個数
I：在庫個数

報告月：＿＿＿

IPS（月別在庫、生産、販売）予測レポート

Co. Name　社名：＿＿＿＿＿＿＿＿
Product　商品：＿＿＿＿＿＿＿＿
Date　作成日：＿＿＿＿＿＿＿＿

		JAN 1月			FEB 2月			MAR 3月			APR 4月			MAY 5月			JUN 6月			JUL 7月			AUG 8月			SEP 9月			OCT 10月			NOV 11月			DEC 12月			Total		
		S	P	I	S	P	I	S	P	I	S	P	I	S	P	I	S	P	I	S	P	I	S	P	I	S	P	I	S	P	I	S	P	I	S	P	I	S	P	I
	プラン																																							
	見直し																																							
	実績																																							
	プラン																																							
	見直し																																							
	実績																																							
	プラン																																							
	見直し																																							
	実績																																							
	プラン																																							
	見直し																																							
	実績																																							
	プラン																																							
	見直し																																							
	実績																																							
	プラン																																							
	見直し																																							
	実績																																							
	プラン																																							
	見直し																																							
	実績																																							
	プラン																																							
	見直し																																							
	実績																																							
	プラン																																							
	見直し																																							
	実績																																							
	プラン																																							
	見直し																																							
	実績																																							
	プラン																																							
	見直し																																							
	実績																																							
	プラン																																							
	見直し																																							
	実績																																							
合 計 TOTAL	プラン																																							
	見直し																																							
	実績																																							

報告先：

Inventory Report

在庫報告書

年　　月　　日　分在庫

製品番号	製品内容	希望小売価格	在庫数量	小売価格計	納入単価	納入価格計
前ページからの累計						
合計						

報告者　社名　担当者名

住所　日付　署名

在庫所在地　住所

Final Design submission

ライセンス商品デザイン申請書

宛先：

提出日：＿＿＿＿＿＿＿＿

ライセンシー：＿＿＿＿＿＿＿＿

担当者：＿＿＿＿＿＿＿＿

e-mail：＿＿＿＿＿＿＿＿

当方写し（cc）：＿＿＿＿＿＿＿＿

商品デザイン

ライセンサーコメント記入部分

Final Design submission

ライセンス商品用グラフィック描き起こし依頼書

宛先：

提出日：＿＿＿＿＿＿＿＿

ライセンシー：＿＿＿＿＿＿＿＿

プロパティ名

担当者：＿＿＿＿＿＿＿＿

使用キャラクター / 商標名

e-mail：＿＿＿＿＿＿＿＿

納品時のデータ形式の希望

当方写し（cc）：＿＿＿＿＿＿＿＿

納品希望日

希望するグラフィックのラフなデザイン

（手書きでけっこうですが、詳細に説明を入れて下さい。）

特に希望すること（色調、雰囲気、バックグラウンドの装飾他）

ライセンスビジネスの実際のタイムテーブル

- ▷ 秘密保持契約調印（資料供給に先立って、必要があれば）
- ▷ プロパティ資料配布（ライセンサーからライセンシーへ）
- ▷ ライセンス申請（ライセンシーからライセンサーへ）
- ▷ ライセンス申請承認
- ▷ 契約条件確認〔ディール確認書取り交わし〕
- ▷ ライセンス契約書ドラフト
- ▷ ライセンシー信用調査
- ▷ 契約書調印
- ▷ アドバンスロイヤルティ入金（ライセンシーからライセンサーへ）
- ▷ 賠償責任保険加入確認
- ▷ 下請け製造業者契約調印〔必要があれば〕
- ▷ ライセンスマニュアル配布
- ▷ コンプライアンス関係の説明
- ▷ 初回デザイン申請（ライセンシーからライセンサーへ）
- ▷ 初回デザイン承認
- ▷ プロトタイプサンプル申請（ライセンシーからライセンサーへ）
- ▷ プロトタイプサンプル承認
- ▷ 品質管理申請提出（ライセンシーからライセンサーへ）
- ▷ 品質管理申請承認
- ▷ 本生産開始
- ▷ 初回商品入荷
- ▷ 販売開始
- ▷ 本生産サンプル納付（ライセンシーからライセンサーへ）
- ▷ ロイヤルティレポート（ライセンシーからライセンサーへ）
- ▷ ロイヤルティ納付
- ▷ ミニマム不足分納付(必要であれば)（ライセンシーからライセンサーへ）
- ▷ ロイヤルティオーディット（必要であれば）

■著者紹介

草間　文彦（くさま　ふみひこ）

1953年　神奈川県逗子市に生まれる
1977年　立教大学経済学部卒業
同　年　東京スタイル入社、企画室マーチャンダイザーとしてフランスのオートクチュールデザイナーブランドを担当
1980年　リーバイ・ストラウス・ジャパン入社、プロダクトマネジャー、ライセンスマネジャーとして多くのブランドを開発。
1987年　バーレッカジャパン設立とともにマーケティングサービスマネジャーとして入社。コカ・コーラなど米国ブランドのライセンスを担当
1988年　同社取締役
1996年1月～97年3月　ワーナー・ブラザース コンシューマー・プロダクツ ジャパン リテールディベロップメント・ディレクター
1997年　コンサルティングファーム「ブランドッグ」を設立
2002年～12年　米国NPO法人LIMA（国際ライセンシング産業マーチャンダイザーズ協会）日本代表を務める
2012年～18年　東京理科大学大学院にて教鞭を執る
現　在　株式会社ブランドッグ代表取締役、LICENSING INTERNATIONAL JAPAN（日本ライセンシング・ビジネス協会）会員、日本ヴェルディ協会理事

■ライセンスビジネスの戦略と実務［第3版］
キャラクター＆ブランド活用マネジメント

■発行日――2015年2月26日　初　版　発　行　〈検印省略〉
2017年4月6日　第2版第1刷発行
2020年5月26日　第3版第1刷発行

■著　者――草間　文彦

■発行者――大矢栄一郎

■発行所――株式会社　白桃書房
〒101-0021　東京都千代田区外神田5-1-15
☎03-3836-4781　Ⓕ03-3836-9370　振替00100-4-20192
http://www.hakutou.co.jp/

■印刷・製本――平文社

ISBN978-4-561-24744-9 C3034